比较

总第113辑

2021年第2辑

COMPARATIVE STUDIES

吴敬琏 主编

中信出版集团 · 北京

比较

COMPARATIVE STUDIES

主管　中信集团

主办　中信出版集团股份有限公司

出版　中信出版集团股份有限公司

主编 吴敬琏

副主编 肖梦 吴素萍

编辑部主任 孟凡玲

编辑 包敏丹　马媛媛

封面设计 李晓军／美编 杨爱华

经营部

总经理 张立晖

副总经理 傅继红

发行总监 周广宇

品牌传播部高级总监 马玲

独家代理：财新传媒有限公司

电话：（8610）85905000 传真：（8610）85905288

广告热线：（8610）85905088 85905099 传真：（8610）85905101

电邮：ad@ caixin. com

订阅及客服热线：400-696-0110（8610）56592288 传真：（8610）85905190

订阅电邮：circ@ caixin. com 客服电邮：service@ caixin. com

地址：北京市朝阳区工体北路 8 号院三里屯 SOHO 6 号楼 5 层（邮编：100027）

目 录

Contents

第113辑

比较制度分析 Comparative Institutional Analysis

政策评论 Policy Review

创新专题 On Innovation

特稿 Feature

双侧记

人口老龄化如何影响中国经济增长？

蔡　昉

一、引言

人口老龄化是一个世界性现象，也是21世纪的全球大趋势。联合国预测数据表明，2020年，60岁及以上人口比重在发达国家为25.9%，在发展中国家（不包括最不发达国家）为12.1%。虽然最不发达国家的这一比重目前仅为5.7%，但是也将迅速赶超上来。① 作为一个处在从中等偏上收入向高收入过渡的国家，中国在人口老龄化方面并不置身事外，但是也有三个特点：其一，最快的老龄化速度；其二，最大规模的老年人口；其三，未富先老的独特表现。

研究者、政策制定者和公众都高度关注人口老龄化，这是因为国际经验表明，人口转变的状况与趋势对国家经济发展具有显著的影响，要么是正面的，要么是负面的。经济学也对此做出了自己的反应，尝试将人口与发展的关系予以理论化。下面，我们根据在学术界和政策制定中有着举足轻重的地位，以及与本文讨论的问题具有紧密相关性这两个原则，简述三个重要的人口—经济关系理论，这些理论分别揭示在相继发生的不同经济发展阶段以及在很大程度上与之重叠的人口转变阶段上，经济增长的源泉与制约。

① 除非专门注释，本文使用的人口预测数均引自联合国（UN，2015）。

贫困陷阱理论描述的是一种人口增长过度和劳动力过剩导致的不发达状况。作为经济学说史上第一个致力于研究人口与发展关系的学者，马尔萨斯（Malthus，1996）假设人口是以几何级数增长的，而食物生产仅能以算术级数增长，最终只能依靠饥馑、战争、疾病或政策干预等方式抑制人口增长。基于这一马尔萨斯传统，后来的发展经济学家把不发达状况看作一种恶性循环或贫困陷阱。在人口增长超过其他生产要素增长的情况下，生产率、产出和收入都十分低下，经济增长的结果不足以保障全部人口在最低生存水平以上的生计，也不足以支撑简单再生产必要水平的储蓄。因此，这种人口与发展的关系导致国家陷入一种低水平均衡状况（Bass，2009）。

出现于 20 世纪 90 年代的人口红利理论认为，特定的人口年龄结构和丰富的劳动力可以转化为经济增长的额外源泉，即产生人口红利（Bloom et al.，2003）。也就是说，劳动年龄人口相对于非劳动年龄人口的更快增长导致人口抚养比下降，这对于劳动力供给、资本回报率和全要素生产率的提高至关重要，因而形成更高的 GDP 潜在增长率（Cai，2016，第 4 章）。作为这一理论的一种补充，二元经济发展理论把现代经济部门吸纳农业剩余劳动力的过程看作劳动力无限供给条件下一种独特的经济发展路径（Lewis，1954）。由于劳动力无限供给是劳动年龄人口更快增长的结果，并且这一特征很好地刻画了发展中经济体的生产要素禀赋，因此，这两种理论假说在解释后起国家的赶超潜力时具有相互补充的意义。

长期停滞理论指出，人口增长停滞和老龄化可能导致经济增长持续低于潜在增长率。凯恩斯（Keynes，1978）虽然承认马尔萨斯关于人口过度增长抑制生活水平提高的结论，但他同时警告，停滞的人口增长也可能导致经济衰退的灾难性后果。遵循相同的思想脉络，汉森（Hansen，2004）最早使用“长期停滞”（secular stagnation）这个用语表述停滞的人口增长可能带来的经济后果。萨默斯（Summers，2016，2018）指出，至少从 2008—2009 年全球金融危机之后，由美国主导的世界经济就陷入长期停滞，表现为低长期利率、低通货膨胀率和低经济增长率。

长期停滞既是供给侧现象也是需求侧现象。虽然萨默斯把长期停滞归咎为宏观经济政策中的需求不足问题（Summers，2018），但是，他和合作者概括的人口老龄化影响经济增长的三个渠道，实际上指出了长期停滞问题的原因，从本源上就是供给侧问题（Eggertsson et al.，2019）。根据理论预期和现实经验，我们可以概括出以下两个事实。第一，劳动年龄人口减少导致劳动力短缺、资本回报率下降和资源重新配置效应减弱，这些因素共同削弱经济增长潜力。第二，总人口的减少降低投资意愿和消费倾向，导致宏观经济有效需求不足。如果劳动年龄人口减少造成的供给侧冲击主要表现为潜在增长率不可逆转地下降，总人口减少造成的需求侧冲击很可能会造成经常出现增长缺口，即实际经济增长率低于潜在能力的情形。

在过去40余年经历世界上最快的人口转变和经济发展的过程中，中国先后跨越了不同的经济发展和人口转变阶段，目前正在应对劳动年龄人口减少和经济增长减速的供给侧挑战。由于总人口预计在不久后达到峰值，中国必须做好应对需求侧冲击的准备。本文将从揭示中国人口老龄化过程中的两个转折点开始，进而考察这两个转折点如何分别从供给侧和需求侧降低中国经济增长速度，最后讨论政策含义并提出改革建议。

二、中国的老龄化：一个趋势，两个转折点

生育率下降和寿命延长，是人口老龄化的两个主要原因。中国的总和生育率在经历迅速和大幅度下降之后，自1992年以来一直处于更替水平之下。根据世界卫生组织（WHO，2021）的数据，2019年，中国出生人口的预期寿命为77.4岁，60岁人口的预期寿命为21.1岁，都显著高于世界平均水平。除了遵循一般路径之外，中国的老龄化过程还有几个突出特点。

首先，与世界总体及主要国家组别相比，中国的老龄化进程都是最快的。根据联合国的预测，在2015—2055年，中国60岁及以上人口占全部人口的比重将以年均2.35%的速度提高，而这个比重的世界平均提高速度为1.53%，高收入国家平均为0.97%，中等偏上收入国家平均为2.17%，中等偏下收入国家平均为1.98%，低收入国家平均为1.44%。

其次，中国拥有世界上最大规模的老年人口，而且这个地位将长期保持。虽然中国人口占世界人口的比重预计将从2020年的18.1%显著降低到2055年的13.2%，同期中国老年人口占世界老年人口的比重将仅仅从23.4%降低到22.6%，使得中国继续拥有世界上最大规模的老年人口。

最后，中国的老龄化具有未富先老的特点，即老龄化程度在世界排位远远高于人均收入的世界排位。2019年，中国的人均GDP为10262美元，比中等偏上收入国家平均水平高13.5%，但远远低于高收入国家平均水平。然而，

在2020年，中国60岁及以上人口比重为17.5%，其他中等偏上收入国家平均为12.5%，高收入国家平均为24.1%。这一特征将长期保持不变。2035年，中国人口中的老年人口比重预计超过高收入国家的平均水平。届时，按照2019年的不变价格计算，中国的人均GDP预计达到中位预测的21730美元或高位预测的22999美元（李雪松等，2020），均大幅低于2019年高收入国家的平均水平（44540美元）。

人口老龄化过程并非波澜不惊，而是按照必然性先后经历两个重要的转折点，每一次都将给经济增长带来冲击。中国人口的第一个转折点已经于2010年发生，以15—59岁人口达到峰值并开始负增长为标志，该组人口总量在2010—2020年间减少2349万。根据联合国预测，中国人口的第二个转折点预计在2020—2030年间发生，以总人口达到峰值并开始负增长为标志。图1展示了中国人口两个转折点的到达年份。从中可见，联合国分别于2015年和2019年对中国人口进行的预测中，对总人口峰值的预测有差别，其中2019年的预测由于对中国生育政策调整效果过于乐观，预测的人口峰值时间延迟到2030年。然而，如果把联合国的预测数与中国人口迄今为止的实际数相比，我们或许应该立足于一个更早到来的人口峰值。

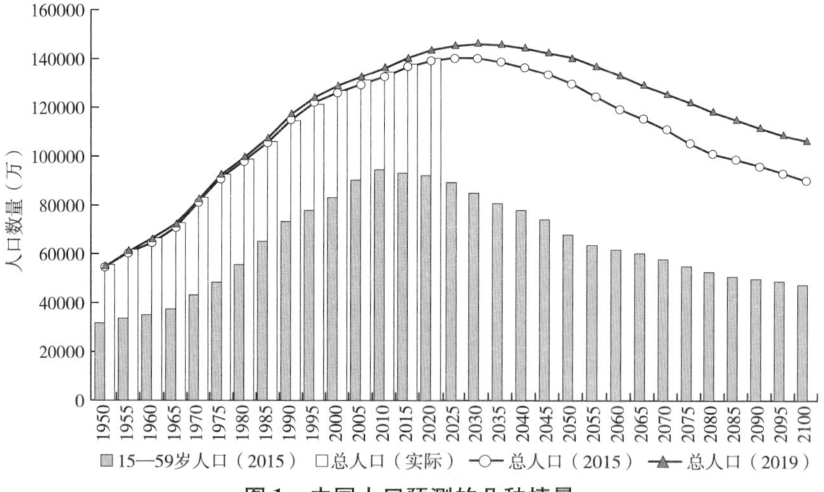

图1　中国人口预测的几种情景

资料来源：United Nations, Department of Economic and Social Affairs, Population Division (2015). *World Population Prospects: The 2015 Revision*, DVD Edition; United Nations, Department of Economic and Social Affairs, Population Division (2019). *World Population Prospects 2019*, Online Edition. Rev. 1.

在从第一个人口转折点过渡到第二个人口转折点期间，即2010年到2025—2030年期间，中国同时处于从中等偏上收入国家到高收入国家的过渡。这期间，不仅中国的人口老龄化程度以前所未有的速度提高，经济增长也将面临供给侧和需求侧的严峻挑战。正如很多关于“中等收入陷阱”的研究，以及我本人关于“门槛效应”的假说建议的那样（蔡昉，2019），这个发展阶段对于中国经济的未来至为关键，其间的发展具有不进则退的性质。

三、老龄化如何影响中国经济增长？

把伴随着第一个人口转折点出现的人口特征变化转化为经济增长的决定因素，我们曾经估算了中国经济发展不同阶段的潜在增长率（Cai and Lu，2013），估计结果可以十分贴切地叙述人口红利从出现到消失、经济增长从加速到减速的全过程。在以往的研究中，我们已经阐释了劳动年龄人口减少如何通过劳动力数量、人力资本、资本回报率、资源重新配置效率的变化，从供给侧影响中国经济增长，也有针对性地提出了政策建议（蔡昉，2016）。总的结论是，正如老龄化本身不可逆转一样，以资本和劳动投入为主要驱动力的增长模式也终将一去不复返，未来的可持续增长只能依靠全要素生产率的提高。然而，人口红利消失带来的供给侧冲击，也给全要素生产率的提高带来挑战。

在中国经济高速增长时期，收获人口红利的一个题中应有之义，便是通过劳动力从农业向非农产业转移，具有巨大的资源重新配置空间，因而主要由这种资源重新配置效率构成的全要素生产率提高速度很快。随着人口红利消失和传统产业比较优势弱化，无论是从理论预期，还是从国际教训，以及中国的现实，我们都应该对造成生产率提高速度放慢的两种现象有所警惕。

第一是部门内的资源配置僵化现象。传统比较优势下降对于企业来说，就意味着必须通过改善生产率保持竞争力。但是，最终的结果需要通过市场竞争的优胜劣汰决定。这时，许多竞争力不够的企业便以稳定就业为借口寻求政府保护，还有一些企业也努力获得产业政策的支持，期冀可以免于在竞争中被市场淘汰。其结果便是大量低效率企业得以生存，甚至滋生数量和规模皆可观的“僵尸企业”，整体经济的全要素生产率被压低。

第二是部门间的资源配置“逆库兹涅茨化”。① 比较优势下降对于部门来说，意味着劳动密集型制造业逐渐萎缩。具体来说，劳动力成本上升过快，资本过度替代劳动，导致资本报酬递减从而投资回报率下降的趋势，产生制造业竞争力被削弱的效果。根据世界银行的数据，中国制造业增加值占 GDP 的比重，从 2006 年的 32.5% 下降到 2018 年的 29.4%。制造业增长的相对滞后则意味着生产要素，特别是劳动力从该部门向服务业的转移。由于中国的第二产业和制造业生产率不仅远高于农业，也显著高于服务业，因此，这种资源重新配置是违背生产率提高原则的。

在转向关于第二个人口转折点将如何从需求侧影响中国经济增长的讨论之前，我们先考察一下第一个人口转折点后实际增长率与潜在增长率的关系。把估计的潜在增长率与同一期间的实际增长率进行比较，并观察两者差异导致的产出缺口（实际增长率与潜在增长率相减得出的百分点），有助于加深我们对人口转折点如何影响实际经济增长的认识（表 1）。

表 1　分时期 GDP 增长率和产出缺口　　（单位：%，百分点）

时期	实际增长率	潜在增长率	产出缺口[a]
1979—1994	10.06	9.66	0.40
1995—2010	9.91	10.34	-0.43
2011—2015	7.52	7.55	-0.03
2016—2020	6.60[b]	6.20	0.40

注：a. 实际增长率与潜在增长率之差；b. 2016—2019 年的增长率数字。

资料来源：Cai and Lu（2013）和国家统计局（2021）。

在中国的改革开放时期，实际增长率总体上与潜在增长率是一致的。但是，我们把实际增长率与潜在增长率进行逐年比较的话（参见图 2，其中消费、投资和净出口对 GDP 贡献的百分点之和即为实际 GDP 增长率），可以发现，2010 年之前的产出缺口，无论是正缺口还是负缺口，均显著大于 2011 年之后的情形。由此可以观察到两个现象。其一，2010 年之前较大的产出缺口主要是经济增长过大波动的结果。其二，经济增长减速后并没有发生显著的需

① 库兹涅茨指出，表现为劳动力从农业向非农产业转移的结构变化，遵循的是生产率提高原则。因此，与这个原则相背离的资源配置，可以被称为“逆库兹涅茨化”。

求侧冲击现象。不过，随着第二个人口转折点的临近和到来，后一种情况即将发生变化。虽然第二个人口转折点也会造成供给侧冲击，即像第一个人口转折点一样进一步降低潜在增长率，但是，这一次冲击将更突出地表现在需求侧。正是从这个转折点开始，需求因素将经历长期的弱化趋势，成为经济增长的常态化制约。

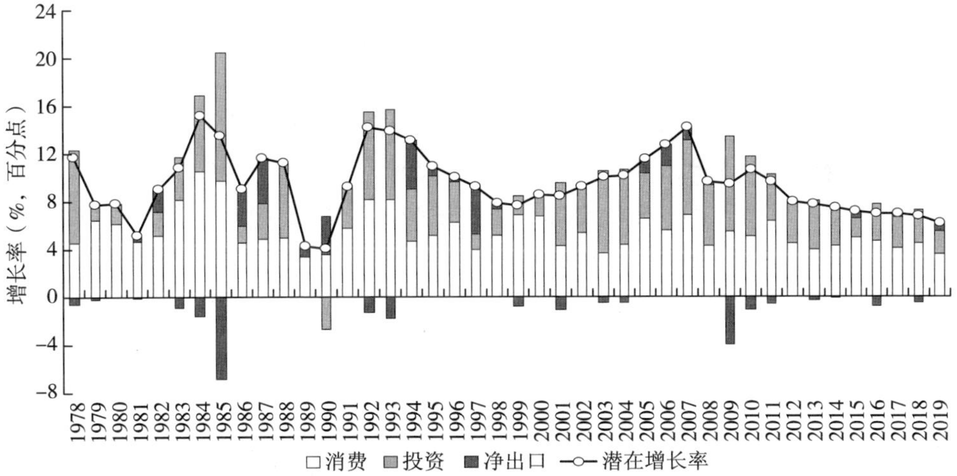

图 2　潜在增长率及需求因素对 GDP 实际增长的贡献

资料来源：Cai and Lu（2013）和国家统计局（2021）。

或许有人会认为，既然中国尚未到达其人口峰值，前述潜在风险终究只是一种假设的情景。不过，除了理论上符合逻辑的论证之外，人口因素对需求的“三驾马车”，即最终消费、资本形成和净出口的影响已经可以在现实中得到观察。正如图 2 所示，下降的潜在增长率与表现为各需求因素贡献率加总的实际增长率严格吻合，就意味着需求因素的预期下降已经实际发生。

人口因素对供给侧增长潜力的影响，也会转化为对需求侧的冲击。首先，供给侧潜在增长率的进一步降低，必然相应地削弱基础设施建设投资需求和企业扩大生产活动的意愿。其次，劳动力短缺和工资上涨会加速传统比较优势的丧失，促使劳动密集型制造业向人口相对年轻的国家转移，并相应降低出口增长率。最后，整体经济从而就业和财产收入的增长减速会相应减少居民消费。在此之外，日益严重的老龄化还会更直接地对需求因素产生不利影响。

目前的人口增长趋缓状况以及即将出现的人口负增长，可能会以三种效应减少消费数量、降低消费倾向。第一是人口规模效应。假设其他条件不变，更低的人口增长率意味着消费增长减速，而人口规模的负增长也就等同于消费者数量的减少。第二是年龄结构效应。随着人口老龄化加深，老年人消费较少以及就业人群缴纳社保负担重，将从宏观层面降低整体消费能力和消费倾向。第三是收入分配效应。在收入差距较大的情况下，更大比例的国民收入被消费倾向低、储蓄倾向高的高收入群体获得。与此同时，低收入群体的消费需求却不能得到充分满足，并且还常常需要进行预防性储蓄。这必然加剧储蓄过度和消费不足的趋势。①

以上分析说明，一个国家在经过老龄化过程的第一个人口转折点之后，劳动年龄人口负增长改变了生产要素的相对稀缺性，使传统比较优势弱化，对经济增长的冲击表现为潜在增长率的降低。中国已经跨过了这个转折点，也经历了潜在增长率以及实际增长率的持续下行。接下来，一个国家终究要经过第二个人口转折点。总人口负增长将产生削弱各种需求因素的效果，可能造成总需求不能满足经济增长实现其潜力的情形，形成经常性的负产出缺口。中国尚未到达这个转折点，但是，已经经历过两个转折点的国家如日本，可以提供值得借鉴的经验和教训。

图 3 展示了 20 世纪 80 年代初以来日本的 GDP 增长和产出缺口，集中揭示了日本经济遭遇从人口红利消失到减速、从供给侧冲击到需求侧冲击的全过程。日本于 20 世纪 90 年代初到达其第一个人口转折点。面对供给侧冲击，日本经济未能良好应对，其第一个“失去的十年”突出表现为全要素生产率增长以及对经济增长的贡献率下降，在劳动生产率提高因素中，全要素生产率的贡献率甚至是负的（理查德·达舍等，2017，图 2）。日本于 2009 年到达人口峰值并于随后进入人口负增长，经济增长同步受到一次巨大的冲击，当年的 GDP 增长率为 -5.4%。而且，在日本经济减速的整个过程中，虽然潜在增长率逐年降低，实际增长率也经常不能达到增长潜力，出现负产出缺口成为常态。

四、政策含义和政策建议

生育率下降是一个不可逆的规律性现象，因此，老龄化过程无法阻止。在

① 蔡昉和王美艳（2021）利用 2016 年中国城市劳动力调查的数据，对这三种效应，特别是年龄结构效应进行了经验描述，此处不再赘述。

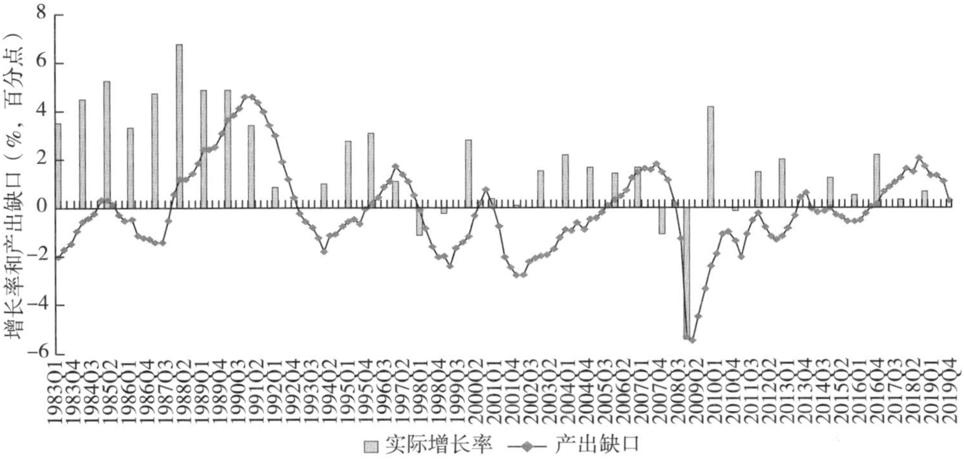

图3　日本的经济增长和产出缺口

资料来源：日本银行官方网站，https：//www. boj. or. jp/en/research/research_ data/gap/index. htm/，2020年8月3日下载；World Bank，*World Development Indicators*，世界银行官方网站，https：//data. worldbank. org/。

中国严格执行计划生育政策时期，政策生育率（即针对不同人群政策允许生育孩子的总和生育率）是1.5，而那时的实际生育率已经降低到1.5以下。这既说明生育率下降有着比生育政策更深层的经济社会驱动力，也足以使我们预见，生育政策调整不太可能对生育率提高和人口增长产生实质性的促进效果。例如，2014年出台的"单独二孩"政策，仅将人口自然增长率从上年的4.9‰提高到5.2‰；2016年出台的"全面二孩"政策，仅将人口自然增长率从上年的5.0‰提高到5.9‰。随后都再次进入迅速下降的轨道，2019年下降到3.3‰，系1960年以来的最低水平。

毋庸置疑，取消对中国家庭生育孩子数的政策限制，既符合人民意愿也符合国家利益，因此应该成为下一步改革的取向。然而，我们不能指望有什么万应灵药，能够实质性地提高生育率和延缓人口老龄化。因此，以下我们主要从经济社会发展的角度，结合供给侧和需求侧及其相互促进关系，提出如何在老龄化条件下保持长期可持续经济增长的政策建议。

供给侧改革的核心是发挥市场机制作用，促进生产要素充分流动和合理配置。在依靠资本和劳动投入的增长模式不再能够支撑合理增长速度的条件下，亟待推进相关领域改革，通过提高全要素生产率稳定潜在增长率。为了阻止妨碍生产率提高的部门内资源配置僵化，需要从改革出发，在实施产业政策中强化竞争性原则，营造创造性破坏环境，打破企业的软预算约束，消除行业进入的体制性障碍，建立有效的企业退出机制。避免部门间资源配置的逆库兹涅茨化妨碍生产率提高，出路同样是改革。为了赢得时间以培养新的比较优势，在诸如户籍制度这样的领域推进改革，可以通过促进农业劳动力转移，从增加劳动力供给和促进资源重新配置的角度，稳定传统增长动能，尽可能使新的生产率提高效果抵偿甚至超过生产率下降的因素。

在需求侧，关键是挖掘居民消费的潜力，稳定和扩大需求因素，以保障潜在增长率的实现。虽然需求因素包括净出口、资本形成和最终消费三个方面，但是，在世界经济处于长期停滞、逆全球化趋势上升、技术和供应链脱钩等环境下，外需不可能像过去20年那样强劲；投资需求的潜力是存在的，但是总体上将随着经济增长速度减缓而趋弱。从国际比较来看，中国最终消费占GDP比重显著低于其他主要经济体，具有明显的提高潜力。

扩大消费对经济增长的贡献，需要从保持居民收入增长与经济增长同步，显著改善收入分配状况入手。经济增长是居民收入增长的基础，但是，两者之间并不会自然而然地保持同步，需要进行必要的改革，以调整国民收入结构，提高居民收入和劳动报酬占比。这个同步也并不意味着就能自然而然地形成均等的收入分配格局，还需要通过收入分配制度的改革，缩小城乡之间和收入主体之间的差距。国际经验表明，收入差距缩小到比较合理的水平，譬如基尼系数在0.4以下，需要实施更大力度的再分配政策。固然，更具累进性质的税收和转移支付，是符合规律并且效果立竿见影的再分配手段，然而，针对中国的特殊国情和面临的紧迫问题，应该从提高基本公共服务的水平和均等化程度着手。

社会保障是基本公共服务的重要内容，完善基本养老保险更具有针对性和紧迫性。目前中国人有9.7亿得到基本养老保险制度覆盖，其中55.0%参加城乡居民养老保险，主要是农村居民和城镇没有工作者或农民工。其他的45.0%由城镇职工基本养老保险覆盖，其中也分为两种类型：大约87.2%为企业职工，其余部分系行政事业单位职工。不同类型的基本养老保险存在待遇上的差别，特别是城乡居民养老保险待遇大大低于城镇职工基本养老保险。鉴于城乡居民养老保险具有自愿参加、低缴费率和各级政府补贴的特点，因此，从这个模式入手提高养老保险的普惠性，是在扩大覆盖率的基础上逐步提高保障水平的可选路径。

参考文献

Bass, Hans H. (2009), Ragnar Nurkse's Development Theory: Influences and Perceptions, in Rainer Kattel, Jan A. Kregel and Erik S. Reinert (eds), *Ragnar Nurkse (1907 – 2007): Classical Development Economics and its Relevance for Today*, London · New York · Delhi: Anthem Press, pp. 183 – 202.

Bloom, David, David Canning and Jaypee Sevilla (2003), *The Demographic Dividend: A New Perspective on the Economic Consequences of Population Change*, Arlington, USA: RAND.

Cai, Fang (2016), *China's Economic Growth Prospects: From Demographic Dividend to Reform Dividend*, Cheltenham, UK: Edward Elgar.

Cai, Fang (2019), How Has the Chinese Economy Capitalised on the Demographic Dividend during the Reform Period? in Garnaut, Ross, Ligang Song and Cai Fang (eds), *China's 40 Years of Reform and Development: 1978 – 2018*, Canberra, Australia: ANU Press, pp. 235 – 255.

Eggertsson, Gauti B., Manuel Lancastre and Lawrence H. Summers (2019), Aging, Output Per Capita, and Secular Stagnation, *American Economic Review: Insights*, vol. 1, No. 3, pp. 325 – 342.

Hansen, Alvin (2004), On Economic Progress and Declining Population Growth, *Population and Development Review*, Vol. 30, No. 2, pp. 329 – 342.

John, Authers (2018), The Next Crisis Is Brewing in Pension Funds, Not Banks, *Financial Times*, 27 July.

Keynes, John Maynard (1978), Some Economic Consequences of a Declining Population, *Population and Development Review*, Vol. 4, No. 3, pp. 517 – 523.

Lewis, Arthur (1954), Economic Development with Unlimited Supply of Labor, *The Manchester School*, 22 (2): 139 – 191.

Li, Xuesong, Yang Lu, Feng Lou, Ming Feng, and Binbin Zhang (2020), The Medium-and Long-term Objectives and Indicators of Economic and Social Development, in Xie, Fuzhan, Cai Fang and Xuesong Li (eds), *The New Journey of China's Economic and Social Development*, Beijing: China Social Sciences Press, pp. 103 – 125.

Malthus, T. R. (1996), *An Essay on the Principle of Population*, The six editions in 11 volumes. London: Routledge/Thoemmes Press.

Summers, Lawrence H. (2016), The Age of Secular Stagnation: What It Is and What to Do About It, *Foreign Affairs*, Vol. 95, No. 2, pp. 2 – 9.

Summers, Lawrence H. (2018), Secular Stagnation and Macroeconomic Policy, *IMF Economic Review*, No. 66, pp. 226 – 250.

United Nations, Department of Economic and Social Affairs, Population Division (2015), *World Population Prospects: The* 2015 *Revision*, DVD Edition.

Williamson, Jeffrey (1997), Growth, Distribution and Demography: Some Lessons from History, *NBER Working Paper*, No. 6244, Cambridge, MA: National Bureau of Economic Research.

World Health Organization (WHO), Official Website: https://www.who.int/data/gho, downloaded on December 21, 2020.

蔡昉（2016），《认识中国经济减速的供给侧视角》，《经济学动态》第 4 期，第 14—22 页。

蔡昉（2019），《从中等收入陷阱到门槛效应》，《经济学动态》第 11 期，第 1—11 页。

蔡昉、王美艳（2021），《如何解除人口老龄化对消费需求的束缚?》，《财贸经济》即将发表。

国家统计局（2021 下载），《国家数据》https：//data. stats. gov. cn/index. htm。

理查德·达舍、原田信行、星岳雄、栉田健儿、冈崎哲二（2017），《创新驱动型经济增长的制度基础》，《比较》第 92 辑，第 1—72 页。

构建新发展格局

为什么、是什么、干什么

杨伟民

党的十九届五中全会做出了“加快构建以国内大循环为主体、国内国际双循环相互促进的新发展格局”的战略部署。本文从为什么、是什么、干什么，即意义、内涵、任务三个方面谈谈对构建新发展格局的初步认识。

一、为什么：构建新发展格局的意义

党的十九届五中全会的基本逻辑是，立足新发展阶段，贯彻新发展理念，构建新发展格局。新发展阶段，就是开启全面建设社会主义现代化国家新征程，是我国发展的历史方位。新发展理念，就是贯彻创新、协调、绿色、开放、共享的新发展理念，是我国发展的理论指南。新发展格局，就是构建以国内大循环为主体、国内国际双循环相互促进的新发展格局，是我国发展的基本思路或基本路径。

新发展阶段的奋斗目标是到2035年基本实现社会主义现代化，其中的核心目标是到2035年人均国内生产总值达到中等发达国家水平。实现这一目标，到2035年经济总量或人均收入应该比2020年翻一番。要翻一番，今后15年经济总量或人均收入年均就需要增长4.73%。我国市场空间广阔、产业门类齐全、劳动力充裕、储蓄率高、制度优势明显，有条件实现年均4.73%的增长，但要把潜在增长变成现实，需要做出一些改变，最主要的就是改变旧发展格局。

图1显示，我国经济增长已从2010年的10.6%降到2019年的6%，年均下

滑0.5个百分点。若以基本走出国际金融危机的2012年为基年，也年均下滑了0.2个百分点，若保持旧发展格局，年均下滑0.2个百分点，到2035年我国经济增速将下滑至3%，经济总量比2020年增加90%，难以确保实现翻一番。因此，必须改变旧发展格局，调整经济自我减速变量，扭转增速持续下滑的局面。

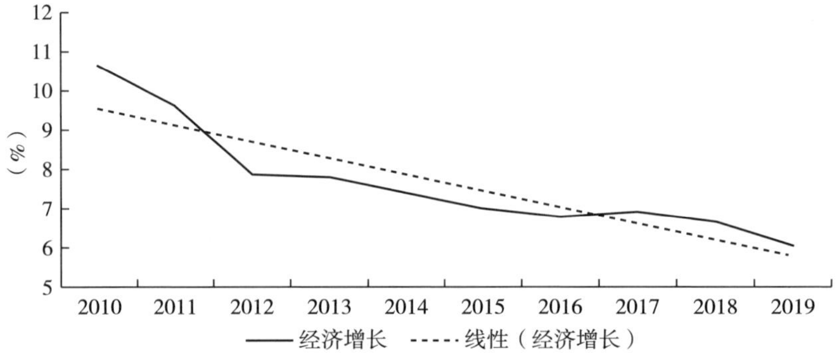

图1 2010—2019年我国经济增长速度

资料来源：国家统计局。以下若无特殊说明，数据均来自国家统计局。

二、是什么：构建新发展格局的内涵

1. 发展格局

发展格局是各主要经济变量的构成，格局合理、循环畅通，经济就能实现内生发展。发展格局包括总供给与总需求的格局①，生产、分配、支出的格局，以及生产、分配、支出内各项目之间的格局，还包括嵌入生产、支出的进出口贸易格局。

图2左侧，总供给 = 国内供给 + 进口；右侧，总需求 = 国内需求 + 出口。总供给 = 总需求，国内供给 = 国内需求，进口 = 出口。这是基本的发展格局。

纵向，由左至右是生产、分配、支出②三个环节之间的循环。生产是循环的起点，生产的产品可以归为消费品（生活资料）、生产品或投资品（生产资料）、公共产品三类。分配是生产的结果，包括四个项目三个部门。劳动者报酬是分配给劳动者的。营业盈余是分配给企业的，是增加值扣除劳动者报酬、

① 这里的总供给不包括中间投入，总需求不包括中间使用。

② 经济循环也可以概括为生产、分配、流通、消费四个环节，本文从数据可得性出发，概括为生产、分配、支出三个环节。

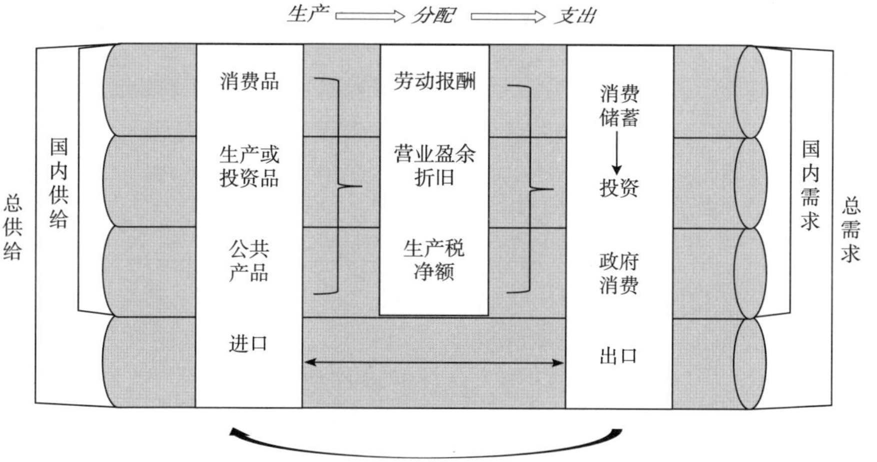

图 2　发展格局图式

生产税净额、固定资产折旧后的余额，可视为广义的利润。固定资产折旧是归企业的。生产税净额是分配给政府的，是政府征收的各种税费扣除对企业的生产补贴后的差额。支出即最终需求是分配的结果，包括居民消费、投资（固定资本形成和存货变动）、出口。劳动者报酬的一部分用于消费支出，用于购买消费品，一部分用于储蓄，储蓄转化为投资，用于购买投资品。营业盈余可能有部分用于消费，大部分转化为投资。固定资产折旧用于再投资。生产税净额用于政府消费，购买公共产品。生产也是支出的结果，所有支出又回到生产，开启新一轮循环。在开放格局下，生产需要进口生产品和投资品，消费也需要进口必要的消费品。生产也有部分产品是用于出口的，满足出口需求。有进口，才能生产，才能出口，有了出口，才能进口。

经济循环畅通的发展格局要求生产、分配、支出的各项目之间要均衡，即图 2 由左至右的四个“管道”，直径要相同。按生产价格计算的生产环节的消费品产出 = 分配环节的居民可支配收入（假定居民收入全部用于消费） = 支出环节的居民消费支出；生产环节的生产品或投资品产出 = 分配环节的固定资产折旧 + 营业盈余（假定营业盈余全部用于投资） = 支出环节的投资；生产环节的公共产品产出 = 分配环节的生产税净额 = 支出环节的政府消费。若某个环节的直径大小不一，管道粗细不一，发展格局失衡，经济循环就会受阻。

2. 构建新发展格局

构建新发展格局，简单地说就是改变旧发展格局，要把握好“六个关键词”：

格局。就是构建适应新阶段、新目标、新理念，不需要外在的刺激就能实现内生发展的新格局，实现与潜在增长率相匹配的增长速度。重点在“新格局”，不在“双循环”。

循环。就是要畅通生产、分配、支出以及生产与生产、生产与分配、分配与支出、支出与生产之间的循环，打通各环节之间的堵点、清理各方面的淤点。重点在循环，不是单纯的物流、供应链问题。

开放。就是要促进开放的国内国际双循环，继续当好“世界工厂”，还要当上“世界市场”。重点是“双循环”相互促进，不是“单循环”“内循环”，甚至“双循环”；以国内大循环为主体，要在部分“卡脖子”领域实现自立自强，也不是什么技术和产品都要自己干、从头干。

整体。构建新发展格局是就全国经济整体而言的，一个地区、一个行业、一个企业本来就是全国发展格局的组成部分，各地区要更好地参与构建新发展格局，也不是都搞芯片，都搞“高大上”的产业。

构建。就是政府要积极主动作为，努力工作来构建，否则新发展格局不会自然而然就能形成。怎么构建，关键在改革，政府要推动对形成旧格局的体制机制改革，减少对发展什么、发展多少等的干预。

系统。就是要坚持系统观点，把扩大内需战略和深化供给侧结构性改革统合到构建新发展格局的基本思路中。构建新发展格局，需要扩大内需，但不等于扩大内需；不是不搞供给侧结构性改革，相反，需要持续深化供给侧结构性改革。

三、干什么：构建新发展格局的任务

投入产出表是分析发展格局的重要工具，通过数据分析，可以看清旧发展格局，找到构建新发展格局的“切口”，即重点任务。

1. 构建有韧性的供需格局

根据2018年投入产出表，我国2018年总需求，即消费支出合计+资本形成总额+出口，为109万亿元；总供给，即总产出－中间投入+进口，也是109万亿元，总供给与总需求是均衡的。

单独考察国内需求和国内供给，则国内需求小于国内供给。国内需求=消费支出+资本形成总额，即总需求－出口是91.5万亿元。国内供给，即总产出－中间投入是92.2万亿元。国内供给大于国内需求，差额是0.7万亿元。这一差额就是进出口差额，2018年出口17.6万亿元，进口16.9万亿元，出口大于进口 0.7 万亿元。2017 年的格局与 2018 年相似，但国内供给与国内需求的差额更大，为 1.4 万亿元（见表 1）。

表 1　2017 年和 2018 年的供需格局　（单位：万亿元）

	总需求	总供给	国内需求	国内供给	出口	进口
2017 年	97	97	80.9	82.3	16.3	14.9
2018 年	109	109	91.5	92.2	17.6	16.9

这种格局，静态看没有什么问题。动态看，若国际环境没有大的变化，也不需要调整。但在国际环境充满不确定的条件下，国际环境变化导致出口增速放缓时，就要用国内需求的增加来弥补出口需求的减少，否则，就会带来产能过剩和经济增长速度下滑。比如，2018 年，受美国发起的贸易摩擦影响，我国出口增幅放缓，净出口对经济增长的贡献由 2017 年的 4.7%，变为 2018 年的 -7.2%，经济增速比 2017 年下滑 0.2 个百分点。此时，若社会消费品零售总额和消费水平的增长能弥补出口的下降，经济就会保持原来的增速。但 2018 年，社会消费品零售总额和消费水平增长均下滑 1 个百分点以上。

从更长时期看，如图 3 显示，2011 年以来，出口、社会消费品零售总额、居民消费水平三个指标均呈下降趋势，与经济增长速度的相关系数分别为 0.8484、0.7884、0.9364。这是需求侧增长下滑的主要原因。

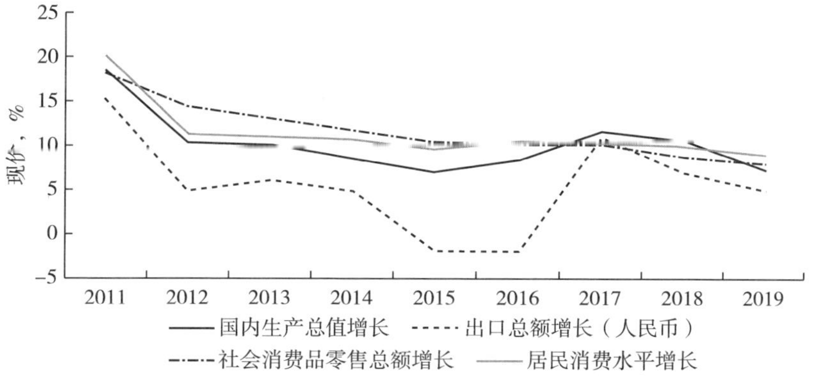

图 3　2011—2019 年经济增长与需求增长

需求侧的问题必然反映到供给侧。2018 年，88 种主要工业产品产量与 2007—2017 年曾出现的历年峰值相比，有 60 种产品是负增长、1 种零增长、27 种正增长，且减产产品的减产幅度远大于增产产品的增产幅度（见图 4）。

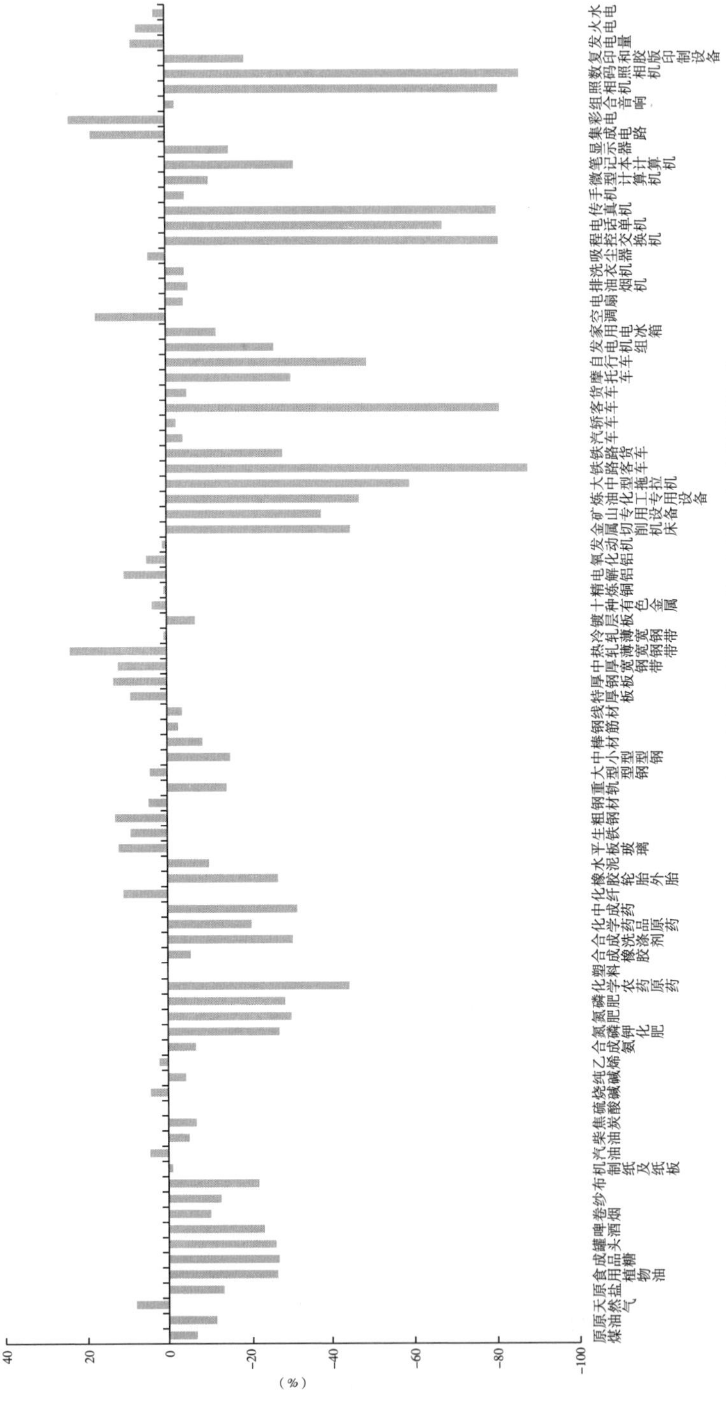

图4　2018年主要工业产品产量与其2007年以来历史峰值的增减

工业产品产量减少必然反映到工业增长速度上，2013 年以来，工业增加值增长均低于经济增长。这是供给侧增长下滑的主要原因。

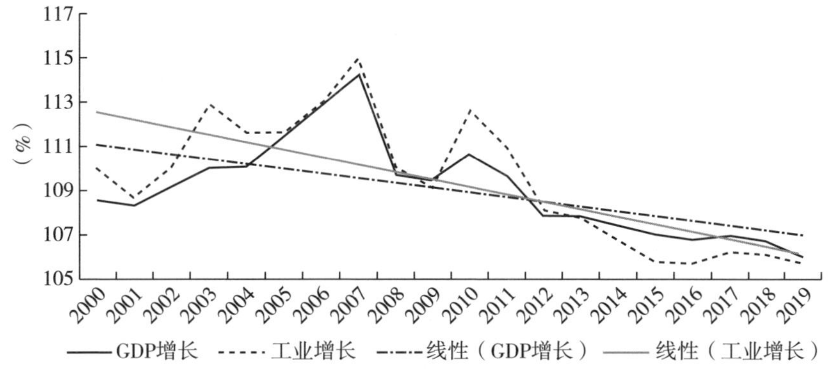

图 5　2000—2019 年经济增长与工业增长

构建新发展格局，需要优化供需格局，但重点不在于内需比重提高多少。2018 年，我国出口相当于总需求的 16%，进口相当于总供给的 15.5%，内需占比已经很高。我国资源禀赋决定了发展经济的能源和基础原料，如石油、铁矿石、有色金属等必须进口。资源型产品不可能通过提高创新能力来解决。而要进口这些资源型产品，就必须出口。作为一个资源不足的大国，很难判定内需究竟占多大比例是合适的。

构建新发展格局，要把重点放在增强供需体系的韧性上，既要增强需求体系的韧性，也要增强供给体系的韧性。国际环境有利于出口时，尽可能多出口；出口减缓时，国内需求能填补出口放缓带来的需求缺口。供给体系要能适应需求的快速变动，有出口订单时，供给体系能满足出口需求；出口减缓时，能迅速转向满足国内需求。这需要一系列的改变，比如，产品标准要与国际通行标准对接，使更多产品既符合国内标准，又满足国际标准等。

2. 构建以居民消费为主体的内需格局

总需求 = 居民消费 + 政府消费 + 固定资本形成 + 存货变动 + 出口，国内需求 = 居民消费 + 政府消费 + 固定资本形成 + 存货变动。金融危机前的 2007 年，出口在我国总需求的占比很高，为 28.25%（见表 2），2018 年降到 16.11%，降低了 12.14 个百分点。外需占比下降，内需比重提高。内需结构的变化是，固定资本形成占比提高较多。2018 年，固定资本形成比 2007 年提高了 6.2 个百分点，居民消费提高了3.3个百分点，政府消费提高了3.2个百分点。可见，国际金融危机以来，我国实施扩大内需战略取得明显成效，外需占比大幅下降，经济发展已经越来越依靠内需带动。内需中消费与投资扩大各占一半，但消费扩大中一半来自政府消费的扩大。由于居民消费的基数大，虽然居民消费与政府消费扩大各占一半，但政府消费的增长快于居民消费，2018年居民消费额是2007年的3.6倍，而政府消费额则是2007年的4.2倍。所以，我们可以说经济发展越来越依靠内需了，但不能说经济发展越来越依靠消费了。

表2　2007—2018年需求格局的变动　（单位：%）

	居民消费	政府消费	资本形成	存货变动	出口
2007年	28.55	10.41	31.18	1.62	28.25
2018年	31.85	13.61	37.38	1.06	16.11
2018年比2007年增减	3.3	3.2	6.2	-0.56	-12.14

消费=居民消费+政府消费。按投入产出表，居民消费占消费的比重呈下降趋势，由2002年的73.3%降到2018年的70.1%，降低3个百分点；政府消费呈扩大趋势，增加3个百分点。因此，我们所说的消费对经济增长的贡献率提高，经济发展越来越主要依靠消费带动，其实是政府消费扩大的贡献率更大，居民消费扩大的贡献率较少（见图6）。

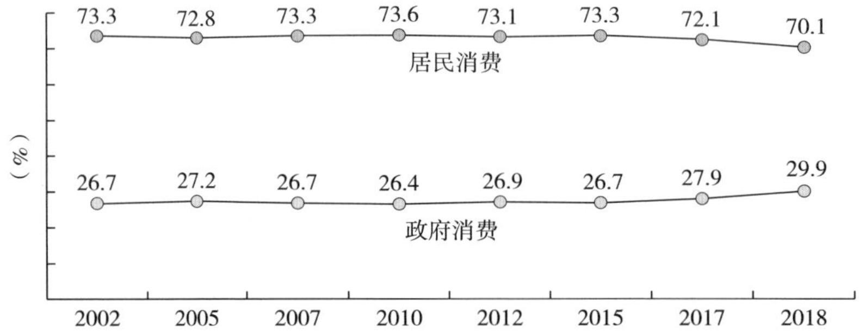

图6　2002—2018年投入产出表中居民消费和政府消费比重变化

按支出法，居民消费与政府消费的变动与投入产出表中的变动趋势相同，两种方法的数值和年度间的波动略有差异。按支出法，居民消费占最终消费的比重，从2002年的73.65%降至2018年的69.97%，减少3.68个百分点，政府消费从2002年的26.35%提高到2018年的30.03%，提高3.68个百分点

（见图 7）。

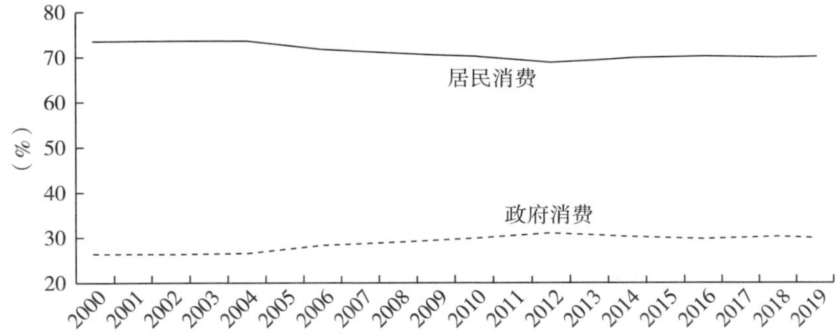

图 7　支出法国内生产总值中居民消费和政府消费比重变化

政府消费的领域主要集中在保障政府运行的公共管理和社会组织，以及教育、卫生、科技、交通、城市公交、农业服务、水利、环保、文化、金融、邮政等行业的公共服务。2018 年，政府在公共管理和社会组织、卫生、教育三个行业的消费分别为 6.9 万亿元、2.39 万亿元、2.27 万亿元，分别占政府消费的 46.58%、16.10%、15.29%，三个行业的政府消费占政府消费的 78%（见图 8）。

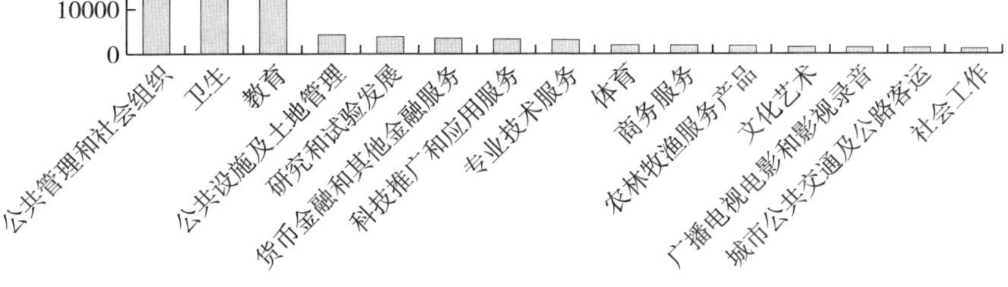

图 8　2018 年政府消费支出前 15 的行业

居民消费 = 城镇居民消费 + 农村居民消费。2002—2018 年，城镇居民消费占居民消费的比重提高 10 个百分点，农村居民消费占比减少 10 个百分点。

这主要是城市化的结果，城镇居民消费占比提高与城镇人口增加高度相关，其相关系数是0.9483。农村消费占比降低与农村人口减少高度相关，其相关系数是0.9469。所以，实行积极的城市化战略对扩大消费的效果十分明显（见图9）。

从居民消费的行业结构看，城乡居民对房地产、教育、医疗卫生等的消费占居民消费的比重较高，城镇和农村居民对房地产的消费均占12%以上，对教育和医疗卫生的消费占4%—6%，排在城乡居民消费支出的前四位，说明社会上反映的制约居民消费的住房、教育、医疗“三座大山”，是有宏观数据支持的。城乡居民消费也有一些不同，城镇居民对餐饮、居民服务、保险、汽车、银行等行业的消费相对较多。农村居民对农产品、肉类和畜牧产品、其他食品、零售、批发等行业的消费相对较多，反映了城乡之间居民消费结构的差异，城镇居民的消费结构更高级一些。所以，城市化不仅有利于在总量上扩大消费，也有利于消费结构的升级（见图9）。

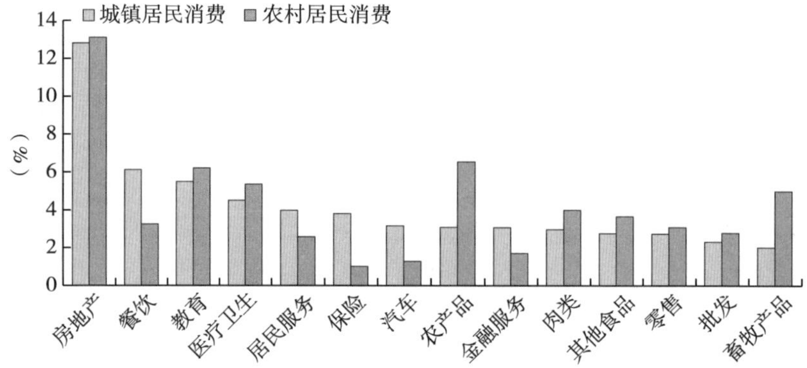

图9　城乡居民消费的行业结构

居民消费的行业结构是变动的。2018年与2002年相比，居民对房地产消费的比重快速提高，从2002年占居民消费的8.32%，提高到2018年的12.95%，增加4.63个百分点，既反映了居民对住房需求十分旺盛，也反映了房价“蒸蒸日上”。居民消费占比提高的还有保险、汽车、肉类、卫生、金融服务、娱乐、教育、通信设备、住宿餐饮、航空旅客运输、医药等，居民消费占比下降的主要是农产品、植物油、烟草、家用器具、批发零售，反映了居民消费结构快速升级的大趋势（见图10）。

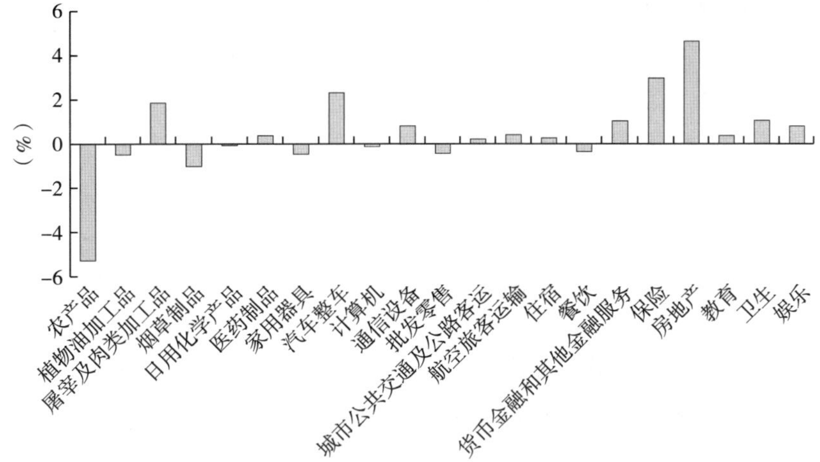

图 10　2018 年比 2002 年居民消费的结构变化

扩大居民消费，要提高居民消费率。但 2013—2019 年，全国居民的消费率（居民人均可支配收入/居民人均消费支出）呈下降趋势，主要是城镇居民的消费率下降所致（见图 11）。城镇居民消费率由 2013 年的 69.85% 下降到 2019 年的 66.25%，同期，农村居民的消费率由 79.28% 提高到 2019 年的 83.19%。城乡居民消费率呈反方向变动，可能同越来越多的城镇居民背负着高房贷有关。上海、北京的居民人均可支配收入全国最高，但房价也是最高的。2019 年，北京的居民消费率比 2013 年降低 7.94 个百分点，同期上海的居民消费率降低 6.41 个百分点，大大高于全国城镇居民的平均降幅 3.58 个百分点。城镇居民消费率下降，应该主要不是边际消费倾向递减的结果，城镇居民中的低收入者和中等收入者还占绝大部分。

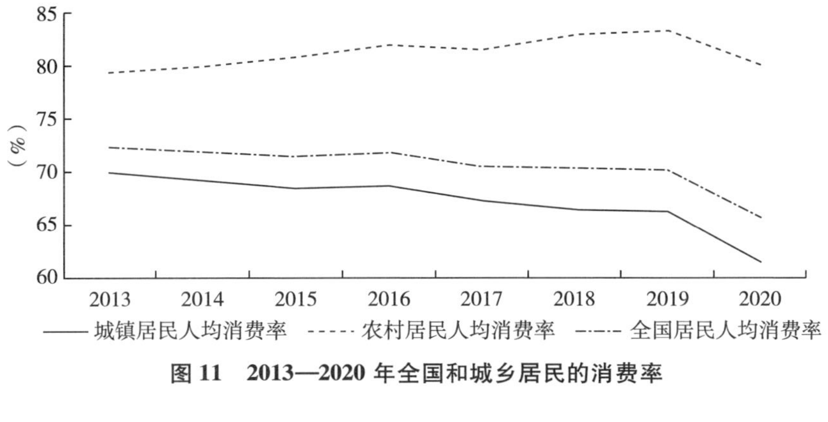

图 11　2013—2020 年全国和城乡居民的消费率

构建新发展格局，要坚持扩大内需，但扩大内需的重点是扩大居民消费，而不是政府消费和投资需求，居民消费才是我国经济发展的“软肋”。要提高居民消费的比重，降低政府消费的比重。要把城镇化的重点真正放在人口城镇化上，让更多的人口真正融入城市，这不仅有利于扩大居民消费，也有利于消费结构的升级，并带动供给结构升级。加快建立多主体供给、多渠道保障，租购并举的住房制度，在外来人口较多的特大城市和超大城市，应该建立租购并举、以租为主的住房体系，大幅度增加租赁住房供给数量，减轻城镇居民高房价高房贷压力，稳定或提高居民的消费率。通过放宽市场准入等，增加优质教育医疗供给，降低教育医疗价格，减轻居民扩大消费的后顾之忧。党政机关过紧日子的重点是降低公共管理行业就业人员的增长速度，公务人员可以增长，但其增长速度不应超出全社会就业人员增长速度。2018 年，公共管理和社会组织行业增加值是 3.55 万亿元，其中，82% 是劳动者报酬，即“人头费”。2003 年以来，尽管进行了几轮政府机构改革，但公共管理和社会组织行业的城镇单位就业人员，仍从 2003 年的 1171 万人，增加到 2019 年的 1990 万人，增加了 70%，高于所有城镇单位就业人员的平均增幅 56%。

3. 构建向居民倾斜的收入分配格局

分配格局决定内需格局。政府和企业得到的收入多，就会形成政府消费和投资需求为主的内需格局。劳动者报酬占 GDP 的比重，由 2002 年的 48.38%，提高到 2018 年的 51.5%。生产税净额占比的总趋势是下降的。固定资产折旧在年度间有波动。营业盈余占比在 2007 年达到最高的 30.2%，2018 年降到 23.5%（见表 3）。

表 3　2002—2018 年国内生产总值的分配格局　（单位：%）

	2002	2007	2010	2015	2018
劳动者报酬	48.38	41.4	47.3	52.06	51.5
生产税净额	14.33	14.5	14.8	12.09	10.4
固定资产折旧	15.38	14.0	13.7	12.72	14.5
营业盈余	21.92	30.2	24.1	23.13	23.5

本文重点分析劳动者报酬。在同一投入产出表中，劳动者报酬占 GDP 的比重与居民消费占 GDP 的比重差别较大。2018 年劳动者报酬占比为 51.5%，

而居民消费占比为31.85%，相差近20个百分点。原因之一在于劳动者报酬的口径偏宽。劳动者报酬，包括了劳动者享受的公费医疗和医药卫生费、上下班交通补贴、单位支付的社会保障费、住房公积金等，还包括了个体经济所有者获得的劳动者报酬和经营利润。① 其中的公费医疗和医药卫生费是政府提供的公共服务，属于政府消费，不应包括在劳动者报酬中。如教育中的大部分也属于政府提供的公共服务，但政府非教育经费未包括在劳动者报酬中。单位支付的社会保障费和住房公积金的结余部分，也不应该是当期的居民可支配收入，而是政府收入，只有当期支付给居民的社会保险支出和住房公积金支出才属于居民可支配收入。② 劳动者报酬是居民可支配收入的主要来源，但目前的口径，不能反映居民可支配收入在国民收入中的分配份额。

按国家统计局住户调查的口径计算，2013—2019年，全国居民可支配收入总额占GDP的比重一直在42%—43%之间（见图12）。2013年以来，居民人均可支配收入占人均GDP的比重大体上也在42%—44%之间。这两个口径均远低于劳动者报酬占GDP的比重（见图13）。

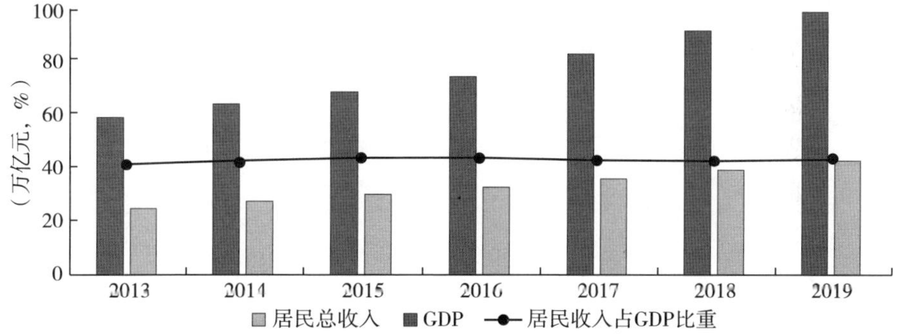

图12　2013—2019年全国居民可支配总收入及其占GDP比重

收入分配格局，既涉及政府、企业、居民三部门的分配，也涉及行业之间的分配格局，行业分配格局决定着不同群体的收入分配。为更清楚地看清行业之间的分配格局，本文按国家统计局的行业分类标准，把153个行业归为23

① 国家统计局国民经济核算司编，《2017年中国投入产出表》，中国统计出版社，2019年12月第一版。

② 2019年国家财政医疗卫生支出1.66万亿元，社会保险基金累计结余9.7万亿元，全国住房公积金缴存额2.37万亿元。

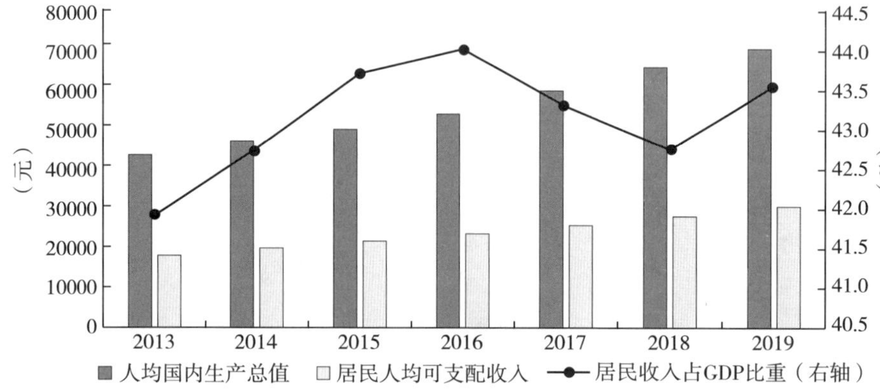

图 13　2013—2019 年全国居民人均可支配总收入及其占人均 GDP 比重

个大类，计算行业营业盈余占其增加值的比重。图 14 显示，对企业和市场主体而言，农业、教育、卫生、文化、研发、运输，是最不赚钱的行业，其营业盈余占行业增加值的比重一般在 10% 以下。制造业大体上在 30% 左右，趋于均等，说明制造业的准入门槛低、竞争比较充分。最赚钱的行业是房地产，为 60%，其次是金融，为 40%。2018 年，金融和房地产两个行业的营业盈余占 153 个行业营业盈余总额的 29. 97%，远高于这两个行业增加值占全部增加值 12. 9% 的水平。

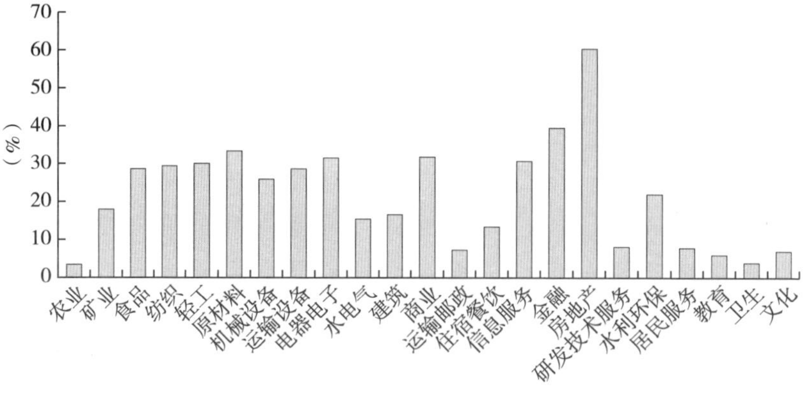

图 14　2018 年各行业营业盈余占 GDP 比重

从主要行业城镇就业人员平均工资可以看到行业之间的人均收入差别。如图 15 显示，2019 年工资收入最高的是信息服务，其次是科技，再次是金融，分别比城镇就业人员平均工资高 78%、47% 和 45%，分别是倒数第二的住宿餐饮业（农业不可比）平均工资的 3.2 倍、2.7 倍、2.6 倍。这一收入之差，已高于或等于 2019 年城乡居民 2.64 倍的收入之差。

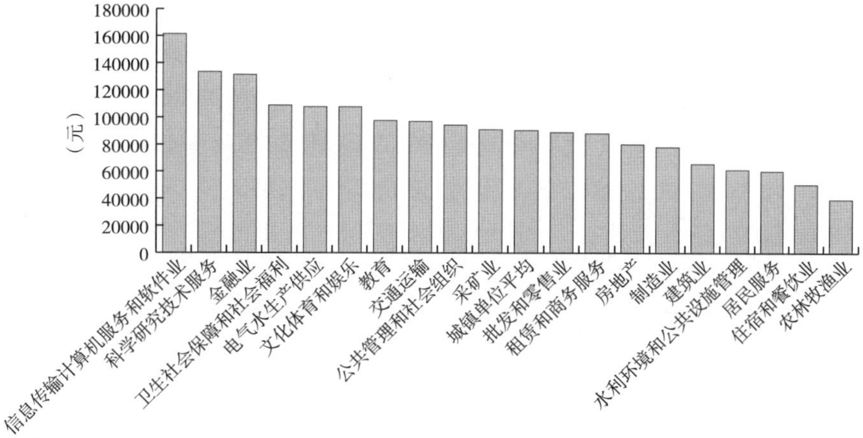

图 15　2019 年主要行业城镇单位就业人员平均工资

构建新发展格局，要坚定树立以人民为中心的发展思想，在指导思想上，要以增加居民收入为中心，而不是以增加 GDP 为中心。居民收入提高了，消费扩大了，自然会带来经济的增长。而以 GDP 为中心，易带来以投资为主、政府消费为主的需求结构，以及投资型产业和政府消费型产业占比更多的生产结构。这样，会损害长期增长的潜力。

中央“十二五”规划建议提出努力实现居民收入增长和经济发展同步、劳动报酬增长和劳动生产率提高同步，即“两同步”，这既是针对当时居民收入增长持续低于经济增长的实际情况提出的，也是“十二五”规划建议提出扩大内需战略的大逻辑所决定的。在“十四五”规划建议提出构建新发展格局的大逻辑下，应该比“十二五”时期更进一步，制定目标可以留有余地，实现居民收入增长和经济发展同步，但在实际工作中、在年度工作中，要努力争取实现居民收入增长快于经济增长。

缩小收入分配差距，是扩大消费的重要措施，也是最终走向共同富裕的要求，但要找准重点。城乡之间居民收入的差距、地区之间人均收入分配的差距，应该继续缩小。但要考虑城乡之间、地区之间的生活成本不同，至少城镇居民的房价要比农村高很多，城乡之间的房价之差远大于城乡之间收入之差的 2.64 倍。上海的居民收入是甘肃的 3.6 倍，差距确实很大，应该逐步缩小，但上海的商品住宅的价格是甘肃的5.7倍，大于收入之差的3.6倍。所以，单纯比较城乡、区域之间的收入之差，不能真实反映城乡、区域之间的生活水平之差。要把行业之间的收入分配问题放在重要位置，重点解决金融和房地产如何按市场化机制“让利于民”问题，减轻居民高房价高房贷负担，从消费端增强居民的消费能力。

4. 构建不断适应需求变动和消费升级的生产格局

生产格局是需求格局的结果，但生产反作用于需求，影响需求结构。若需求侧是出口需求、政府消费、投资需求多，居民消费少，供给侧必然形成出口型产业、政府消费型产业、投资型产业为主的生产结构。

从三次产业结构变动看，2000—2019年，第一产业占国民经济的比重下降7.6个百分点，第二产业下降6.9个百分点，第三产业提高14.5个百分点(见图16)。笼统而言，这种结构变动是结构升级，但应具体分析，服务业比重提高如此之快，主要是哪些行业的贡献，哪些变化是符合规律的，哪些变化可能恶化了结构。

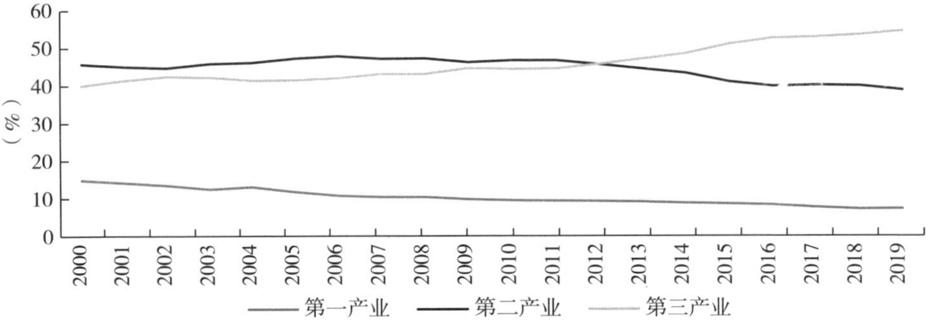

图16 2002—2018年产业结构变化

为便于分析细分类的产业结构变动，本文将行业分类不同的2002年投入产出表与2018年投入产出表进行可比性归类，对比期间为2002年与2018年。因服务业中批发零售、交通运输仓储邮政、住宿餐饮三个行业占国民经济的比重都是下降的，所以重点考察其他服务业的变化。

图17显示，2018年与2002年相比，服务业比重的提高，主要是三类行业的贡献：一是房地产业和金融业，占国民经济的比重分别提高2.98和2.78个百分点，对服务业比重提高的贡献率是52%。二是研发和技术服务、商务服

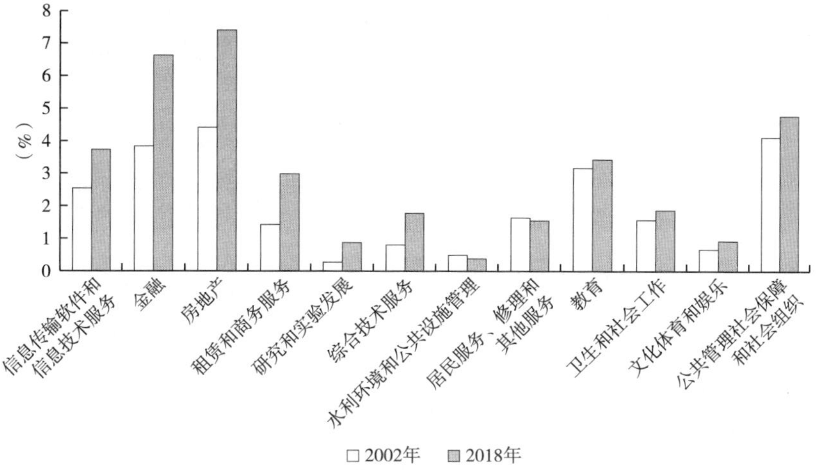

图 17　2002 年与 2018 年部分服务业的结构变动

务、信息传输软件和信息技术服务等生产性服务业，分别提高 1.57、1.55 和 1.20 个百分点，对服务业比重提高的贡献率是 39%。三是公共管理、卫生、教育、文化等公共服务或准公共服务行业，分别提高 0.65、0.30、0.26、0.26 个百分点，对服务业比重提高的贡献率是 13%。水利、环境和公共设施管理，居民服务、修理和其他服务分别下降 0.11、0.09 个百分点，贡献率为负。

房地产业比重提高较多，既是住房需求旺盛的结果，也是房价上涨的结果。房价涨幅过高过快，房地产增加值的规模扩大，占国民经济的比重提高，传导到消费端，就是 2018 年居民对房地产的消费占比比 2002 年大幅提高了 4.63 个百分点（图 9）。金融是国民经济的血脉，是畅通经济循环的基础。血液健康，身体健康。金融健康，经济健康。人体的血太多，可能不利于健康，经济也是如此。金融业中的银行业增加值，对银行而言是收入，是增加值，但对负债的主体而言是成本、是负担。银行业增加值增长过快，意味着其服务对象的财务负担不断加重。研究试验和技术服务、信息服务、商务服务等比重的提高，符合技术进步的方向，有利于提高经济效率。教育、卫生、文化等比重提高反映了政府提供公共服务能力的增强，但其中的公共管理比重提高，则说明社会治理成本在增加。

最终使用即需求反映了生产结构。按照各行业最终使用中居民消费、政府消费、投资需求、出口需求的占比，可以将 153 个行业分为居民消费型行业、政府消费型行业、投资型行业和出口型行业。例如，农产品行业的最终使用中用于居民消费的占88.8%，用于政府消费的为0，用于投资的占4.8%，用于出口的占6.4%，就可以把农产品定义为居民消费型行业。公共管理和社会组织行业，用于政府消费的占98.8%，用于居民消费和投资的均为0，用于出口的占0.2%，可以定义为政府消费型行业。按照占最终使用的50%为标准，2018年，居民消费型行业有47个，政府消费型行业13个，投资型行业30个、出口型行业46个。

政府消费型行业，如公共管理和社会组织，部分居民消费型行业，如农产品，是相对刚性的，不会随出口形势的变化而改变。但部分消费型和投资型行业与出口行业之间是可替代、可转化的。出口形势好，可能就会转化成出口型行业；出口形势不好，就会变成消费型或投资型行业。例如，相对于2018年，2017年的出口形势好一些，所以出口型行业比2018年多了9个。

表4　2017年和2018年最终使用的行业分布　（单位：个）

	居民消费型行业	政府消费型行业	投资型行业	出口型行业
2017年	48	13	18	55
2018年	47	13	30	46

表5　2018年最终使用前15位行业及占最终使用的比重　（单位：%）

居民消费型行业	居民消费占比	政府消费型行业	政府消费占比	投资型行业	投资需求占比	出口型行业	出口需求占比
广播电视及卫星传输服务	100	农林牧渔服务产品	100	黑色金属矿采选产品	158	有色金属矿采选产品	139
互联网和相关服务	100	科技推广和应用服务	100	钢	115	毛纺织及染整精加工品	136
租赁	100	水利管理	100	建筑安装	99.8	铁及铁合金产品	126
其他服务	100	社会保障	100	体育场馆和其他房屋建筑	99.7	基础化学原料	103

（续表）

居民消费型行业	居民消费占比	政府消费型行业	政府消费占比	投资型行业	投资需求占比	出口型行业	出口需求占比
居民服务	99.6	公共管理和社会组织	99.0	其他土木工程建筑	99.7	石墨及其他非金属矿物制品	102
水的生产和供应	99.4	社会工作	87.9	铁路、道路、隧道和桥梁工程建筑	99.7	麻、丝绢纺织及加工品	101
餐饮	98.5	公共设施及土地管理	87.7	住宅房屋建筑	99.6	耐火材料制品	100
电力、热力生产和供应	98.3	体育	82.1	建筑装饰、装修和其他建筑服务	99.5	有色金属压延加工品	96.2
乳制品	98.3	专业技术服务	74.9	铁路运输和城市轨道交通设备	95.0	橡胶制品	95.2
电信	97.6	生态保护和环境治理	70.4	其他电子设备	92.5	棉化纤纺织及印染精加工品	94.8
谷物磨制品	97.5	文化艺术	59.8	软件服务	92.0	电子元器件	93.1
水上旅客运输	97.1	卫生	59.3	金属加工机械	90.4	其他电气机械和器材	92.5
保险	96.9	教育	53.5	石油和天然气开采产品	86.2	涂料油墨颜料及类似产品	92.0

（续表）

居民消费型行业	居民消费占比	政府消费型行业	政府消费占比	投资型行业	投资需求占比	出口型行业	出口需求占比
娱乐	96.6	广播电视电影和影视录音制作	37.2	化工木材非金属加工专用设备	82.6	专用化学产品和炸药火工焰火产品	89.8
方便食品	96.5	城市公共交通及公路客运	29.7	采矿冶金建筑专用设备	81.7	钢压延产品	89.1

我国产业门类齐全，但仍有一些行业需要大量进口。通过净进口率［（进口－出口）／总产出］可以观察到哪些行业的国内供给不足，必须进口，才能保障供给。图18显示，石油、铁矿石、有色金属、林产品、农产品等国内供给不足，主要是资源不足；水上和航空旅客运输、住宿餐饮的供给不足，直接原因是出境游大于入境游，但也说明国内优质的旅游地不够，旅客运输服务和旅游设施质量难以满足需求；广播电视电影和影视录音制作、娱乐、体育、文化艺术等文化产业普遍供给不足，主要原因可能是我们的体制机制存在着阻碍文化产业发展的因素；电子元器件、仪器仪表等供给不足，主要原因是高技术产品的创新力不足。

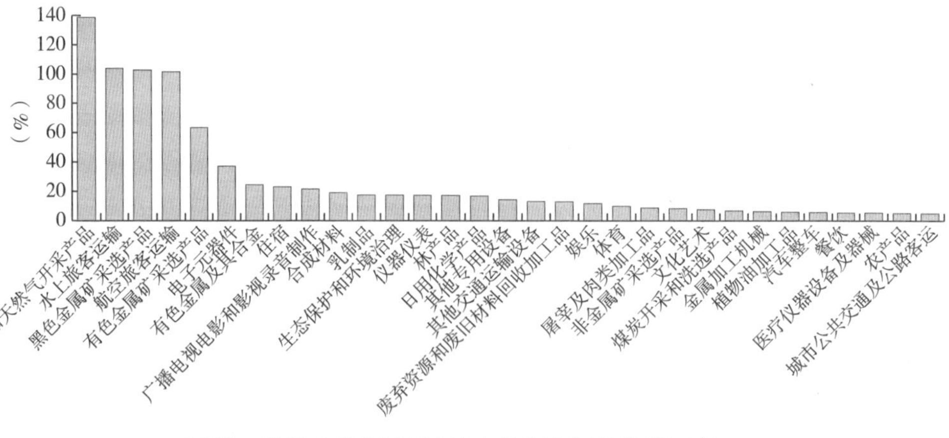

图18　净进口率超过5%以上的行业及其净进口率

构建新发展格局，在坚持扩大内需这一战略基点的同时，更要深化供给侧结构性改革。但深化供给侧结构性改革的重点要转变，不应再单纯以“去产能”为重点，要从生产与生产、生产与支出、生产与分配的循环中，找到供给侧结构性改革的重点。

国际金融危机前，我国经济发展很大程度上是需求端的投资和出口及生产端的工业带动，靠工业品的增产带动。金融危机后，出口增长减速，最终传导到供给端的工业增幅减弱，并带来经济增长减速。此时，须扩大服务业和城市化对经济发展的带动作用，大方向是没错的。但在具体实施中，由于相应的体制机制没有到位，城市化不是以人为中心的，而是以城市建设为中心的，结果是政府主导的投资扩大，房地产过度繁荣，金融对政府债务和房地产的支持力度较大。房地产、金融及其相关行业的繁荣，虽然一定程度上弥补了工业放缓带来的增长缺口，但也在一定程度上扭曲了经济结构，形成了地方政府靠债务建设城市—银行购买地方政府债务—政府卖地还钱—房地产企业拿地并抵押贷款—银行资产扩张和收益高的循环，这导致房地产业和金融业占国民经济的比重快速提高，并带动了服务业比重的快速提高，似乎优化了结构。另一方面是，居民靠扩大负债购房—银行增加面向居民的房贷—居民购房支出大幅增加—对居民消费形成挤压—居民消费率下降—生产端消费品行业增长放缓—制造业减速的循环。同时，在分配端，由于房价上涨和银行业资产扩张，成就了房地产和银行的高利润，又在生产端促进了生产要素的“脱实向虚”，并从供需两端对制造业形成挤压。融资难融资贵主要是制造业的融资难融资贵，制造业特别是中小企业陷入了市场有限、竞争加剧、财务支出增加、利润下滑、投资意愿下滑的循环，如此一轮又一轮的循环，最终导致制造业占国民经济的比重快速下降。

优化生产格局，首先要在认识上分清什么是结构优化，不能简单地认为服务业比重高了，结构就优化了。在工作中，要从生产、分配、需求端“三管齐下”，打破政府、房地产、银行的循环。生产端要保持制造业比重基本稳定，大力发展国内供给不足的高技术产业、消费品产业和生活性服务业，特别是满足消费升级的文化旅游产业，推动金融、房地产同实体经济均衡发展。分配端要优化分配格局，适度降低金融和房地产收益率，严格控制地方政府隐性债务，改变政府靠卖地增加收入的逻辑。需求端要减轻居民消费负担，稳定居民消费率，扩大居民消费。

5. 构建国内国际双循环相互促进的开放格局

我国经济已经融入全球经济，国际循环离不开国内循环，国内循环也离不开国际循环。

我国的进口属于生产型。2018 年 16.86 万亿元的进口中，用于中间使用即用于生产的是 12.73 万亿元，占进口的 75.49%，用于消费的占 12.45%，用于固定资本形成的占 9.29%。国内生产需要进口，进口对生产的意义大于对消费的影响（见表6）。

表 6　2017 年和 2018 年进口产品在中间使用和最终使用中的比例　　（单位：%）

	中间使用	消费支出	固定资本形成	存货	出口
2017 年	76.09	12.14	9.31	1.34	1.12
2018 年	75.49	12.45	9.29	1.62	1.16

我国的进出口属于高度集中型。2018 年，进口额排在前 10 的行业占总进口的 48.6%，主要集中在高技术产品、资源性产品、基础材料（见图 19）。从出口看，2018 年出口额排在前 10 的行业占总出口的 42.6%，主要集中在高技术产品、劳动密集型产品、高耗材产品（见图 20）。

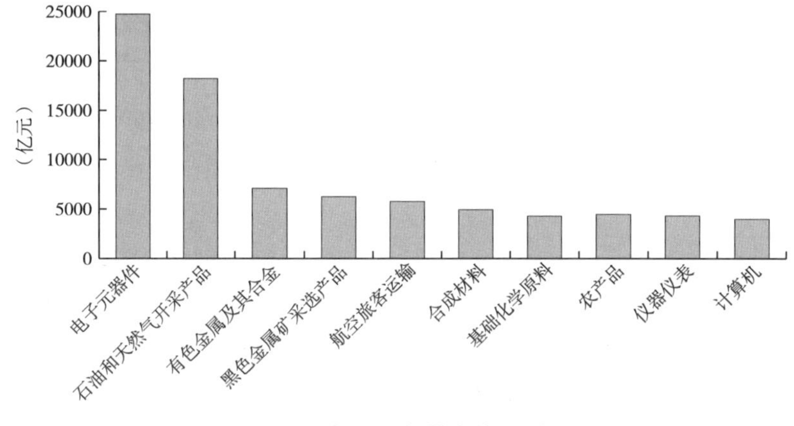

图 19　2018 年进口额最大的 10 个行业

通过非竞争型投入产出表，可以看出哪些行业的生产更依靠进口，哪些行业的生产靠国产品即可。生产更依靠进口的，就是产业链安全度低的行业；生

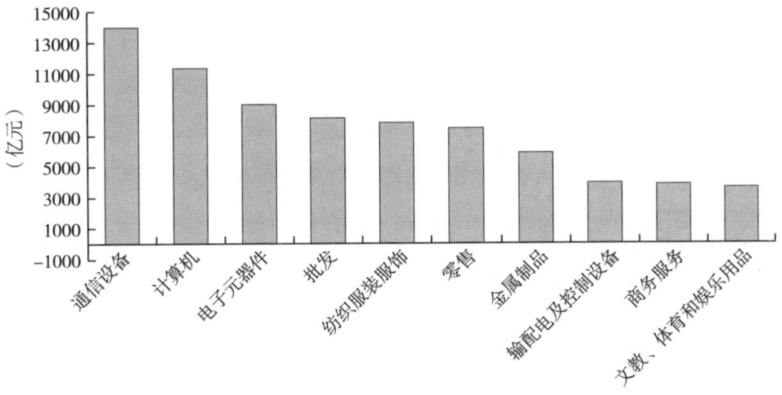

图 20　2018 年出口额最大的 10 个行业

产主要靠国产品的，产业链安全性更高。图 21 是 48 个行业国产品和进口品占中间投入的比重，两者之和为 100%。由此可以看出，产业链更不安全的行业，即中间投入对外依存度高的行业，主要集中在两类：一是资源性产品，如石油、炼焦产品和核燃料加工品中间投入的对外依存度是 46.9%，燃气生产和供应为 36.7%，此外，金属矿采选产品（17.9%）、化学产品（11%）、金属冶炼和压延加工品（15.7%）的对外依存度也较高；二是高技术产品，如通信设备计算机和其他电子设备是 32.5%，仪器仪表是 24.1%，此外，通用设备（7.2%）、专用设备（8.4%）、交通运输设备（9.7%）、电气机械和器材（10.5%）等对外依存度也较高。中间投入对外依存度小的行业是建筑（0.6%）、水的生产和供应（0.7%）、煤炭采选（0.8%）、房地产（0.9%）等行业，其他行业的中间投入进口依存度均大于 1%。

由此可见，不仅我国国民经济的整体是“双循环”的，而且拆分为 42 个行业看，也是“双循环”的。从中间投入看，42 个行业中没有一个行业的生产是不需要进口的，即纯粹内循环的行业为零。从出口看，2018 年 42 个行业中，绝大多数行业都有出口，出口为零的行业只有水和燃气生产、房地产、技术服务、教育等 5 个行业（见图 22）。

经济发展一定意义上是用国产替代进口的过程，形成今天的“双循环”格局既是技术进步和竞争力的进步，也是经济全球化深化和资源禀赋变化的结果。这里用进口占行业中间使用的比重代表进口依存度，2018 年与 2002 年相比，进口依存度为负值，表明进口依存度下降、国产替代率提高；进口依存度为正，表明进口依存度提高、国产替代率降低。

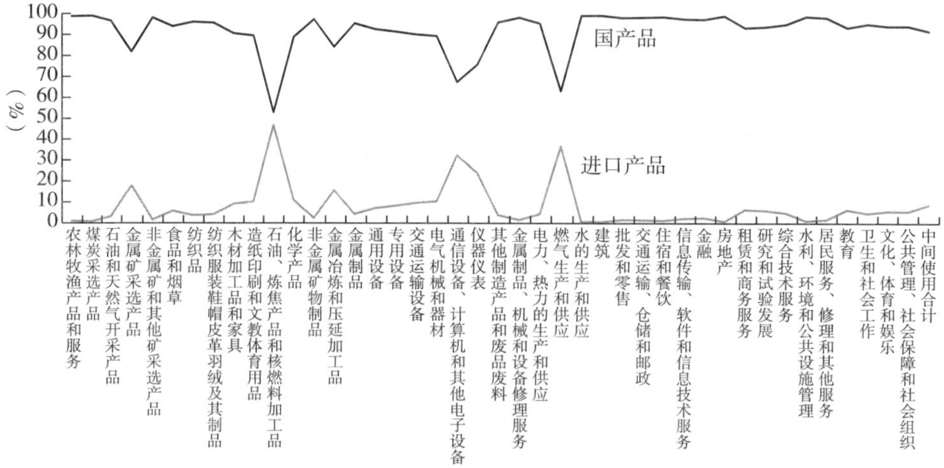

图 21　2018 年中间投入中国产品和进口品的占比

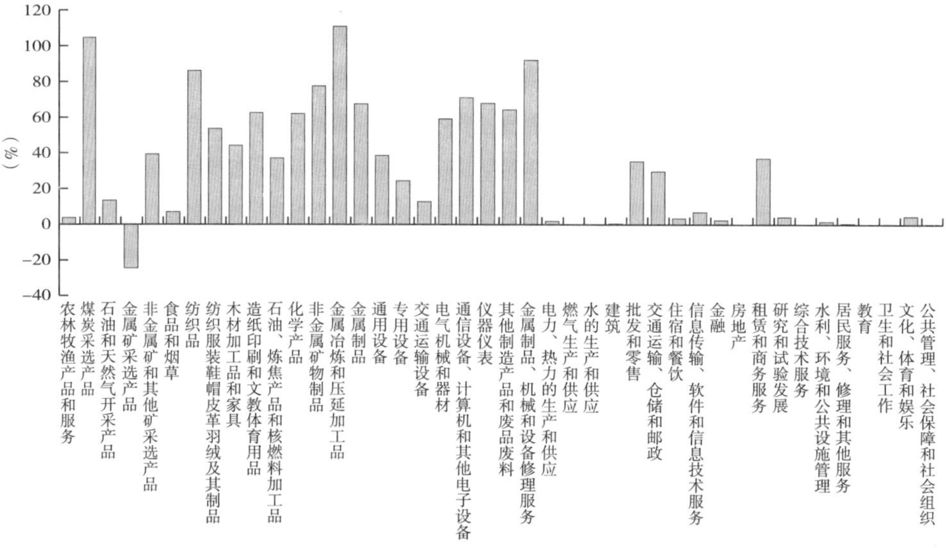

图 22　2018 年出口占最终使用比重

注：文化办公用机械、广播电视设备和雷达及配套设备的进口依存度大于 100%，是因为这两个行业的进口中有一部分是用于最终使用的。

表 7 显示，同 2002 年相比，2018 年国产替代进口较大的行业主要是两类：一是机械电子行业，如金属加工机械、电机、电子元器件、仪器仪表、视听设备等；二是原材料行业，如基础化学原料、合成材料、钢铁和有色金属等。

进口依存度提高、国产替代水平降低的行业也是两类：一是资源型行业，如石油、铁矿石、有色和农产品、屠宰及肉类加工品，说明随着经济规模扩大和人民生活水平提高，我国的资源禀赋难以支撑如此庞大的经济规模和消费规模，不得不进口。二是消费升级的消费品，如汽车整车、日用化学产品（应该主要是化妆品）、计算机、家用器具。这些产品主要是用于消费的。

表7　2002年与2018年部分行业进口占中间使用比重的变动　（单位：%）

行业	变动幅度	行业	变动幅度
农产品	4.56	金属加工机械	-41.07
畜牧产品	-0.47	其他通用设备	-3.07
煤炭开采和洗选产品	5.87	汽车整车	74.16
石油和天然气开采产品	33.30	汽车零部件及配件	-3.57
黑色金属矿采选产品	23.29	船舶及相关装置	-3.03
有色金属矿采选产品	26.65	其他交通运输设备	18.57
屠宰及肉类加工品	18.14	电机	-27.60
基础化学原料	-21.44	家用器具	10.85
合成材料	-21.47	计算机	28.07
日用化学产品	35.93	通信设备	-5.84
医药制品	5.30	视听设备	-47.95
钢压延产品	-10.63	电子元器件	-25.33
有色金属压延加工品	-12.17	仪器仪表	-38.47

我国部分行业，既高度依赖进口，又高度依赖出口。仍以进口占中间使用的比重代表进口依存度，用出口占最终使用的比重代表出口依存度。图23显示，电子元器件行业的进口依存度和出口依存度都很高，分别是43.37%和93.05%，仪器仪表分别是42.76%和56.44%。这类行业是“大进大出”型的，融入国际经济循环的程度更深，进口是为了出口，出口是为了进口，互为因果。

构建新发展格局，重点在于促进国内国际循环的相互促进，因为我国经济本来就是“双循环”的。要想实现国内国际循环的相互促进，就要做强做大国内市场，特别是居民消费市场，增强国内消费品市场对国际循环的磁力。提高自主可控技术的比例，针对“卡脖子”的技术进行攻关，加强从0到1的创

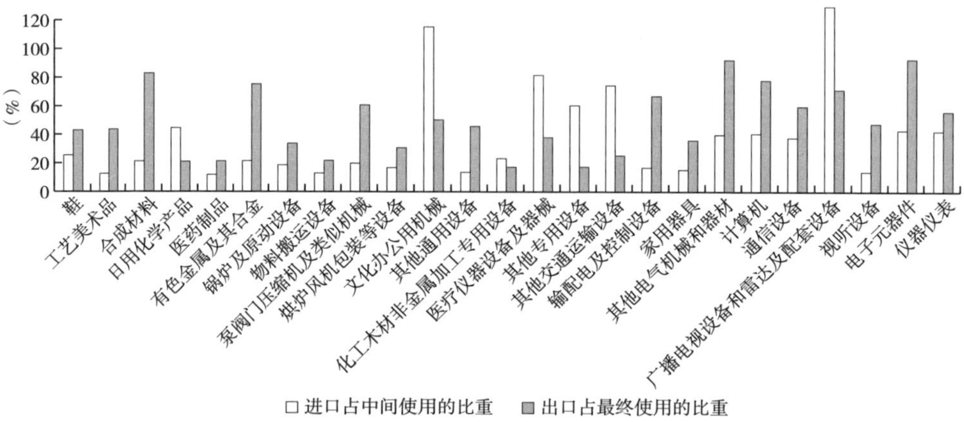

图 23　2018 年部分行业的进口、出口依存度

新，虽然都很重要，但这需要时间，所以，还应该奉行能买到就买的策略，继续实行从 1 到 N 的技术扩散，提高制成品的技术含量，构建自主可控技术与引进消化吸收再创新“双轮驱动”的技术进步格局。要保持部分行业高出口、高进口相互促进的格局。保持部分行业生产能力大于国内需求的格局，通过这些行业的出口换回国内供给不足的资源产品和高技术产品。要通过绿色发展，积极推动碳达峰和碳中和，降低能源资源消耗强度，降低这类产品的进口依存度。要通过体制机制创新，增强国内供给能力，降低部分消费品和文化旅游等服务产品的对外依存度。

总之，构建新发展格局，意义重大、内涵深刻、任务繁重，需要加强研究，找准“切口”和突破口，积极主动，加快构建。

前沿

Guide

Comparative

“政府的适当范围”

25 年来的理论发展与应用

奥利弗·哈特　翁笙和

编者按：25 年前，2016 年诺贝尔经济学奖得主奥利弗·哈特、哈佛大学教授安德烈·施莱弗和罗伯特·维什尼在一篇开创性的论文中提出了“政府的适当范围”理论。2020 年 2 月 10 日斯坦福亚太研究中心“亚洲卫生政策”项目的系列学术会议“卫生、医学和长寿：探讨公共部门和私人部门的角色”① 邀请了奥利弗·哈特教授发表了主旨演讲。哈特在演讲中重新审视了他们在 25 年前的理论框架及其在经济学中的地位，以及他最近关于规范、指导

* Oliver Hart，现任哈佛大学 Lewis P. and Linda L. Geyser 校级讲席教授，自 1993 年一直在哈佛大学任教。他于2016 年获得诺贝尔经济学奖，他也是计量经济学会会士、美国艺术与科学研究院院士、英国科学院院士、美国金融学会会员、美国国家科学院院士、美国经济学会杰出成员，并拥有多个荣誉学位。哈特主要研究合同理论、企业理论、公司金融以及法和经济学。他的研究着重于所有权结构和合同安排在公司治理和企业边界中的作用。他出版了专著《企业、合同与财务结构》（牛津大学出版社，1995 年，中文版由格致出版社于 2016 年出版），并在许多期刊发表了文章。他将自己在企业和合同方面的理论成果应用于数起法律案件之中。他曾担任美国法和经济学学会的主席和美国经济学会副主席。Karen Eggleston，斯坦福亚太研究中心副主任、亚洲卫生政策项目主任，弗里曼·斯波利国际问题研究中心（Freeman Spogli Institute for International Studies）高级研究员，主要研究领域为：政府和市场在卫生领域中的作用，亚洲卫生政策，尤其关注中国、日本和韩国；卫生生产率以及长期人口转型的经济学。

① 本次会议详情还可参见网络研讨会：https：//www. youtube. com/watch？ v = sDp7ytudbsE&feature = emb_logo。

原则和合同作为参照点方面的研究带来的启发。在与翁笙和的对话中，哈特还回答了参会经济学家们基于25年前的论文提出的问题，与此同时，这些经济学家也对如何运用哈特等人的理论来理解公共部门和私人部门在医疗保健、教育和其他公共服务中的角色提供了各自的见解。在亚太研究中心副主任翁笙和的大力支持和帮助下，我们将此次主旨演讲和对话的文字实录翻译成中文，并保留了原文字实录的格式。

翁笙和：感谢大家对奥利弗·哈特在2021年斯坦福亚洲卫生政策项目系列学术研讨会上关于公共部门和私人部门角色的主旨演讲的关注。作为一名经济学家和奥利弗·哈特的学生，我很高兴在他的主旨演讲之前，先简要介绍一下我们的网络研讨会"'政府的适当范围'：25年来的理论发展与应用"。

对于政府是否应该将许多公共服务，从卫生和教育到垃圾收集或监狱管理等外包给私人组织，是有争议的。从应对疫情到应对其他全球性挑战（如可持续性）的创新，关于公共部门和私人部门在这些领域的作用，人们也有持续的讨论。现在，我们一起讨论严谨的概念性思考如何影响一个有时会引起分歧的思想观念问题，可谓恰逢其时。

奥利弗·哈特、安德烈·施莱弗和罗伯特·维什尼在25年前的一篇开创性论文中提出了"政府的适当范围"理论，这篇论文的前身是1996年美国国民经济研究局（NBER）的工作论文，次年发表在《经济学季刊》（*Quarterly Journal of Economics*，*QJE*）上。① 为了表明该理论框架的后续影响，我邀请了哈佛大学刘易斯和琳达·盖瑟校级讲席教授、2016年诺贝尔经济学奖获得者奥利弗·哈特做主旨演讲，并请他谈一谈他的一些看法。在此次网络研讨会上，奥利弗·哈特回答了一些问题，包括一些学者预先录制的视频问题，以及他们对我为庆祝哈特、施莱弗和维什尼提出该理论25年制作的视频发表的看法。这一视频文件可以在斯坦福亚洲卫生政策项目网站和亚太研究中心的YouTube频道上观看。② 在本次主旨演讲和对话实录的最后，我们提供了向哈特、施莱弗和维什尼在25年前提出该理论致敬的文件目录。

---

① Oliver Hart, Andrei Shleifer, Robert W. Vishny, The Proper Scope of Government: Theory and an Application to Prisons, *The Quarterly Journal of Economics*, Volume 112, Issue 4, November 1997, Pages 1127 – 1161, https://doi.org/10.1162/003355300555448.

② https://www.youtube.com/watch?v=g9JRhGpXC2Y&feature=youtu.be.

奥利弗·哈特：非常感谢你把这些整合在一起，并制作了那份视频。有些人可能看过，有些人可能还没看过。当然，我是看过的。那份视频真是太令人惊喜了。你召集了一群优秀的人来思考这项研究。事实上，这整件事真是让我受宠若惊，因为我以前并没有认识到有多少人受这篇论文的影响，以及他们是如何在不同的背景下应用它。我知道有一些应用，但还有一些我并不知道，所以这一切真是令人惊喜。实际上，我觉得自己有点像是要参加自己的“葬礼”，当你参加葬礼时，每个人都会说关于这个人的美好事情，你有时会想“好吧，也有一些负面的东西”，但没人提到那些。我有点这样的感觉。人们对我们的这项研究太宽容了，而且很少有人提出批评，但我相信还是会有一些批评的。事实上，我自己对此也有一些批评，今天我会提到其中的一部分。

我想我应该做的是，首先思考一下，如果我现在写这篇论文，该如何以不同的方式呈现。

为什么我们将理论应用于监狱管理？

有一件事我不会改变，那就是选择聚焦于监狱管理。在预先录制的问题和视频中，包括大卫·马蒂莫特（David Martimort）在内的一些人对我们选择将理论应用于监狱管理表示惊讶，问我们为何要这么做。事实上，我认为这有非常好的理由。在很多例子中，在政府直接参与活动或与私人供应商签订（外包）合同之间有一个选择，有些人可能会问你为什么真的需要政府参与。例如，学校。当然，政府在很大程度上介入了学校，但一些保守人士可能认为，应该只有私立学校，或者我们可以使用代金券或类似的东西。同样的争论也适用于医疗保健领域，可能甚至适用于垃圾收集。你可以想象，每个家庭处理他们自己的垃圾，或者直接交给私人承包商打理，但没有一个由市镇政府管理的垃圾处理系统。我认为，监狱是一个很好的案例，因为在这个案例中，我们清楚地知道没有人会说“我们可以把这个问题留给市场”。显然，监狱必须由政府支付费用。这样，我们三个人考虑的问题就出现了。政府有两种方式做这件事：一是让政府职员管理监狱；二是与私人公司签订合同，由其管理监狱。我想，这就是为什么监狱提供了一个很好的案例，而且我会坚持用这个案例。但是，也有一些事情我是不会坚持的。

以不同方式对两个方面建模

我们对“政府的适当范围”构建的模型沿用了我之前所做的一些研究的

传统，即格罗斯曼－哈特－穆尔模型（Grossman-Hart-Moore model，GHM），通常被称为企业的产权理论。在该模型中，即使信息是完全的，合同也是不完备的。模型中也没有财富约束，或者至少它们看起来不是很重要。因此，你可能期望一个科斯或纳什式的结果，也就是说，人们会在事后讨价还价以得到一个有效率的结果；换言之，合同重新谈判总是会产生事后有效率的配置。所有的行动都是以事前有不可签约的投资为基础的。这是我们 1997 年那篇论文的一个特点。

我不得不说，当时，在经验上我并不相信这一点，只是模型给了我们一个这样的结果。随着时间的推移，我越来越认识到事后潜在的低效率是第一重要的。当然，科斯或威廉姆森等人之前也强调过这一点，但这并不是我们最初建模的一部分。

为事后低效率建模

让我举一个具体的例子：我们关注的是狱警缺乏训练的问题，即监狱的狱警可能不太合格。私人保安公司可能想通过雇用不称职的狱警以削减成本，而且对他们的训练也不够。这可能会带来问题，特别是在处理暴力情况时。我不得不说，我认为我们在这一点上是正确的。如果你想想最近发生的关于警察应对暴力事件的方式，显然，这些都是很难签约的。实际上，我认为这一点很值得我们关注。

这是我们的模型的一个特点，即选择低技能狱警实际上是事后有效率的。你们中还记得这个模型细节的人应该知道，我们总是假设削减成本导致质量下降，但是如果成本下降的价值超过了质量下降的价值，那么削减成本的做法实际上就是事后有效率的。低效率源自私人供应商为了发现削减成本的可能性而配置了太多的资源。

但我真的不相信这是事实；我认为，在实践中，你会遇到事后的问题，而不是事后的有效率。你要么用更好更贵的狱警取代低技能狱警，要么改变训练计划。因此，问题可能是，重新谈判存在困难，比如可能会有很多争论，要花费很多时间等；或者，重新谈判根本就不会发生。你可能最终会遇到有问题的狱警，而且不得不忍受事后的低效率，也就是说，导致更多的暴力。我肯定想考虑这一点。

问题在于，将这一点纳入模型并不容易。如果你试图建立事后低效率的模型，你会怎么做呢？一种可能是引入不对称信息；巴贾里和塔德利斯（Bajari and Tadelis，2001）在《兰德经济学杂志》（*RAND Journal of Economics*）上发表的一篇优秀论文中就是这样做的。这其中的一个问题是，从机制设计理论看，总有一些巧妙的方法可以通过某种机制绕过不对称信息。另一种可能性是使用我已经研究了10年的方法，即以合同为参照点（reference point）。2008年，我和约翰·摩尔（John Moore）在一篇论文中讨论了“遮遮掩掩”（shading）①，也就是说，对于事后可能出现的问题，你会有效率地重新谈判，但这将是一个混乱的过程，而且在这个过程中至少有一方会觉得重新谈判没有按照他们认为应该的方式进行。所以，彼此的关系会给人带来一些不好的感觉，进而导致未来缺乏合作。这是另一种刻画事后低效率的方法。但不管怎样，我认为这在模型中是很重要的。

对激励与控制权分离建模

我认为，我们的模型还有另一个我并不特别喜欢的特点，那就是激励和控制权是捆绑在一起的。我们没有把激励计划与控制权配置分开考虑。例如，我们总是假设如果政府将监狱外包给一个私人承包商，私人承包商将承担成本，因此他有动机想方设法削减成本，有时还会过度削减。我们没有考虑这种可能性，也许你可以弱化削减成本的动机，例如，通过某种成本加成合同（cost-plus contract）。政府会说：“你不用承担成本，我们同意承担。”当然，这可以弱化私人承包商削减成本的动机。现在，如果我重新建模，也许会考虑一种可能性，即设法分离激励和控制权配置。这是两个不同的维度。在私人部门提供的情况下，你可以通过低能激励（lower-powered incentives）以减轻激励效应（incentive effects）。同样，在公共部门提供的情况下，理论上你可以对监狱长进行高能激励（high-powered incentives）。你可以让他们承担一部分成本，作为其激励计划的一部分。这些都是可能的，而且我认为探索其可能的影响也是很有意义的。

这也与非营利组织的可能性有关。在事先录制的视频中，乔·纽豪斯

---

① 参见 Hart, Oliver, and John Moore. 2008. “Contracts as Reference Points.” *Quarterly Journal of Economics* CXXIII (1): 1－48。在这篇文章的第3页，作者提到，我们假设，如果一方觉得他得到了应得的东西，他很乐意尽情展示，但如果他被欺骗了，他就会有所保留，我们称之为“遮遮掩掩”。——译者注

(Joe Newhouse）和其他一些人说，“那么，有没有某种中间安排，也就是说，你有一个私人供应商，但这个私人供应商是非营利的”。这是另一种可以减轻激励效应的情形。在低能激励下，他们不再有很大的动机削减成本或降低质量，所以，即使你把控制权交给他们，也可以解决这个问题。

我想，这只是部分解决方案，原因有二。首先，即使非营利组织不通过分配利润致富，它们也有很多办法致富。有时你会读到一些报道，非营利组织中的高级管理人员拿着很高的薪水。在削减成本和获得更多收入的情况下，他们可能会找到一些奖励自己的方法。

其次，最理想的做法是让政府和管理公共设施（比如管理监狱）的人有一致的偏好。在理想情况下，你想把监狱的社会利益转移给监狱管理的提供者，比如监狱长，如果是私人公司的话，就是监狱的所有者。我们在模型中用B（.）表示，它反映了囚犯受到适当对待带来的好处。监狱显然不是豪华酒店，但你还是希望囚犯身体健康、能回归正常生活、吃得也好，而且能够锻炼身体、不越狱、不打架。这些都是B的方方面面。但管理监狱是有成本的。在一个理想的世界里，你把社会收益转移给监狱的所有者或者管理监狱的人，接着让他们也承担成本。然后，他们会考虑B－C（收益－成本）。事实上，做到这一点是非常困难的，因为B（.）是相当模糊的。它不是一种能通过合同转移的可核实的回报。这意味着，即使你可以做模型没有考虑到的很多事情（比如，创建一个非营利组织），也永远无法使偏好完全一致。我认为，在偏好不一致的世界里，谁拥有剩余控制权（即谁有权决定合同之外的事情）仍然是重要的。如果你拥有剩余控制权，你会最大化你的偏好；如果我拥有剩余控制权，我就会最大化我的偏好，但结果将会不同。

引入指导原则，解决合同的不完备

我想，我需要指出一个更普遍的问题。尽管这几天我尝试在模型中加入其他东西来丰富它，但这并不容易。原因之一是，我们没有一种广为接受的对不完备合同建模的方法。令人难过的是，经过这么多年，它依然是一个棘手的问题。无论你构建什么样的不完备合同模型，总会有你是否可以做得更好这样一个问题：你能不能尝试一些机制，或者你同意遵循的一些谈判协议；又或者当涉及控制权的时候（有些评论提到了这一点），也许你不必把所有的控制权分配给我或你。实际上，我们可以通过某些方式划分控制权。我们可以说，政府决定一些事情，私人经营者决定另一些事情，还有一些是我们需要协商的事情。我们很难知道所有这一切的界限是什么。

我只是想谈谈最近的研究，而不是关于我们25年前的那篇论文，也不是关于监狱、医疗保健或者任何类似的事情，而是关于两家私人公司如何能够更好地彼此签订合同，因为它们签订的任何合同都是不完备的。我和业界人士大卫·弗莱德林格（David Frydlinger）、凯特·维塔塞克（Kate Vitasek）一起，探索了使用指导原则（guiding principles）的想法（参见Frydlinger、Hart and Vitasek，2019）。合同双方认识到一些他们没有写进合同的事情将会发生，并就此达成一致。我认为，疫情就是一个很好的例子。马克·达根（Mark Duggan）提到了疫情对监狱的影响，实际上疫情显然影响了每一个人。双方可以事先达成共识："当发生了我们没有考虑或没有写入合同的事情时，我们会用指导原则找出正确的做法。"这里有六条指导原则：忠诚（loyalty）、公平（equity）、诚实（honesty）、正直（integrity）、自治（autonomy）和互惠（reciprocity）。实际上，业界人士已经使用了这些指导原则，并建议他们的客户也使用。我与他们合作的原因是，他们认为参照点理论可以帮助解释为什么指导原则能发挥作用。我们一起撰写了一些论文，如果你们感兴趣的话，可以在我的网页上找到。

最后，我想说的是，当政府与私人供应商签订合同时，比如提供监狱服务的合同，你可以使用这些指导原则。我想这可能是一个前进的方向。政府实际上并没有保留控制权，而是可能采用了外包的解决方案，然后通过采用这些指导原则来改进不完备合同。

翁笙和：好的，非常感谢您。在座的各位，请在问答环节随意提问。非常感谢我在视频中采访过的人。还有一些人今天来到了现场。我想我应该从其中的一些问题开始。您不仅提到了最初的框架（财产所有权和25年前的论文），而且还提到了您最近在指导原则和合同作为参照点方面取得的成果（例如，Hart and Moore，2008）。这两个框架（分别关注事前和事后的摩擦）提出了一个问题：它们在多大程度上可以替代或补充对特定情境、问题或实证应用的建模？

奥利弗·哈特：实践中，事前效率和事后效率都很重要。事后问题很重要，但我认为激励也很重要。例如，创新。我们在25年前的那篇论文中指出的一点是，在私人部门提供的情况下，你可能会有更多的创新。我确实认为，这是一个非常重要的结果。我把这看成是一种事前效率，所以我完全不想去掉它。

问题是，对于任何模型，从本质上来说，你都希望它们是简单的。你并不想把它们弄得太繁复。我们确实难以考虑太多的方面，也很难在一个模型中刻画所有的事前效率和事后效率。正确的模型可能取决于情境，所以我认为，相比于垃圾收集、医疗保健或学校，对监狱使用一个不同的模型会更好。

翁笙和：谢谢您。伊莉莎贝塔·约萨（Elisabetta Iossa），可能您在视频中见过她，她想请您分享您对理论的某个特定应用的看法。我知道您是一位理论研究者，因此不需要马上回应。她的另一个问题是：您对医院所有权可能影响美国和其他国家政府应对新冠疫情的能力有何看法？

奥利弗·哈特：这是一个非常好的问题。我打赌，她在这方面知道的比我多。我的直觉是，在危机时期，比如在当前的疫情下，集中化的权力可能相当有用。我想，我说的是很多人对美国的感受。美国拥有一个分权化的体制，每个州都有自己的政策，在疫情时期，这个体制运行得并不是很好。

一些企业理论认为，一体化的好处不仅包括解决事后重新谈判的问题，而且包括更好的协调。如果你有一个中央权力机构（central authority），就像在一个单一企业里那样，这个机构基本上可以说："好的，这个部门做这件事，那个部门做那件事。"这可能比你拥有不得不与之谈判的独立单位要好。

例如，尽管英国在应对新冠疫情时，某些方面处理得很糟糕，比如有很多人死亡，但在疫苗接种方面，因为有国民医疗服务体系（National Health Service，在该体系下，英国基本每个人都有一位全科医生），英国的疫苗接种要比美国快得多。在美国，情况比较混乱。高层拥有很大权威的体制有时候确实可以发挥很好的作用，这并不是对医院所有权问题的直接回应，而是更一般的回应。但在其他情况下，可能并非如此。集权和分权之间存在权衡取舍。在危机时期，集权的好处更明显。例如，如果处于战争状态，你不能让美国的各个州来决定如何开战。

翁笙和：有一个问题提到，这个论点通常与联邦制有关。您是这样看的吗？

奥利弗·哈特：是的。我并不是说集中控制总是更好。我想说清楚的是，并不能仅仅因为集中控制在处理危机时非常有效，就推断它总体上会更好。这是另外一个话题。如果把英国国民医疗服务体系和美国医疗体系相比较，我认为双方都会有各自的一套说法。

詹姆斯·马尔科姆森（James Malcomson）：哈特、施莱弗和维什尼在1997年发表的文章涵盖了极端情况，即一种设施要么由政府拥有，要么由私人公司拥有，所有者拥有完全的剩余控制权。但以英国的私有化监狱为例，政府仍然拥有建筑物等。我的直觉是，这种私有化将剩余控制权的一部分（但不是全部）转移给了私人经营者，这便产生了介于两种极端之间的某种情况。对这种情况建模，我想我们需要两种类型的质量创新：一种是对你们讨论的私人模式的创新，另一种是对公共模式的创新。这就提出了一个问题：中间模式在何种情况下能优于两种极端模式。

奥利弗·哈特：暂且不论你提的这个问题。首先，我要说的是，我确实提到过分拆控制权是可能的。实际上，这是一个例子，因为你可以说，“好吧，你拥有监狱，但我有权知道未来三年监狱里会发生什么”，或者对医院而言，也可以有类似的安排。我想，对于什么好什么不好，我并没有一个简单明确的答案。我会假设，如果控制权是分离的，在合同期限结束时，政府就可以更容易地更换私人提供商。如果政府拥有一座监狱，而管理这家监狱的公司做得不是很好，那么政府可以把它收回来，也可以找其他承包商。然而，如果承包商拥有监狱，你就不得不从他们那里买回来，这既昂贵又棘手。所以，这一定会产生影响。一方面，它可能鼓励更好的行为，因为你必须说服政府续约。政府可以很容易地摆脱你，从而让你保持警觉。另一方面，它可能会阻碍有助于提高效益的长期投资，因为私人承包商总是面临被解除合同的风险，无法从其长期投资中获益。控制权分离肯定会产生影响，但究竟是积极的影响还是消极的影响，这就要视具体情况而定。詹姆斯·马尔科姆森也问了第二个问题；我不知道你是否想讨论这个问题。

翁笙和：是的，他在问答环节也问了第二个问题："在你们的论文中，当经理采取行动后，双方重新谈判以分享收益。所有权很重要，因为它会影响重新谈判中的违约收益（default payoffs）。但是，至少对英国的公共服务部门来说，我不知道在合同结束前与现有管理者/提供商进行了多少实际的重新谈判，据我所知，双方通常会在合同到期后，就合同的续约期限进行重新谈判。我很想知道，奥利弗是否认为，即使没有明确的重新谈判，也有可能出现你们在论文中得出的结果；或者，是否可以将你们的模型视为动态过程的单期模型？"

奥利弗·哈特：他（指詹姆斯·马尔科姆森）曾提到，根据他的了解，在合同期内的重新谈判并不多。我也不像以前那样担心合同期内的重新谈判。一旦你开始提出这些事后问题和极端情况，分歧会很大，以至于重新谈判可能根本不会发生。例如，如果你在合同中做了一些我认为不合适的事情，也就是说并不符合合同的精神，我可能就不太愿意付钱让你做正确的事情。我在这里谈论的是我自己，所以我不知道政府是不是这样运作的。我们必须考虑特定的情况。我付钱给你让你不要做坏人，对敲诈的这种让步是不对的。我会拒绝这样做，并承担后果。但另一方面，重新谈判的情况也是存在的。疫情似乎是一个很好的例子。马克·达根提到了疫情期间监狱发生的情况。① 突然之间，你必须改变对待囚犯的方式。你必须采取各种各样的安全措施，而且费用会相当高昂。至于费用由谁承担，这将是一个问题。合同里肯定没有关于疫情的条款。也许，没有任何条款真正涵盖类似的情况。某种形式的重新谈判似乎是不可避免的。在某些情况下，它也一定会发生。

翁笙和：谢谢您。以此为基础，正如您看到的，视频中的许多受访者，以及今天的听众，都对卫生政策感兴趣。卫生政策可以有许多不同的目标。一位听众问，您对这个多重目标的问题有何看法，比如：提供医疗保健、覆盖最大人数、降低成本、促进创新（您提到过）、提高响应能力，等等。从您的框架来看，您会如何考虑？

---

① 参见视频文件"'政府的适当范围'的后续影响"（The Legacy of "The Proper Scope of Government"）中关于"新冠疫情和政策应对"（COVID-19 pandemic and policy response）部分，开始放映时间为1：07：41（见下文附录）。

奥利弗·哈特： 在某种意义上，我们讨论的收益函数 B（.）实际上可以涵盖很多事情，在论文中，就是以适当方式看管囚犯的收益。我已经提到了其中的一些，我们可以谈论身体健康、心理健康、回归正常生活、不越狱等。经济学家可以把这些统统归为一类，因为他们从货币的角度看待问题，其中每一项都可以用某种货币利益来衡量，你只要把它们加在一起就行了。问题可能涉及一致性偏好或激励方案。如果某一件事情是可以度量的，比如囚犯越狱或者囚犯很少，那就可以把它放在一个激励方案中。但是，根据霍姆斯特朗和米尔格罗姆（Holmstrom and Milgrom，1991）的研究，我们知道这并不总是一个好主意。因为如果你关心的是另一些事情，你就不想让你能度量的那件事情过于重要。最好是有更均衡的激励机制，也就是说，不要把太多精力放在你能度量的那件事情上。我认为，这也使得控制权变得很重要。我能做的是，如果不能激励你，至少有能力阻止你做不合适的事情，这就与控制权相关。至少在理论上，多重目标是可能的，但在实践中，这将是一个挑战。

翁笙和： 谢谢您！与此相关的是，安妮塔·穆克吉（Anita Mukherjee）（您可能在视频中见过她）以及像马克·达根这样的其他学者提到，如今，有很多新技术、大数据和新颖的度量方法；因此，可签约性（contractibility）在许多方面得到了改善。这有助于解决问题，还是会加剧多任务问题？也许这取决于环境。关于这些，您有什么想法吗？

奥利弗·哈特： 是的，安妮塔·穆克吉在视频里说了很多有趣的事情，① 我希望将来能见到她。

首先，这是一个“我们能否做得更好？”的问题。是的，合同是不完备的，但我们能不能想出另一个我们可以度量的东西，并把它放在合同中？她的意思是，越来越多的东西可以获得，但有关多任务的观点也表明，在合同中写入一些东西是不利的。

我认为，我们所有人都觉得可能重要但并不容易建模的一点是：如果你把更多的东西加入合同，但接着发生的事情并没有在合同中约定，你把太多事情

① 参见致敬视频中“监狱的实证证据”（“Empirical evidence on prisons”）和“长期护理”（“Long-term care”）部分，https：//www. youtube. com/watch？ v = g9JRhGpXC2Y&feature = emb_ title.

写入合同的事实可能会使你更难以对那些没有写入的事情进行谈判。关于这方面，有各种各样的故事。如果你在合同里写了很多东西，但发生了一些没有包括在内的事情，我可能会说，“好吧，凯伦（指翁笙和，下同），关于那个问题，我不会对你很好，因为你没有想到这一点。你好像什么都考虑过了，但你没把这点写在合同里。那是你的问题。”而如果合同比较宽松，我可能会这样想：“好吧，我们知道有很多东西被遗漏了。现在我们需要体面、公平地填补漏洞。”我认为，在合同中加入太多东西是有代价的。

最好是有一些指导原则，也就是说，有一些更普遍的处事原则，而不仅仅是设法将合同写得事无巨细。但这并不意味着，在其他措施可用时，它们就没有任何作用。我认为，认识到世界似乎变得越来越不确定和不稳定，这也是很重要的。同时，随着我们有更多的东西要度量，不确定性也会更多。很多人都在谈论这一点，而且这可能会使问题变得更加困难。我不确定，哪一种情况会胜出。

翁笙和：谢谢您！这也与马克·达根的观点和问题有关。他认为，人们可能希望使用所有技术和各种新方法来监控质量，例如伊莉莎贝塔·约萨提到的监控公交车站和等车时间，① 技术的改进可能会影响外包的能力。但我们还没有看到这可能也意味着监狱或 K-12（基础教育）学校外包的趋势。您认为，技术的改进助于解释承包或外包的模式吗？

奥利弗·哈特：嗯，我不知道。我想很多出现在视频中的人或者提问题的人都比我知道的更多，尤其是关于政府案例。就像我说的，我和业界人士写过的那些文章，都是关于私人部门案例的。它们涉及那些已经决定外包的公司。问题是，如何做得更好。实际上，我们在《哈佛商业评论》（*Harvard Business Review*）上发表的一篇文章中有一个例子，从 2019 年起，戴尔将维修业务外包给了联邦快递（Fedex）。它们从一份长达 100 页的合同开始，里面有大量关于联邦快递需要做什么的规定。只是这样做的效果不太好，而且双方都不开心。最终，它们转向了使用指导原则的合同，其效果似乎更好。我并不了解政

① 参见视频文件中的“地方政府服务和中央政府采购”（Local government services and central government procurement）部分，https：//www. youtube. com/watch? v = g9JRhGpXC2Y&feature = emb_ title about minute 27。

府正在尝试的各种外包方式，而且也不知道哪些成功了，哪些失败了。有时，你可能有一项很好的措施，比如“公共汽车晚点造成了这么多（X美元）的损失，所以你要付（X美元的）罚款”。我并不是说这样的措施总是行不通；我们知道，对于简单的事务，标准合同非常有效，但不适合其他类型的事务。例如，考虑对员工的监督，作为一名员工，你是否希望一直都有绩效衡量标准？原则上，我们可以转向一个全天候监督员工的系统，员工所做的一切都受到监督，比如他的休息时间是不是太长了。但这是很多人讨厌的事情。它会扼杀工作的主动性或任何优秀的工作表现。想象一下，作为一名学者，如果身处这样的工作环境，那将是一场灾难。我认为在很多情况下，更多的监督实际上可能会导致不好的结果。

翁笙和：这也与马克·达根、阿努普·马拉尼（Anup Malani）和其他人就你们那篇文章的理论框架提出的规范性问题有关，正如标题“政府的适当范围”表明的那样。但是，该框架也可以是实证意义上的，即解释实践中观察到的合同外包趋势。您对各类文献或实践如何在规范或实证意义上应用这一框架有什么想法吗？

奥利弗·哈特：阿纳普·马拉尼，你好！不知道他是否在会议现场。我从他正在做的那些研究中学到了很多我不知道的东西，而且这些研究听起来非常有趣。我想视频里的人，或者至少其中一些人，实际上正在运用这个框架为政府提供建议，毫无疑问，还有其他人也在这样做。我肯定他们知道的比我多。

至于它是实证的还是规范的，我看不出两者有什么太大的区别。我认为，这些模型为确定我们应该做什么提供了一个框架。监狱应该由私人公司管理还是应该由政府管理？当然，这是一个政治问题。我记得，奥巴马在他的总统任期即将结束时，宣布联邦监狱将全部归政府所有，然后是特朗普，他大概什么都没做。现在，我想拜登和奥巴马说过同样的话。他大概只能控制联邦监狱，但还有州监狱。如果这个决定是在经过慎重考虑，也许还是在运用了我们的理论框架之后做出的，那就更好了。但我对此表示怀疑。我认为，我们这个理论框架的意义并不是给出答案。看看论文中的模型吧，那里既有收益也有成本。因此，这完全取决于具体情况。我们确实建议，当涉及高安全级别的监狱时，权衡的结果朝向政府控制，即政府所有权。但作为经济学家，我们能做的最好事情，或者至少我能做的事情，就是提供一种思考方法。做出决定的是那些真正了解当前环境的人。从这个意义上说，我认为它既是规范的（这是你应该思考它的方式），而且它也可能影响人们最终做出的决定，在这种情况下，它又是实证的。

翁笙和：在论文发表的时候，您的一些同事，实际上也是共同作者，已经在私有化方面做了一些研究。我想知道，这个框架以及您当时对它的关注，是否与柏林墙倒塌、计划经济向市场经济转轨以及在这一进程中的私有化有关？

奥利弗·哈特：这是个好问题。我想，答案是这并没有影响我，但事实上，我的确记得这篇论文的起源是安德烈·施莱弗来我的办公室说，他认为政府所有权与私人所有权将是我在企业理论研究方面的有趣应用。这是他的主意。罗伯特·维什尼在芝加哥，也许他们讨论过，但无论如何，我不是这一特定应用的发起人。当然，安德烈也参与了俄罗斯的私有化和类似的事情，所以这可能是他的兴趣来源，但不是我的兴趣来源。我之所以感兴趣，是因为作为一名理论研究者，这似乎是一个好的应用。

翁笙和：在您的几份出版物中，您提到您曾处理过几个法律案件，这些案件也许不仅仅引用了这篇论文，而且引用了您更广泛的研究成果。您能否谈谈从中得到的一些经验？

奥利弗·哈特：当然。我曾经处理过一些案件，它们与我在企业边界方面的理论研究非常接近，不是25年前的这篇论文，而是之前的那些论文（尽管它们实际上是一回事）。我处理过两个案件：一个是布莱克和戴克公司诉美国政府案（Black and Decker vs USA），另一个是美国富国银行诉美国政府案（Wells Fargo US vs USA）。在这些案件中，公司剥离了一些原本在其内部开展的业务，建立一个新的实体。例如，布莱克和戴克公司内部有一个单位负责处理员工和退休人员的健康福利。然后，它们决定建立一个独立的组织来做这件事，也就是说，它们剥离了那些业务。

富国银行在房地产领域做了同样的事情。我们把富国银行看成一家银行。但事实上，富国银行拥有很多房地产，剥离房地产业务的原因是它与其他银行合并后，不再需要所有的房地产。于是，它把这些房地产用于出租，在公司内部形成了很大规模的租赁业务，然后，它把这一业务放入一个独立实体，也就是说，创建了一个新的实体。

事实证明，在这两个案件中，剥离其内部业务都使公司获得了很大的税收优惠。我们不需要深入相当复杂的税收细节，我想，这个税收漏洞后来也被堵住了。在 20 世纪 90 年代末的一段时间里，剥离公司内部业务可以获得巨大的税收优惠。然而，为了享受税收优惠，它们必须证明交易有商业目的。除了税收，还必须有某种经济效率的提高。基本上，布莱克和戴克公司与富国银行都认为，创建一个新实体将大大增强激励：当负责某些业务的人变成老板时，这些业务的运营效率会高得多。

这两笔交易的有趣之处在于，母公司仍然完全控制着业务的运营。尽管布莱克和戴克公司创建了一个新实体，富国银行也创建了一个新实体，它们实际上都拥有 100% 的控制权。我认为，如果公司的边界是关于剩余控制权的分配，那么在这两个案件中，剩余控制权并没有实质的变化。就实际控制权而言，这种安排与布莱克和戴克公司或富国银行内部的一个单位一样。如果说激励机制有所改善，那是因为它们给员工提供了更高能的激励方案，而它们在公司内部也可以这样做。问题是，如果它们在公司内部那样做就得不到税收优惠。这就是我的观点。

在这两起案件中，我都代表美国政府表示这是一种骗局，因此，它们不应该享有税收优惠。第一个案件以和解告终，第二个案件美国政府胜诉。实际上，我在明尼阿波利斯的联邦法院出庭，向法官解释了企业理论。我不知道他有多感兴趣，但他确实在判决中赞许地引用了我的证词，所以我想，这两个案件最终都得到了圆满解决。

然后是第三个案件，在这个案件中我可能走得太远了。但我还参与了另一个目前还在审理的案件。事实上，这个案件与前面两个案件刚好相反：A 方 100% 控制了一个实体 B，但出于税务原因，A 方想要声称它与 B 方是合伙关系。但实际上，B 方并无有效的控制权。这就像硬币的另一面。如果你和我是合伙关系，但你负责运营管理，那真的是合伙关系吗？我认为不是。这类似于一个组织，在这个组织中，我可能拥有一小部分股权，但这些股权就像一个激励方案，我并没有决策权。这些都是我参与过的案件。实际上，它们都很有趣。

翁笙和：太好了，谢谢您的分享！在您的指导原则研究中，我相信也有一个与卫生政策有关的案件，涉及医院医生（Hospitalists）和合同的变更。也许，您能花几分钟谈谈那个案件吗？

奥利弗·哈特：当然，这是我目前非常感兴趣的一个案件。我提到过这篇在《哈佛商业评论》（*Harvard Business Review*）上发表的论文，这是我与大卫·弗莱德林格和凯特·维塔塞克合作完成的，他们都是业界人士，真正将指导原则付诸实践。我们组成了一个团队：我认为我们可以在理论上解析指导原则，他们认为这在实践中似乎也行得通。与此同时，我和大卫·弗莱德林格还写了另一篇姊妹文，我们想引起经济学家的兴趣，因为大多数经济学家都不读《哈佛商业评论》。我们的文章有一个模型，但也有几个案件，而且其中一个就是我们正在这里讨论的案件。我之所以会想到它，是因为我们想在一份好的期刊上发表这篇论文，但是非常不成功，我们试图找到一种方法来推销它。我想，在我们的修订版中，我们会把注意力几乎完全放在你所说的医院医生身上。我正在思考这个问题，让我简单地描述一下。

这一案件涉及加拿大不列颠哥伦比亚省（British Columbia）的温哥华岛卫生局（Vancouver Island Health Authority），该卫生局与一群医院医生签订了合同。我相信你们知道，医院医生是在医院工作并看护住院病人的医生，经常处理相当复杂的病例。这是作为政府实体的温哥华岛卫生局和一群医院医生达成的一项外包安排。在签订合同几年后，加拿大颁布了一部新法律，规定家庭医生不再陪同病人到医院就诊，显然这种陪同的做法以前很常见，但现在停止了。这种变化意味着，医院医生有更多的工作要做，因为没有任何人帮助他们。他们的工作量不断增加，压力也越来越大。我们对这种情况的解读是，卫生局不太顾及医院医生的感受，不允许医院雇用更多的医院医生来从事这项工作，所以压力和工作量都在上升。医院医生的回应是，拒绝让病人从急诊室进入医院的主楼（这是接收病人的主要渠道）。因为他们觉得他们已经有太多的病人，对已有的病人也已经很难照护好，他们可能觉得拒绝接收新病人在道德上没有那么糟糕。这导致了一种瓶颈，而且卫生局和医院医生都有很多不好的感觉。基本上，双方之间的信任和好感都每况愈下。当合同到期要续签时，他们试图重新谈判，但没有成功，因为对这件事有太多不好的感觉。问题是，医院医生们认为，温哥华岛卫生局对他们的情况漠不关心。

在重新谈判或续签合同失败后，他们最终决定尝试一些不同的做法。他们采用了指导原则的方法或既定的方法（vested approach）。他们找到了我的合著者（我还没见过他们，但正如我所言，他们正在做这些事情）。他们听说了这种方法，得到了建议，然后签署所谓的既定合同（vested contract）或正式的关系型合同（formal relational contract）。这是一份正式的合同，当然，它有很多标准类的东西，即标准条款，但随后又添加了指导原则（正如前面提到的①）。这些原则被写入正式的合同，并加以解释，即当事人说明他们所谓的公平、忠诚或自治是什么意思。

实际上，当事人经历了一个完整的达成合同的过程；《哈佛商业评论》上的那篇文章描述了这一过程，对细节感兴趣的人可以去看一看（Frydlinger, Hart and Vitasek, 2019）。当事人不仅见面，把指导原则写入了合同。实际上，当事人还必须分享和讨论他们各自的愿景，并努力达成一个共识，即他们的愿景是一致的。在真正完成交易之前，他们有很多沟通。一旦达成协议，在合作期间，双方也要进行沟通。他们同意以各种方式进行沟通；他们建立了治理安排，如果出现问题，他们有互相商谈的团队，等等。沟通渠道和治理都是至关重要的一部分。

他们发现，以前非常难处理的事情现在可以处理了。我们在文章中给出了几个例子。其中一个是关于临终建议的。在加拿大，有一种做法是给那些临终病人提供建议，告诉他们有哪些可能性。合法化的临终医疗救助是一种新服务。人们希望医院医生承担这一额外任务。我们访谈了这项业务的一些参与者；他们说，在过去的常规合同中，关于这项业务是否在合同范围之内有很多争论。最初的合同是否已经规定，凯伦，你作为一名医院医生，根据加拿大新的法律规定，有义务提供这种帮助吗？你可能会认为，这不在最初的工作范之内；这是新服务，因此你需要以某种方式得到补偿。总之，这种新的医疗服务引发了很多争论。但是现在，我们被告知，至少在指导原则和所有其他的既定方法下，他们实际上找到了一些合理的方案来处理这个问题。

类似的情况也发生在疫情中。疫情意味着医院里的病人少了很多，但是病人比以前病得更重。现在的问题是，相比病人的数量，医院医生的数量太多，

---

① 忠诚、公平、诚实、正直、自治、互惠的指导原则；参见 Frydlinger、Hart and Vitasek（2019）的讨论。

而另一方面，他们从事的工作又更危险了，该如何处理这一事实。卫生局和医院医生达成了妥协：医院医生之间分担工作，并接受更低的薪酬，但不会像双方行为不合理时那么低；他们同意把一些不工作的时间“储存起来”，也就是说，当这一切结束后，他们愿意多工作一些额外的时间。总的来说，双方达成了合理的妥协，参与者说，这在过去是比较困难的。

翁笙和：在法律体系的效率、稳妥性（robustness）或可靠性可能存在问题的情况下，您认为指导原则甚至更重要吗？

奥利弗·哈特：这是一个好问题。我想，可能在某种意义上，如果你有一个相当不错的法律体系，就可以用标准合同来处理大量的问题，其余的可以用指导原则来处理。如果你没有任何法律体系，就必须用行为规范来解决每一个问题，所以我想强有力的行为规范是更重要的。不过，我想强调一点，即使在一个良好的法律体系中，指导原则也可以作为标准合同的有力补充。

我还想强调一点，对很多人来说，我所说的一些东西和你们在文献中可以找到的其他东西很相似，比如至少可以追溯到麦考利和麦克尼尔关于关系型合同的观点。① 当然，还有关于重复博弈的所有博弈论文献。我的思考与这些研究是一脉相承的，但也有区别。因为如果我们考虑医院医生不得不工作更多而且工作压力更大的情况，我认为以牙还牙的策略并不能真正解决这个问题。我认为，很多重复博弈模型都是与此相关的，“我今天会对你好，因为如果我不这样，明天你也不会对我好”。但有一种观点认为，今天的问题与明年或后年的问题是同等重要的。然而，我认为在很多情况下，我们遇到的问题实际上是一个很大的问题，可能很长一段时间内，我们都不会再看到这样的情况了。新冠疫情显然就是这样的例子，可能每一百年才有一次。当谈到麦考利和麦克尼尔的老观点时，我认为他们之间有很大的相似之处，但我也认为他们从来没有建议你把这些指导原则真正写入合同。我的同事发现，我们不仅要意识到这些行为规范，而且要认识到两点。首先，指导原则是行为规范，是我们都熟悉的东西，如公平、忠诚、互惠、诚实和正直。某种意义上，当你讨论它们时，你正在使这些人们已经熟悉的东西发挥作用。但是，人们熟悉它们并不意味着如

---

① 参见 Macauley（1963），Macneil（1977），Macneil（1983）。

果事先没有达成一致意见和讨论，就会自动使用它们。其次，把它们都写进正式合同会让它们变得更强大。

翁笙和：我们今天的最后两个问题：首先，乔纳森·莱文（Jonathan Levin）和史蒂夫·塔德利斯（Steve Tadelis）提问，如果您今天开始学经济学，您会选择关注什么？

奥利弗·哈特：坦率地说，我不知道。我想如果我现在开始学经济学的话，就会更加困难。诚然，我是一个理论研究者，但我并没有做现在理论研究者做的事，而且我认为我并不是很擅长他们做的事。他们与我从事的那种工作相去甚远。尽管我当年从事过较多的学术性工作，但我认为这不是我的相对优势。我知道年轻的理论研究者正在做什么，但这不是我非常擅长的东西。说实话，也不是我特别感兴趣的事情。也许，我们应该坚持自己。我可能永远也不会成为一名实证（empirical）经济学家……我可能有点答非所问了。

翁笙和：谢谢您的分享。我想用一些与此相关的内容来结束这次讨论：我想引用您在诺贝尔获奖演讲中的结论，并邀请您对此做最后的总结：

> 经济学家被那些简洁、优美、无争议的模型吸引。不完备合同的领域不是这样的；它是混乱的。但是，现实中合同是不完备的，而且合同不完备是许多重要现象的基础，其中一些有重要的政策含义。我希望经济学家，尤其是年轻的经济学家，仍能不顾混乱，继续研究这个具有挑战性的课题。

我认为，您把由公共出资提供的服务中的合同不完备作为“具有重大政策含义的现象”之一。您可以最后给我们说点什么吗？

奥利弗·哈特：你说得很对！当然，那是三年前的事了，而且没有什么变化。重点在于经济学专业的工作方式，为了发表论文和找到工作，当然也包括讨论理论，你必须做一些聪明的事情。当我们谈到就业市场上的求职者时，我一次又一次地看到这种情况：如果你做了一些复杂、聪明、新奇的研究，人们就会对你印象深刻，至于这些研究是否远离真正重要的问题则无关紧要，人们依旧会印象深刻。相反，如果你在研究一个本质上杂乱的重要问题，而且你做的工作也有点杂乱，人们对你就没有什么印象。我觉得这令人悲哀，但生活就是这样。我不知道如何解决这个问题。我同情年轻的经济学者。我希望他们能从事这方面的工作，但如果一个学生来找我说："我想研究不完备合同"，我觉得我必须给他善意的警告："好吧，但这对你的未来可能不好，因为你可能无法写一篇精妙的论文，给人们留下深刻印象。尽管研究的课题很重要，但找一份工作可能很难。"我希望他们继续努力，但我不确定他们这样做是否能在专业上做得很好。事情可能会发生变化；我们希望这样的变化，凯伦。

翁笙和：感谢您坦率地谈论自己作品的出版之旅；这也给年轻人上了一课，即使诺贝尔奖得主在发表他们的最新研究时，也需要一个过程。

无论如何，我非常感谢您的坦率，您的才华和您的谦逊，这是一种罕见的组合。非常感谢您在今天和我们分享您的思考！

奥利弗·哈特：谢谢你所做的一切。当你第一次给我提建议的时候，令我受宠若惊，但我不知道事情会变得这么有趣。谢谢你！

翁笙和：非常感谢您，也感谢大家的参与。

（迈阿密大学（牛津） 薛凯文 译）

参考文献

Bajari, Patrick, and Steven Tadelis. 2001. "Incentives versus transaction costs: A theory of procurement contracts." *Rand Journal of Economics* (2001): 387 – 407.

Coase, R. H. 1960. "The Problem of Social Cost." *Journal of Law and Economics* 3: 1 – 44.

Frydlinger, David, Oliver Hart, and Kate Vitasek. 2019. "A New Approach to Contracts." *Harvard Business Review*, Sept-Oct.

Frydlinger, David, and Oliver Hart. 2020 Working Paper. "Overcoming Contractual Incompleteness: The Role of Guiding Principles (new version, September, 2020)".

Frydlinger, David, Oliver Hart, and Kate Vitasek. 2020. "An Innovative Way to Prevent Adversarial Supplier Relationships." *Harvard Business Review*, October 8. Publisher's Version.

Grossman, Sanford J., and Oliver D. Hart. 1986. "The costs and benefits of ownership: A theory of vertical and lateral integration." *Journal of Political Economy* 94, no. 4 (1986): 691-719.

Hart, Oliver. 2017. "Incomplete Contracts and Control." *American Economic Review* 107 (7): 1731-1752.

Hart, Oliver. 2009. "Hold-up, Asset Ownership, and Reference Points." *Quarterly Journal of Economics* 124 (1): 267-300.

Hart, Oliver, and John Moore. 1990. "Property Rights and the Nature of the Firm." *Journal of Political Economy* 98, no. 6 (1990): 1119-1158.

Hart, Oliver, and John Moore. 2008. "Contracts as Reference Points." *Quarterly Journal of Economics* CXXIII (1): 1-48.

Hart, Oliver. 2003. "Incomplete Contracts and Public Ownership: Remarks, and an Applicationto Public-Private Partnerships." *Economic Journal* 113 (486): C69-C76.

Hart, Oliver, Andrei Shleifer, and Robert W Vishny. 1997. "The Proper Scope of Government: Theory and an Application to Prisons." *Quarterly Journal of Economics* 112 (4): 1126-1161.

Holmstrom, Bengt, and Paul Milgrom. 1991. "Multitask principal-agent analyses: Incentive contracts, asset ownership, and job design." *JL Econ. & Org.* 7 (1991): 24.

Macaulay, Stewart. 1963. Non-Contractual Relations in Business: A Preliminary Study. *American Sociological Review*, Vol. 28, No. 1 (Feb., 1963), pp. 55-67.

Macneil, Ian. 1977. Contracts: Adjustment of Long-Term Economic Relations Under Classical, Neoclassical and Relational Contract Law. 72 Nw. U. L. Rev. 854 (1977-1978).

Macneil, Ian. 1983. Values in Contract: Internal and External. 78 Nw. U. L. Rev. 340 (1983-1984).

Malcomson, James. 2013. Relational Incentive Contracts. In Robert Gibbons and John Roberts (eds.), *The Handbook of Organizational Economics*, chapter 25, pp. 1014-1065. Princeton University Press.

Williamson, Oliver E. 1975. *Markets and Hierarchies: Analysis and Antitrust Implications.* New York: The Free Press.

Williamson, Oliver E. "The theory of the firm as governance structure: from choice to contract." *Journal of Economic Perspectives* 16, no. 3 (2002): 171-195.

附录：庆祝哈特、施莱弗和维什尼的《政府的适当范围》（NBER 1996，QJE 1997，以下简称 HSV 96/97）的 25 年

翁笙和与受访者制作的致敬纪录片

哈特、施莱弗和维什尼的《政府的适当范围》的后续影响

8：40 **HSV96/97 在教学中的应用**：您强调哪些要点？您的学生有什么反应？

20：50 **HSV96/97 在研究和政策中的应用**

20：58 监狱的实证检验

23：23 地方政府服务和中央政府采购

30：20 中低收入国家的社会安全网

36：08 美国卫生政策

58：38 老年人长期护理、居家服务

1:01:20 中低收入国家的卫生政策

1:07:41 新冠疫情和政策应对

1:16:43 非营利组织、职业道德和内在动机

1:24:33 奥利弗·哈特近期研究的意义：合同作为参照点，以及其他

https：//www. youtube. com/watch？ v = g9JRhGpXC2Y&feature = youtu. be

https：//stanford. io/31LzGjR

单独视频：要点，参见 1 月 20 日网络研讨会的前 15 分钟

https：//www. youtube. com/watch？ v = 5XuIceLWo0g&feature = youtu. be

对奥利弗·哈特的提问

比较制度分析

Comparative Institutional Analysis

Comparative

暴力的陷阱
发展问题的政治经济学分析

加里·考克斯　道格拉斯·诺思　巴里·温加斯特

一、引言

为了解释发展问题，即数以十亿计民众陷于贫困之中而其政府却抵制经济改革，经济学家和政治学家已经提出了各种各样的发展陷阱或贫困陷阱，以说明阻止发展中国家走向稳步发展道路的自我强化机制。尽管不乏例外，但是经济学家主要关注由规模收益递增引发的问题。① 按照这种解释，贫困国家之所以陷入贫困，是由于它们无法在教育（Kremer，2003）或信贷使用（Sachs，2005）等方面组织足够多的大规模投资。

同时提出的还有各种政治贫困陷阱。在这方面，原因是国家没有能力或意愿对自身进行改革，并采取行之有效的经济政策。对于缺乏这类改革的解释，包括在位者不能确保自己在足够长的时间内一直在位，从而能够从这些基础性改革中获益（Besley and Persson，2011）；在位者抵制自由化改革，因为这会

---

* Gary W. Cox，斯坦福大学政治学系；Douglass C. North（1920—2015），1993 年诺贝尔经济学奖得主，去世前任教于华盛顿大学经济学系和斯坦福大学胡佛研究所；Barry R. Weingast，斯坦福大学政治学系。原文发表于 *Journal of Public Finance and Public Choice*，2019 年第 34 卷第 1 期，第 3—19 页。

① Azariadis and Stachurski（2005）全面考察了由规模收益引发的经济贫困陷阱。Pierson（2000）研究了规模收益在持续性的次优政治均衡中的作用，但并未强调这对经济绩效产生的影响。

威胁到他们对权力的掌控（North，1981，第 3 章；Acemoglu and Robison，2006a，2006b）；与受损者相比，现状的受益者具有更强的组织能力①。

在本文中，我们主要关注暴力问题，而非当前政权维持现状的激励和能力（参见 Collier，2007；North et al.，2009）。如下文所述，对政治权力的暴力争夺在所有的发展中世界司空见惯，甚至在最富裕的发展中国家也是如此。这一令人惊讶的现象提出了一个问题：为何发展中国家未能通过制度化的方法解决这种政治暴力问题，而发达国家则实现了这一点？

一言以蔽之，我们的答案就是暴力的陷阱。提高国内暴力冲突给国内精英带来的经济成本，就不必为了阻止暴力而支付租金，从而使国家可以朝着诺思等人（North et al.，2009）所说的“开放准入秩序”转型。然而，提高国内冲突的经济成本的主要方式是让经济活动跨越主要的政治隔阂，实现专业化和一体化。只有特定的政治改革就位时，比如允许任何人都能建立企业时，国内的行为人才能够进行这类投资。只有当他们认为实际冲突的风险足够低时，才愿意投资那些需要有潜在冲突的集团进行合作的项目。因此，如果国家不经历改革并实现政治稳定，就无法建立复杂的专业化经济；如果不存在复杂的专业化经济，国家就无法改革并实现稳定。

我们的观点有些类似于那些强调贸易（Angell，1913［1911］；Weede，1996；Pinker，2011）或资本开放（Gartzke，2007）可以阻止国家间战争的观点。但我们关注的是国内政治，并将经济活动的性质与关于战争的理性模型中实现和平的条件明确地联系在一起（Fearon，1995）。

为详述我们的观点，本文安排如下。第二节说明在大多数发展中国家暴力发生的频率之高令人惊讶；在这些国家，绝大多数人在其一生中都会遭遇暴力夺取权力的事件。第三节将政治暴力视为一种协商失败，并解释发展中国家曾经如何寻求缓解暴力问题。第四节探讨投资决策与政治之间的互动关系，给出了一个可检验的有关政治暴力决定因素的预测。第五节表明在控制人均收入、民主程度和以往叛乱经历的情况下，以伊达尔戈—豪斯曼指数（Hidalgo-Hausmann index）衡量的经济复杂性会阻止政变。为了缓解内生性的顾虑，我们使用每个国家邻国的平均复杂性作为该国经济复杂性的工具变量。第六节表明稳

① Fernandez and Rodrik（1991），Ekelund and Tollison（1997），Grossman and Helpman（2001），Bueno de Mesquita et al.（2003）.

定的民主政体的经济表现要优于稳定的专制政体，这会促进经济复杂性，进而维持领导权的非暴力更迭。第七节是本文小结。

二、暴力是发展中国家的流行病：1840—2005 年

很多发展领域的学者和实干家都认为，暴力问题主要出现在失败的国家，比如索马里或刚果。不幸的是，对所有的发展中国家而言，暴力都是一种流行病。为了证明这一点，我们考察了自 1840 年以来各国政权的持续时间（Goemans et al.，2009）。为此，如果一个国家非暴力的领导权更迭不曾中断，我们就将它定义为一个政权。换言之，当权力更迭涉及暴力时，一个政权就终结了。① 按照这一定义，自 1840 年以来，162 个国家出现过 697 个政权。

表 1 展示了各类国家政权持续时间的各种分位数分布情况。这一数据揭示了两种重要模式。②

表 1　政权持续年数

百分位	所有国家	人均 GDP 在中位数以下的国家	人均 GDP 为第 75—90 分位的国家	人均 GDP 为最高 10 分位的国家
10	1	1	2	10
25	3	2	4	34
50	8	7	12. 5	60
75	24	17	45. 5	88
90	50	34	71	131

第一，政权的暴力更迭非常普遍。10% 的政权持续了不超过一年，有 50% 的政权持续时间不超过 8 年。在“所有政权”样本中的国家，3/4 持续了

① 上述定义忽略了那些不改变领导权继承的大规模暴力，比如内战。因此，我们对政治暴力设定了一个较低的界限。同时还需要注意，我们不将由暗杀导致的权力继承视为暴力行为，除非这一暗杀是为了夺取政权而进行的成功尝试的一部分。这样一来，像美国从约翰·肯尼迪到林登·约翰逊这样的领导权更替，不被计为以暴力形式实现的更替。

② 在解释这些模式时，有两点需要说明。第一，样本中的数据在两端都做了截断。为了说明这一点，考虑美国的例子。这一数据开始于 1840 年，并将当年存在的国家政权持续期都记作 1 年，但实际上美国从 1776 年就已经存在了。类似地，这一数据将 2003 年美国的政权持续期记为 163 年，但它可能还会持续很多年。第二，GDP 数据来自二战以后的时期。

不超过一代人的时间，即24年。最后，只有10%的政权持续时间为50年或更长，这还不如一个普通人的寿命长。第二，最富裕的发展中国家更类似于贫困的发展中国家，而不是发达国家。在低于收入中位数的发展中国家，50%的政权持续时间仅为7年。收入位列第75—90分位的发展中国家，即发展中世界的精英国家，相应的数字为12.5年。最后，对于发达国家而言，即收入最高的10%的国家，这一数字为60年。因此，以政权持续时间的中位数衡量，最富裕的发展中国家取得的进步仅为第三世界和第一世界之间差距的10%。总体而言，在过去一个半世纪中，暴力夺取政治权力的现象在发展中国家司空见惯。政权的暴力更迭极为罕见的政体，只有富裕的发达国家。

三、发展中国家如何缓解暴力问题

为了理解上一节表明的暴力流行问题，我们采用争斗源自协商失败的标准观点（Fearon，1995；Powell，1999）。行为人知道暴力冲突是无效率的：如果能够通过协商达成解决冲突的方案，就可以避免争斗的成本；每个人的状况都可以得到改善。主要的困难在于理解下述问题：既然知道暴力冲突是无效率的，为何协商还是会失败。

为了在有两个行为人的模型中说明这一问题，我们考察当前体制中的两个派别，即 A 和 B，他们对统治租金（π）的分配进行协商。让我们用 V_A 和 V_B 分别代表暴力潜能（争斗的能力），$P_A(V_A, V_B)$ 代表一旦爆发争夺权力和租金的斗争，A 在与 B 的冲突中胜出的概率。那么，风险中立的行为人 j 从争斗中获得的回报就是 $P_j(V_j, V_{-j})\pi - c_j$，其中 c_j 是 j 投入争斗的总预期成本。我们可以设想，后者既反映了争斗的军事成本，如支付给士兵的报酬和购买军火的费用等开支，也包括争斗的经济成本，即由于和除 j 以外的行为人发生冲突，j 的经济交易受到扰乱而产生的成本。

租金创造与等比例原则

从协商的视角讨论暴力问题可以得出一个重要结论，即等比例原则：一个国家的统治者对租金和特权的分配必须使每个行为人的境况在合作时比争斗时更好。因此，为了维持和平，租金要大致按照军事力量的比例分配。具体而言，令 R_j 代表 j 的租金分配，那么等比例原则意味着只有在 $R_j > P_j(V_j, V_{-j})\pi - c_j$（$j$ 代表 A 和 B）时，和平才能维系。这一不等式有时被称为“不争斗条件”，意指每个参与者获得的租金必须超过他们从事争斗的预期收益。如果不满足这个条件，那些力量超过租金的集团就更愿意选择争斗，以获得更多的收益，而不是按照该政权的规则行事。① 而且，这一不等式表明，由不等式右侧代表的行为人从争斗中获得的预期收益越大，满足不争斗条件所需的租金就越高。

诺思等人（2009）将那些通过分配租金维持和平的政权称为“自然国家”，因为自人类开化以来，这就是占主导地位的社会和经济组织形式。确实，直至200年前，这都是国家组织的唯一形式。②

有限准入

自然国家限制成立各类组织（North et al.，2009）。它们之所以这样做，最明显的原因是更多的进入会使租金消散。为了创造足够多的租金以满足等比例原则，在经济中的很多部门，自然国家限制普通民众成立组织的权利。自然国家限制普通民众成立组织的另一原因，是为了阻止他们的军事力量发展壮大，否则就会迫使在位精英分享租金和对政策的掌控。为了保持暴力潜能的分配现状，大多数发展中国家的政权对哪些人可以成立组织有严格的限定。在很多情况下，比如穆巴拉克的埃及、苏哈托的印度尼西亚和萨达姆的伊拉克，所有重要的组织都与统治者有密切的联系。③

总结

总而言之，我们认为自然国家是由两个主要的内生结构特征构成的，即限制与租金。自然国家由此缓解暴力问题。通过否定外部人拥有成立组织的权利，政权既创造了租金，也降低了外部人使用暴力的能力。通过在内部派别之间根据其在争斗中胜出的概率等比例地分配创造的租金，自然国家可以阻止两

---

① 特权和政策利益必须大致按照力量的比例来分配，这一思想源远流长。这是 Barrington Moore（1966）的经典著作《民主与独裁的社会起源》的核心思想。17 世纪的 James Harrington（1995）[1656]）以此解释英国内战（1641—1649）。更近期的研究包括在完全信息的条件下，有关理性战争的正式模型可以清晰地推导出等比例原则（Fearon，1995；Powell，1999）。

② 少数古代社会可能是例外，比如雅典。参见 Carugati et al（2019）。

③ 按照我们的正式表述，对政权精英以外的集团而言，限制进入是降低其暴力潜能（V_j）的方法。

败俱伤的争斗。不幸的是，在一个不断变化的世界中，限制与租金并不能使自然国家永保安宁。暴力潜能和成本受到的冲击可能导致现有的租金分配与协商博弈的均衡结果不再一致。此时，由于承诺问题和信息不对称（Fearon，1995；Powell，1999），针对租金的协商就会出现危机。让受到冲击之后的协商变得更复杂的是，统治的租金越多，政体中的各派别就越有动力争夺租金。于是，自然国家落入暴力陷阱的一个原因就是暴力的严重威胁诱使这些国家创造租金，但是只有在静态的世界中，即上述模型的参数不会受到冲击时，租金才能确保国内和平。

四、暴力的陷阱

自然国家落入暴力的陷阱还有另外一个更深层次的原因。自然国家限制进入和分配租金会阻碍经济发展，这就使得相比于在一个更发达经济体中发动战争，在自然国家发动战争可以带来更高的回报。

为了说明这一点，请注意，如果主要通过限制进入和分配租金的方式降低发生政治暴力的风险，就会产生两个重要的经济后果：第一，政权的内部人将致力于追求租金，而不是从事直接的生产性活动；第二，有些类别的经济投资将受到阻碍。对于那些由政权的内部人掌控的部门，政权外的劳动者没有太多的激励投资于与之相关的技能。政权外的企业家知道他们需要与某位政权内的支持者分享利润，这会降低企业家投资于资本的激励（Bates，2001；Fisman，2001）。最后，跨派别的专业化投资和交易协议可能难以实现。

为了详细说明最后一点，考虑一类国内行为人，我们可以称之为一个俱乐部，他们对某个有利可图的企业进行了关系专用性投资（relationship-specific investments）。具体而言，设想一下每位行为人专注于生产一种独特的中间产品。如果将所有的中间产品结合在一起，联合企业可以更有效率地生产某种最终产品。这样，与各自单独生产相比，俱乐部成员就能获得一笔剩余。然而，这样一个企业的参与者很容易被其他参与者要挟。如果任何一个供应者未能提供其中间产品，最终产品就无法生产，利润流就会消失或减少。如果俱乐部成员之间采取军事行动，一些成员或者所有成员就会停止经济合作，这就会摧毁上述经济剩余。因此，关系专用性投资就成为一种承诺手段，它可以内生地提高俱乐部内部争斗给所有俱乐部成员带来的成本。换句话说，对于劳动分工的斯密式投资除了更为人熟知的经济利益以外，还有一种政治利益，即跨派别的专业化提高了这些派别之间的暴力成本，从而降低了发生暴力的可能性，并提高了投资的预期收益。

然而，在一个有可能发生暴力的社会，由于察觉到俱乐部成员之间出现冲突的风险较大，俱乐部中的关系专用性投资将会受到抑制。例如，来自两个敌对种族集团的企业家考虑投资一家合资企业，其利润流取决于他们未来的合作，如果他们所在的种族集团之间发生冲突的概率太高，他们谁都不会投资。因为一旦种族之间爆发冲突，每个投资者都可能为了支持战争而暂停合作，或者其族人会迫使他们这样做。因此，需要很多行为人做出专业化贡献的企业，也许只能从某一特定的种族集团内部寻找所有这些资源。这种种族中心主义式的集中一般而言是没有经济效率的，但是按照重商主义的逻辑，这可以在种族之间发生冲突时保护企业。因此，我们预期，对于特定时间的特定国家而言，特定派别之间爆发冲突的可感知风险越高，可能爆发冲突的集团之间无效率的关系专用性投资就会越多。①

但是，如果投资者不进行跨派别的关系专用性投资，那么跨派别的经济交换就局限于市场交易。如果争斗爆发，对于原来从对方购得的商品，争斗的各方可以在世界市场上找到近似的替代品。争斗的经济后果相对较小，意味着可能发生冲突的集团在就他们之间的分歧进行磋商时，一方或者双方一定会将暴力作为预备选项，此时他们就会拿出各种理由让谈判失败（Fearon，1995；Powell，1999）。

这一自我实现的过程就是自然国家的行为人落入暴力陷阱的另一个原因。可感知的暴力风险阻止了一些投资，因为这些投资只有在永久性地降低暴力风险的情况下才最有效率。我们相信，正是这一重要机制使很多国家陷入政治暴力与经济落后的循环之中。②

① 我们重点关注的问题与国际领域由重商主义政策导致的问题是相似的。为了说明这一点，考虑英法之间的第二次百年战争。两国都相信它们很快就会重新爆发战争。因此，它们尽可能避免依赖对方，特别是避免在关键的军事投入品上依赖对方。它们对贸易采取重商主义的限制，这可以确保在下一次战争爆发时，双方需要承担的经济成本最小。由此，战争的成本不至于高得令人绝望，这意味着随机出现的信息不对称和承诺问题会导致战争的爆发。相比之下，一旦两国形成完全密不可分的经济关系，战争的经济成本就会更高，而战争的风险将会降低。

② 我们的这一观点与 Jha（2013）的观点类似。

投资越少，争斗越多

采取限制进入和分配租金的政策会导致投资减少，这会产生两种相互关联的后果：第一，如上所述，这会降低经济发展水平；第二，这提高了争夺统治权的预期效用。为了解释第二个观点，我们依次考察争斗的收益和成本。

遵循孟德斯鸠（1989［1748］）的逻辑，很多人论证了容易转移的财富会降低征服的收益，因为胜利者无法在胜利后轻易地剥夺这类财富。由此，很多人得出结论，经济发展将为国际政治带来和平，因为它会造就专业化的技能以及其他难以征收的财产（Kant，1957［1795］；Hirschmann，1997［1977］；Gartzke，2007）。将其应用到国内政治中，我们可以预期，限制进入和分配租金这类阻碍经济发展的政策将会限制对人力资本的投资，并使以暴力手段攫取权力的收益处于更高的水平。

接下来考虑争斗的成本。遵循詹姆斯·斯图亚特（James Steuart，1966［1767］）的逻辑，很多人将复杂的现代经济比作做工精妙的手表，它无法在国内战争的重压之下正常运行。战争导致的利润损失构成了国内战争的经济成本。越是发达的经济体，这一成本就越高。我们已经论证了，暴力陷阱阻碍了自然国家发展出有着更长的专业化供应链的一体化复杂经济，这就使争斗的经济成本一直处于较低的水平。

如果孟德斯鸠和斯图亚特提出的这些后果足够大，经济发展就会存在一个门槛，一旦跨越这一门槛，就没有人愿意为了从国家攫取更多的租金而争斗。按照前文引入的协商模型，经济发展会降低 π，提高 c_A 和 c_B。一旦收益足够低而成本足够高，对 A 和 B 而言，争斗的预期价值都将变成负值。这时，正的租金对维持和平而言就不再重要，朝着开放准入秩序的政治改革也成为可能。

暴力的循环

发展面临的主要挑战就在于，需要达到一定的发展水平，从而使国内争斗的成本高得难以承受。在自然国家，政治暴力的风险以及为了控制这一风险而采取的限制进入和分配租金的政策都会减少对人力资本和专业化交易的投资，因为前一种投资会降低统治带来的经济收益，而后一种投资会提高争夺统治权导致的经济成本。因此，自然国家减少暴力的方法虽然在一个静态环境中是有效率的，但是会阻碍经济的一体化和复杂化，而这本可以为阻止政治暴力提供一个更稳健的机制。

对于自然国家摆脱分配租金与暴力风险的均衡而言，渐进的政策变革通常没有什么帮助。略微减少对普通民众的限制会降低租金，提高政权内部发生争斗的风险；但它可能不会降低叛乱的风险，因为仍然受到限制的民众可能会利用新获得的权利组织起来对抗现有的政权。重大的政策变革，比如取消进入限制和分配租金，可以与普通民众建立起和平的关系。但是，取消租金将会引发政权内部的争斗，除非政权内部各派别之间可以迅速达成足够多新的专业化和交易协议，从而使争斗的经济成本高得难以承受。然而，如前所述，达成这类协议是有困难的。

经济复杂性与暴力的政治权力更迭

我们的分析提出了一个可检验的假说，即经济复杂性有助于和平的政治权力交接。其中的逻辑在于，经济复杂性代表了跨派别的经济合作、容易转移的财富以及暴力导致经济动荡后带来的成本。所有这些经济特征都有助于和平的政治权力交接。我们的假说与李普塞特（Lipset，1959）著名的现代化命题相关，但也有区别。李普塞特关于发展的概念有丰富的内涵。然而，对李普塞特假说的大部分检验在操作中简单地用“人均 GDP”代表“现代化”。

我们质疑文献对李普塞特假说的狭隘解释，并希望能够有所突破。我们的命题使用了不同的处理变量（即经济复杂性而非高收入）和不同的反应变量（即对政治权力的非暴力争夺而非民主）。

五、经济体的专业化与政治权力的和平交接

在这一节，我们通过观察 1964—2005 年 125 个国家的政变发生频率，简单地考察我们的上述假说。我们的因变量是 $COUP_{jt}$，如果 j 国在 t 年至少发生过一次政变，则取值为 1。① 为了衡量经济复杂性，我们采用了伊达尔戈和豪斯曼（Hidalgo and Hausmann，2009）的经济复杂性指数（economic complexity index，ECI），它反映了一国在各种商品系列中作为供应商的重要性。我们相信经济复杂性指数很好地反映了专业化程度：为了在全球贸易中成为某种商品

① 数据来自 PIPE 数据库（Przeworski，2003）。我们还利用 Marshall and Marshall（2014）的数据考察了政变的图谋，得出了相似的结果。

的重要供应商，一国的生产需要专业化。伊达尔戈和豪斯曼（2009）详细讨论了该指数的构成和含义。

在图 1 中，我们采用非参数方法表明政变与滞后的经济复杂性之间的关系。在控制了前 5 年的政变次数，每个国家 $t-5$ 年的 *POLITY* 得分和 $t-5$ 年的人均 GDP 的自然对数后，图 1 展示了政变相对于滞后的经济复杂性的箱式散点图（binned scatterplot）。从数据的横截面角度看，在复杂程度最低的经济体中，每年发生一次政变的平滑概率接近 0.05，是经济复杂程度最高的国家政变估计风险的 5 倍。

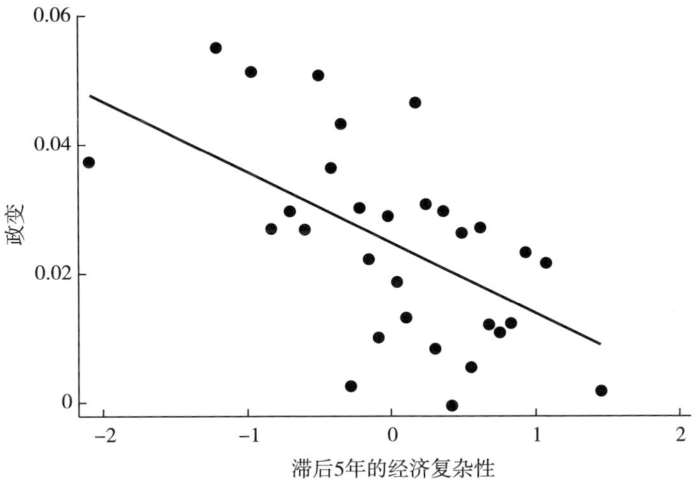

图 1　政变作为经济复杂性函数的箱式散点图

注：纵轴显示的是每年发生一次政变的概率。横轴显示的是滞后 5 年的经济复杂性。控制变量包括前 5 年的政变次数，每个国家 $t-5$ 年的 *POLITY* 得分和 $t-5$ 年的人均 GDP 的自然对数。

在附录中（表 A1），我们提供了一些参数截面分析的结果（随机效应的 Probit 估计与回归分析）。如果将经济复杂性排除在分析之外，正如之前很多研究报告指出的，更高的人均 GDP 与更低的政变频率密切相关。然而，如果将经济复杂性加入模型，人均 GDP 和政变频率之间的关系就不再显著，而复杂性与政变仍然显著相关。这些结果表明，与政治稳定性有着更密切关系的是人均 GDP 而非经济复杂性。

在本节其余部分，我们将进一步探索政变与复杂性的关系。遵循隆德雷根和普尔（Londregan and Poole，1990）的经典模型，我们的基准估计方程为 Probit 估计，采用国家和年份固定效应（标准差在国家水平上聚类）：

$$P[COUP_{jt}=1]=\Phi[\alpha_j+\lambda_t+\sum_{k=1}^{5}\beta_k COUP_{j,t-k}+\gamma_1 POLITY_{j,t-5}+\gamma_2 GDP_{j,t-5}+\delta ECI_{j,t-5}] \quad (1)$$

其中，Φ 代表累积正态分布，α_j代表国家固定效应，λ_t代表年度固定效应。我们控制了因变量最初 5 年的滞后值、每个国家 $t-5$ 年的 *POLITY* 得分和 $t-5$ 年的人均 GDP 的自然对数。这一回归主要关注的是 *ECI*，也用其 $t-5$ 年的滞后值来衡量。

结果

表 2 中的模型 1 给出了基准回归的结果。如其所示，在控制了国家和年度固定效应、以往的暴力状况、以往的民主或专制水平和以往的人均 GDP 后，在更复杂的经济体中，政变更为罕见。这一结果是通过比较 1964—2005 年至少经历了一次政变的 39 个国家的样本内部差异得到的。

除了统计显著性以外，边际效应也非常重要。如果其他所有变量保持在平均值的水平，当滞后的经济复杂性指数低于平均值一个标准差，发生一次政变的估计概率为 0.109，95% 的置信区间为［0.062，0.155］。相比而言，如果滞后的经济复杂性指数值高于平均值一个标准差，发生一次政变的概率为 0.029，95% 的置信区间为［0.006，0.052］。在附录中（表 A2），我们还用线性概率模型或阿雷利亚诺－邦德（Arrellano-Bond）方法估计了这一关系，得出的结果是相似的。

使用经济复杂性的工具变量得出的结果

模型 1 将 $t-5$ 年的经济复杂性指数视为一个前定变量（pre-detemined variable）。一种担忧是，某个被遗漏的时变变量与滞后的经济复杂性和政变倾向同时相关，这会使我们的结果出现偏差。为了解决这一问题，模型 2 进行了包含内生变量的极大似然 Probit 回归，并以每个国家的邻国 $t-5$ 年的平均经济复杂性指数和模型中的其他外生变量作为 $t-5$ 年经济复杂性指数的工具变量。① 需要注意的是，自 20 世纪 60 年代以来，全球化在一定程度上驱动了区

① 我们使用的是 stata 中的 ivprobit 命令，并采用了极大似然估计选项。邻国根据联合国人口署的 19 个“大区”来定义。计算时不包括目标国家，因此该工具变量代表了每个区中其他国家的经济复杂性。我们使用其他传统的地区定义时得出的结果是相似的。

域经济的发展，这对任何国家的国内政治而言是一个外生因素。

更为正式地，我们识别的假定条件是，在控制目标国家 $t-5$ 年的经济复杂性和其他协变量的情况下，邻国 $t-5$ 年的经济复杂性与目标国家在 t 年发生政变的风险不相关。如果这一条件成立，我们的工具变量就是有效的。在控制其他变量的情况下，邻国经济的平均复杂性可以预测目标国家的经济复杂性（参见第一阶段的回归结果）。换句话说，我们使用的是强工具变量。第二阶段的结果表明，经济复杂性会阻止政变。因此，这一结果在所有模型中是一致的。①

表 2　经济复杂性阻止政变

自变量	模型 1：Probit（以滞后 5 年的 ECI 为前定变量）	模型 2：Probit（采用滞后 5 年的 ECI 的工具变量）
滞后 5 年的 ECI	−0.395** (−2.13)	−0.583** (−2.38)
滞后 5 年的 Polity2	−0.02 (−0.95)	−0.0157 (−1.22)
滞后 5 年的 ln（GDP）	0.17 (0.48)	0.19 (0.59)
因变量最初 5 年的滞后值	是	是
国家固定效应	是	是
年度固定效应	是	是
伪 R^2		
观测值	1035	1035
国家数量	39	39
模型 2 的第一阶段回归结果		
滞后 5 年的邻国的 ECI		0.839*** (6.53)
滞后 5 年的 Polity2		0.00498* (1.93)

① Wald 外生性检验没有拒绝 $t-5$ 年的 ECI 是一个外生变量的零假设。因此，相比模型 2，人们可能更偏爱模型 1。

（续表）

自变量	模型 1：Probit（以滞后5 年的 ECI 为前定变量）	模型 2：Probit（采用滞后5 年的 ECI 的工具变量）
滞后 5 年的 ln（GDP）		-0.0362 (-0.29)
因变量最初 5 年的滞后值		是
国家固定效应		是
年度固定效应		是
观测值		1035
国家数量		39

注：标准差按国家聚类。第一阶段回归包括模型中所有的外生变量，但只给出了三个外生变量的回归系数。ECI 为经济复杂性指数。

讨论

孟德斯鸠和斯图亚特论证了经济发展会降低争斗的收益，提高争斗的成本。因此，他们认为发展将促进对行政当局的宪政式约束。李普塞特的现代化假说认为经济发展通过各种途径促进民主。然而，一些专制政体经历了长期的工业化高增长，却没有显示任何自由化的迹象。

对于为何经济发展并不总能产生孟德斯鸠、斯图亚特和李普塞特预期的那种自由化效应，我们的解释如下。就像孟德斯鸠和斯图亚特认为的那样，经济发展为降低精英内部争斗的收益、提高其成本提供了工具箱。然而，专制政体有时也使用这些工具。为了说明这一点，考虑一下力求赶超西方的某一专制政体，比如 20 世纪 20 年代的苏联。赶超只需要模仿已知的工业化进程。挑选能启动赶超进程的部门是相对简单的事，这样做的好处也显而易见。因此，在处于赶超阶段时，政权内部各派别有强烈的动机达成专业化和交易协议，这就能够克服阻碍这类投资的常见问题。如果关键部门的供应链涉及多个派别，这就会提高政权内部争斗的成本，进而阻止叛乱，增强政治秩序。

在短期内，致力于模仿的专制政体可以产生高速增长。然而，这些政权没有动力开放那些为了促进发展而设定的目标部门，因为政权中的内部人要从这些部门获取租金。换言之，这些政权的高增长并不会在政权内部产生改革政治体制的动力。

六、开放准入秩序的经济动态

上一节表明，经济复杂性可以促进政治稳定，即政权的非暴力交接。在本节中，我们考察开放准入秩序的经济表现是否能超越专制政体。在这里，我们将开放准入秩序等同于稳定的民主政体。

在以往关注截面比较的研究中，一般的共识是民主政体的平均增长速度与非民主政体大致相同，参见普热沃尔斯基等人（Przeworski and Limongi，1993；Gerring et al.，2005）的评述。图 2A 基于 1964—2005 年的数据展示了专制政体和民主政体一年期增长速度对数值的分布，可以说明这一点。由该图可见，正如罗德里克等人（Rodrik，1999；Mobarak，2005；North et al.，2009）表明的，两类分布之间唯一明显的差别就是专制政体增长速度的方差更大。如果用滞后的人均 GDP 和某种民主指标对增长率回归，即巴罗（Barro，1997）所做的分析的简化版本，就会发现常见的“收敛效应”（越是富裕的国家增长越慢），但是民主没有显著影响。

一系列更新近的研究表明，民主对增长的影响需要一些时间才能显示出来。阿西莫格鲁等人（Papaioannou and Siourounis，2008；Acemoglu et al.，2014）和其他一些学者证明，只有持续一定年份以上，民主制度才能产生预期的效果。佩尔松和塔贝里尼等人（Gerring et al.，2005；Persson and Tabellini，2009）以及其他学者提出了以下观点，即民主是一个随时间积累的存量变量，而不是一个水平变量（level variable）。这些研究通常聚焦于国家自身的比较，发现民主对增长有稳健的影响。

图 2B 展示了专制政体和民主政体 10 年期增长率对数值的分布，表明民主对增长有长期效应。民主政体经历的 10 年期平均增长率几乎是专制政体的两倍，而方差仅有专制政体的大约一半。如果用 $t-10$ 年的人均 GDP 和某种民主指标对 10 年期增长率进行回归，还是能够发现收敛效应，但是现在民主可以显著地促进预期的增长速度。上一段引用的那些研究表明，如果加入一系列标准的控制变量并采用国家固定效应，上述基本发现仍然成立。

就我们的研究目的而言，对于当前的证据有两点值得强调：第一，我们预期开放社会比专制政体会有更好的经济表现，一个重要的原因就是前者消除或降低了进入某些行业的政治障碍，这就促进了短期内的竞争和长期内的创造性破坏。第二，开放社会的经济动态有助于再造经济复杂性，如上一节所述，经济复杂性有助于政治和平。因此，如果一个社会懂得如何同时实现促进开放准入秩序的政治制度与经济复杂性，这两者就会相互强化。

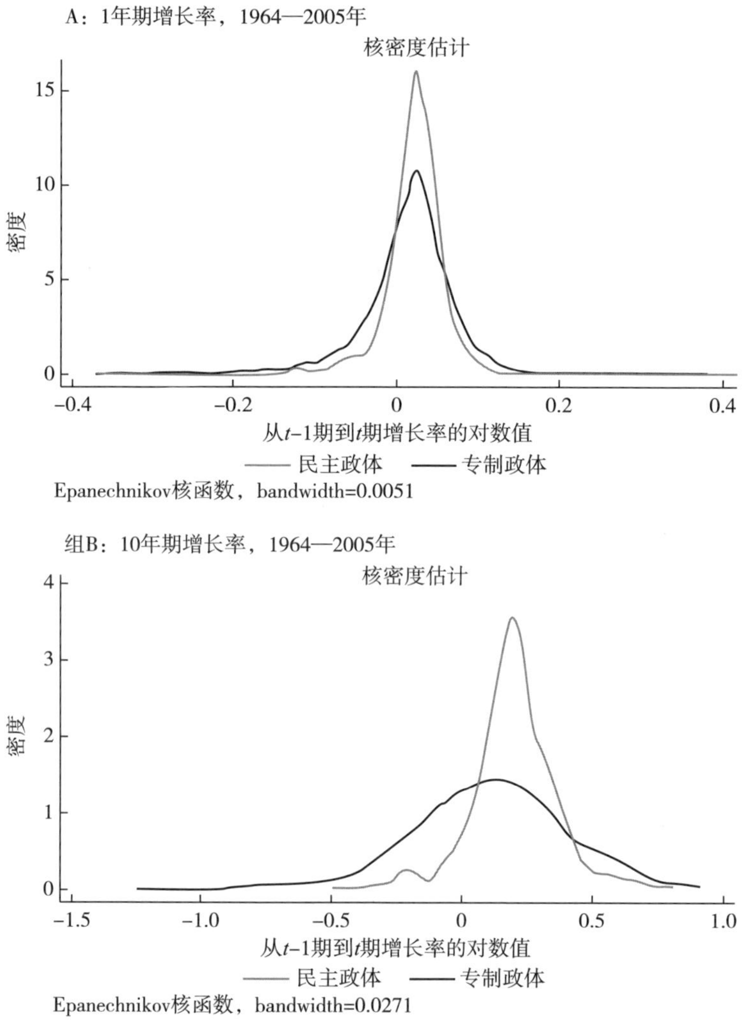

图2　民主政体和专制政体人均 GDP 增长率（对数值）

七、结论

我们已经论证了暴力陷阱会阻碍政治和经济发展。在一个简单的有关国内战争的理性主义模型中，原则上两种类型对立的国家都可以实现国内稳定和政治秩序，这取决于战争的成本。第一，如果国内冲突的成本较低，抑制暴力就需要创造租金。如果有足够多的租金被分配给拥有暴力潜能的个人和集团，就可以阻止政权内部的冲突。就租金能产生和平而言，我们可以说它是生产性的。然而，为了创造租金，国家需要限制人们利用经济机会的权利，这会妨害长期经济表现。换言之，如果国内战争的成本较低，维持和平就必须建立诺思等人（North et al.，2009）所说的自然国家。

第二，如果国内冲突的成本足够高，对维持和平而言，创造租金或限制进入就不是必需的。这意味着如果争斗的经济成本足够高，开放准入秩序就会出现，即在理想条件下既没有租金的创造，也没有进入的限制。我们还论证了，只有这种国家才能维持使争斗的经济成本足够高的经济环境。

假定存在这两种制度均衡，且建立秩序的手段大不相同，我们的问题是，为何自然国家不实施改革，使自己转向开放准入秩序。我们的答案是，它们落入了暴力陷阱。

暴力陷阱的第一部分在于，自然国家缺乏适应性效率，即在所处环境面临各种冲击时的适应能力。这些国家关键的结构性特征就是在内部人中间分配租金并对外部人实施限制，使他们难以应对各种冲击（Rodrik，1999）。因此，即使在静态环境下自然国家可以非常稳定，在动态环境中它们也会趋向于暴力。暴力陷阱的第二部分在于，自然国家没有能力进行改革，甚至在内部爆发了暴力冲突之后也是如此，即使这些冲突激励其探索某种立宪式改革，并能建立更持久的和平。缺乏这种能力的原因在于，可持续的政治改革需要经济发展，这表现为专业化和经济一体化，而经济发展则要求政治改革，即开放准入和降低租金。

我们的经验研究力图证明经济复杂性有助于政治权力有序地实现非暴力的交接。由李普塞特的现代化假说激发的文献在操作中将“经济发展”等同于更高的人均 GDP（参见 Acemoglu，2016），并且论证了发展有助于民主化。但是，没有理由预期通过开采自然资源产生的高水平人均 GDP 将推动当前的政权转向民主政体，比如沙特阿拉伯或者赤道几内亚。根据斯图亚特的经典论述，我们将发展视为创建一个更复杂的经济体，其运行将会受到政治暴力的严重干扰。因此，我们用经济复杂性指数（Hidalgo and Hausmann，2009）而非人均 GDP 衡量发展。我们发现，经济复杂性可以显著阻止政变，即使控制了人均GDP和Polity2得分（衡量民主的常见指标）之后也是如此。而且，如果经济复杂性足够高，创建一种不依赖有限准入来解决暴力问题的政权就成为可能。因此，那些实施了民主化的国家将会走向发展之路，在这条道路上，第一，经济复杂性保持在高水平，这样就可以维持政治权力的有序交接（民主可以“自我实施”）；第二，民主制度运行良好，从而推动进一步的经济增长（增长可以“自我维持”）。

（南开大学经济研究所　郭金兴 译）

附录

表A1　随机效应Probit分析

自变量	模型1：Probit	模型2：Probit	模型3：线性概率	模型4：线性概率
滞后5年的Polity2	-0.0194 (-1.70)	-0.0124 (-1.07)	-0.0005 (-1.33)	-0.00018 (-0.45)
滞后5年的ln（GDP）	-0.263*** (-3.14)	-0.146 (-1.67)	-0.00746** (-2.25)	-0.00155 (-0.37)
滞后5年的ECI	—	-0.277*** (-3.96)	—	-0.0103*** (-2.74)
年度固定效应	是	是	是	是
因变量最初5年的滞后值	是	是	是	是
观测值	2649	2649	3725	3725
Wald卡方检验的p值	<.0000	<.0000	<.0000	<.0000

注：括号内为t统计量，标准差在国家层面聚类。

表A2　线性概率与Arrellano-Bond设定

自变量	模型1：线性概率	模型2：Arrellano-Bond
滞后5年的Polity2	-0.00221 (-0.87)	-0.00469 (-1.49)
滞后5年的ln（GDP）	0.0299 0.79	0.393*** 3.12

（续表）

自变量	模型 1：线性概率	模型 2：Arrellano-Bond
滞后 5 年的 ECI	−0.0404 * (−1.89)	−0.0518 ** (−2.51)
因变量最初 5 年的滞后值	是	是
国家固定效应	是	是
年度固定效应	是	是
观测值	1035	994
国家数量	39	39
Wald 卡方检验的 p 值	<.0000	<.0000

注：* $p<0.10$，** $p<0.05$，*** $p<0.01$，标准差在国家层面聚类；括号内为 t 统计量。

参考文献

Acemoglu, D. (2006) *An introduction to modern growth theory*, Princeton: Princeton University Press.

Acemoglu, D. and Robinson, J. A. (2006a) *Economic origins of dictatorship and democracy*, Cambridge: Cambridge University Press.

Acemoglu, D. and Robinson, J. A. (2006b) "Economic backwardness in political perspective", *American Political Science Review*, 100: 115 – 31.

Acemoglu, D. and Robinson, J. A. (2012) *Why nations fail: The origins of power, propsperity, and poverty*, Crown Business.

Acemoglu, D., Johnson, S., Robinson, J. A. and Yared, P. (2009) "Reevaluating themodernization hypothesis". *Journal of Monetary Economics*, 56: 1043 – 56.

Acemoglu, D., Naidu, S., Restrepo, P. and Robinson, J. A. (2014) "Democracy doescause growth", NBER Working Paper No. 20004.

Angell, N. (1913 [1911]) *The great illusion: A study of the relation of military power tonational advantage*, London: G. P. Putnam's Sons.

Azariadis, C. and Stachurski, J. (2005) "Poverty traps", in P. Aghion and S. N. Durlauf (eds), *Handbook of economic growth*, Volume 1A, Elseveir.

Barro, R. J. (1997) *Determinants of economic growth*, Cambridge: M. I. T. Press.

Bates, R. H. (2001) *Prosperity & violence: the political economy of development*, New York: W. W. Norton.

Besley, T. and Persson, T. (2011) *Pillars of prosperity*, Princeton: Princeton University-Press.

Bueno de Mesquita, B. , Smith, A. , Siverson, R. and Morrow, J. (2003) *The logic ofpolitical survival*, Cambridge: MIT Press.

Carugati, F. , Ober, J. and Weingast, B. R. (2019) "Is development uniquely modern? Ancient Athens on the doorstep", *Public Choice*, 181 (1 –2): 29 –47 (10. 1007/s11127 –018 –00632 –w).

Collier, P. (2007) *The bottom billion: Why the poorest countries are failing and what can bedone about it*, Oxford: Oxford University Press.

Ekelund, R. B. , Jr. , and Tollison, R. D. (1997) *Politicized economies: Monarchy, monopoly, and mercantilism*, College Station: Texas A&M Press.

Fearon, J. D. (1995) "Rationalist explanations for war", *International Organization*, 49: 379 –414.

Fernandez, R. and Rodrik, D. (1991) "Resistance to Reform: status quo bias in thepresence of individual – specific uncertainty", *American Economic Review*, 91: 1146 –55.

Fisman, R. (2001) "Estimating the value of political connections", *American Economic Review*, 91: 1095 –02.

Gartzke, E. (2007) "The capitalist peace", *American Journal of Political Science*, 51: 166 –91.

Gerring, J. , Bond, P. , Barndt, W. and Moreno, C. (2005) "Democracy and economicgrowth: A historical perspective", *World Politics*, 57 (3): 323 –64.

Goemans, H. , Gleditsch, K. and Chiozza, G. (2009) "Introducing *Archigos*: a data set of political leaders", *Journal of Peace Research*, 46: 269 –83.

Grossman, G. M. and Helpman, E. (2001) *Special interest politics*, Cambridge, MA: M. I. T. Press.

Harrington, J. (1992 [1656]) *The Commonwealth of Oceana*, Cambridge: Cambridge University Press.

Hidalgo, C. and Hausmann, R. (2009) "The building blocks of economic complexity", *Proceedings of the National Academy of Science*, 106 (26): 10570 –75.

Hirschman, A. O. (1997 [1977]) *The passions and the interests*, Princeton: Princeton University Press.

Jha, S. (2013) "Trade, institutions and ethnic tolerance: evidence from South Asia", *American Political Science Review*, 107 (4): 806 –32.

Kant, I. (1957 [1795]) *Perpetual peace*, New York: Liberal Arts Press.

Kremer, M. (1993) "The O-ring theory of economic development", *Quarterly Journalof Economics*, 108 (3): 551 –75.

Lipset, M. S (1959) "Some social requisites of democracy: Economic developmentand political legitimacy", *American Political Science Review*, 53 (March): 69 –105.

Londregan, J. B. and Poole, K. T. (1990) "Poverty, the coup trap, and the seizure ofexecutive power", *World Politics*, 32: 151 –83.

Marshall, M. G. and Marshall, D. R. (2014) "Coup d'état events, 1946 – 2013, Codebook", www. systemicpeace. org.

Montesquieu, C. de Secondat (1989 [1748]) *Spirit of the laws.* Cambridge: Cambridge University Press.

Mobarak, A. (2005) "Democracy, volatility and economic development", *Review of Economics and Statistics*, 87 (2): 348 – 61.

Moore, B. (1966) *The social origins of dictatorship and democracy: Lord and peasant in the making of the modern world*, Boston: Beacon Press.

North, D. C. (1981) *Structure and change in economic history*, New York: W. W. Norton.

North, D. C., Wallis, J. J. andWeingast, B. R. (2009) *Violence and social orders: Aconceptual framework for understanding recorded human history*, Cambridge: CambridgeUniversity Press.

Papaioannou, E. and Siourounis, G. (2008) "Democratization and growth", *Economic Journal*, 118 (October): 1520 – 51.

Persson, T. and Tabellini, G. (2009) "Democracy and development: The devil in thedetails", *American Economic Review*, 96 (2): 319 – 24.

Pierson, P. (2000) "Increasing returns, path dependence and the study ofpolitics", *American Political Science Review*, 94 (2): 251 – 67.

Pinker, S. (2011) *The better angels of our nature*, New York: Viking.

Powell, R. (1999) *In the shadow of power: States and strategies in international politics.* Princeton: Princeton University Press.

Przeworski, A. and Limongi, F. (1993) "Political regimes and economic growth", *Journal of Economic Perspectives*, 7 (Summer): 51 – 69.

Przeworski, A. (2013) "Data", https://sites.google.com/a/nyu.edu/adam – przeworski/home/data.

Rodrik, D. (1999) "Where did all the growth go? External shocks, social conflict and growth collapses", *Journal of Economic Growth*, 4: 385 – 412.

Sachs, J. D. (2005) *The end of poverty: Economic possibilities for our time*, New York: Penguin-Random House.

Steuart, J. (1966 [1767]) *Inquiry into the principles of political economy*, Volume I. Chicago: Chicago University Press.

Weede, E. (1996) *Economic development, social order, and world politics*, Boulder, CO: Lynne Rienner.

政策评论

Policy Review

Comparative

反思低利率时代的财政政策

詹森·福尔曼　劳伦斯·萨默斯

尽管政府债务大规模增加，上一代人却见证了美国以及世界范围内实际利率的大幅度下降。如表 1 所示，即使参考历史标准预测的政府债务从极低水平上升至极高水平，但从 2000 年到 2020 年初，美国 10 年期指数债券的收益率也下降了 4 个百分点以上。实际上，我们在其他期限的债券和其他工业化国家也能观察到类似的情形。市场数据表明，虽然政府债务不断增长，但新冠疫情危机仍然压低了实际利率水平，其原因可能是不平等程度的上升、不确定性的增加以及信息技术的应用。

本文认为，尽管未来是不可预知的，我们无法彻底厘清实际利率下降的原因，但可以肯定的是，实际利率下降反映了经济的结构性变化，这一变化要求我们更广泛地改变对财政政策和宏观经济政策的思考，如同 20 世纪 70 年代出现通胀之后我们对此的深入思考一样。根据布兰查德和萨默斯（Blanchard and Summers，2019）提出的二分法，我们认为越来越多的证据表明这一变化是革

* Jason Furman，哈佛大学肯尼迪学院和哈佛大学经济系的经济政策实践教授，彼得森国际经济研究所客座高级研究员。Lawrence Summers，哈佛大学 Charles W. Eliot 讲席教授，哈佛大学荣休校长。本文原文为讨论稿。——编者注

** 作者感谢 Wilson Powell III 杰出的助研工作以及 Joseph Kupferberg 的帮助。众多学者多年来就这些主题与我们进行的大量讨论使我们受益匪浅，Wendy Edelberg、Richard Kogan 以及 Brian Sack 为本文提供了部分资料，在此一并致谢。

命性的，而不是渐进的。

表1　美国过高的债务水平与过低的利率水平

	2000	2020
债务/GDP比率（10年预测值）	6%	109%
实际利率水平	4.3%	-0.1%

注：债务/GDP比率来自国会预算办公室（Congressional Budget Office）的10年期预测，例如，根据2019年6月发布的《其他财政情景》（Alternative Fiscal Scenario）中的2020年预测值预测2030年的债务/GDP比率。实际利率基于2000年1月至2020年2月的10年期美国通胀保值国债（Treasury Inflation Protected Securities，TIPS）的收益率计算。

资料来源：Congressional Budget Office（2000，2019b）；Department of the Treasury；作者的计算。

本文的分析从观察实际利率的下降趋势开始。我们注意到，随着预算赤字和政府债务的不断增加、社会保障支出的扩张以及资本利得税的大幅下降，如果私人部门的行为模式保持不变，那么我们有理由预期实际利率会上升。我们认为，预期寿命延长，不确定性上升，不平等程度加剧，由人口变化、经济分众化（demassification）以及企业行为变化导致的资本需求下降等因素，均对储蓄供给造成了影响，进而导致实际利率下降。正如斯坦斯布里和萨默斯（Stansbury and Summers，2020）暗示的那样，由于利率敏感性支出占GDP的比重下降导致支出对利率的敏感度下降，以及其他因素的共同作用，实际利率下降的趋势有所加剧。但我们认为，中性实际利率（neutral real rate）既有可能下降到低于新冠疫情暴发之前的水平，也可能上升到更高的水平。最后，我们考虑了货币政策、资产供给以及风险溢价等因素的变化对长期实际利率的影响，但这些很可能是次要原因。无论如何，不管导致实际利率下降的原因究竟是什么，它们对利率下降的财政政策含义都不会有太大的影响。

接下来我们分析低利率水平的三个财政政策含义。

第一，虽然货币政策能够发挥维护金融体系稳定的作用，但在推动经济增长方面却无能为力，只能起到“推绳子”（pushing on a string）的作用，在此情况下，财政政策必须在稳定经济中发挥关键作用。在可预见的未来，为应对美国经济衰退必须将利率降低大约600个基点，但这是行不通的。受到零利率下限的约束，进一步降低利率的空间非常有限，同时较低的利率水平可能无法有效刺激需求，这导致过度受限的财政政策可能难以实现充分就业的目标。即使在给定的财政政策下可以实现充分就业，极低的利率也可能导致过高的杠杆率，进而威胁金融体系的稳定。显然，上述观点背离了上一代的正统观点，这些观点向我们展现了如下可能性：当财政扩张导致的 GDP 增长超过债务和利息支付的增长时，财政的可持续性得到了改善，进而导致各国不再受到财政空间的限制。这些观点还意味着，决策者还有更多的工作要做，包括：改进自动衰退保险机制（automatic recession insurance）；探索利用财政政策刺激需求但不增加赤字的方法，例如平衡预算乘数，或者更累进的财政政策（progressive fiscal policy），或者扩张社会保障。

第二，我们重新审视了关于债务和赤字危害的传统观点。我们注意到，在经济中存在闲置产能，且利率水平和资本成本都非常低的情况下，合意的私人投资会被财政政策“挤出”，二三十年前的这种担忧如今已经越来越少。我们认为，用债务/GDP 比率这一指标衡量财政的可持续性具有误导性，这一指标没有反映出如下事实：随着利率的下降，GDP 的现值将会上升，而债务成本则会下降。相反，我们认为债务存量与 GDP 现值的比率，或利息流量与 GDP 流量的比率等指标是更恰当的度量方法。此外，在当前和预期的利率水平下，依据历史标准，未来 10 年的名义和实际联邦债务偿付水平可能都比较低，尤其是当我们考虑到美联储向财政部支付的利息，以及联邦金融资产的利息收入时，债务偿付水平会更低。此外，相对于 GDP 现值或预期税收收入，当前的债务水平也处于较低水平而不是较高水平。30 年前制定马斯特里赫特标准（Maastricht criteria）时的逻辑并不能让我们得出当前或 10 年后美国债务水平过高，或大多数欧洲国家债务水平过高的结论。尽管目前的预测确实引发了人们对 2030 年以后财政状况的担忧，而且还存在着巨大的不确定性，但我们也注意到，如果对美国的社会保障和医疗保险进行必要的改革，那么上述问题大多将迎刃而解。

第三，我们可以从如何使用资金的角度考虑债务问题。值得强调的一点是，有关家庭和企业的传统财务责任（financial responsibility）观念认为，通过借贷投资于那些回报率远超过借贷成本的资产，会提高借款人的信誉，并使未来的利益相关者受益，例如，一个家庭通过购买住房而不是租房来积累资产，或者一家企业拥有而不是出租总部大楼。从近期有关多个联邦支出计划的动态计分效应（dynamic scoring effects）的研究成果看，我们认为在恰当的假设下，以借款的方式为合理的联邦支出融资在联邦预算期限内可以收回成本。

最后，我们思考了美国财政政策的实施准则。首先，我们拒绝周期性平衡预算的传统观点，其原因是平衡预算可能会导致经济增长乏力以及过度的金融动荡。其次，我们认为财政政策应实现促进经济增长和金融稳定的目标。为了实现上述目标，政府对经济衰退要做出积极反应，同时要扩大和改善公共投资。此外，我们提出了一种新的财政政策导向，建议财政政策应侧重于支持经济增长，同时防止未来10年内的实际债务偿付规模迅速上升或超过GDP的2%。我们还提出了其他三项准则，这些准则与我们提出的目标是一致的：（1）实施无收益要求的大规模紧急支出，以应对经济下滑；（2）对长期项目的财政支持应有收益要求，但以现值计算有可能收回成本的项目除外；（3）重塑政府机构使之效率更高，并对需求侧提供更大支持。

利率出人意料地下降且可能长期持续

过去30多年来全球经济发展中一个异乎寻常的现象是全球实际利率的持续大幅度下降。如图1所示，实际利率大幅下降不仅是七国集团（以下简称G7）所有经济体的一个特征，而且更广泛地，也是其他工业化国家的普遍特征。早在2008年金融危机爆发之前，长期实际利率下降的趋势就已经十分明显，而且自危机基本得到解决以后仍在继续。长期实际利率和短期实际利率同样出现了明显的下降趋势，这一情况已经持续了30多年，与之相伴的是稳定或略微下降的通胀率和通胀预期，这意味着实际利率的持续下降是一种实际现象而非货币现象。① 如图2所示，尽管长期经济预测大体上显示经济增长将因人口老龄化而逐渐放缓，但这些预测完全没有预料到实际利率的大幅下降。

联邦公开市场委员会（Federal Open Market Committee，以下简称FOMC）和部分经济学家对“中性实际利率”的估计也已降至较低水平。如图3所示，FOMC对中性实际利率的预测值等于长期联邦基金利率与通胀预测值之差，目前这一预测值处于历史最低点，较8年前的1.95%下降了0.2%。根据阿罗诺维奇和梅尔德伦（Aronovich and Meldrum，2020）提供的最新估计以及对当前宏观模型研究成果的汇总，实际利率仍呈下行趋势，而且已经非常接近于零。这些估计值都大大超过了市场利率水平。当前，10年远期联邦基金利率为1.4%，10年远期通胀率为2.2%，这意味着10年后的实际联邦基金利率为

① 在20世纪40年代和50年代，实际利率也曾经为负值或处于较低水平（Council of Economic Advisers，2015）。这可能主要与金融抑制、债务下降、较高的资本税率、缺乏健全的社会保障等因素导致的高储蓄率有关。

-0.8%。

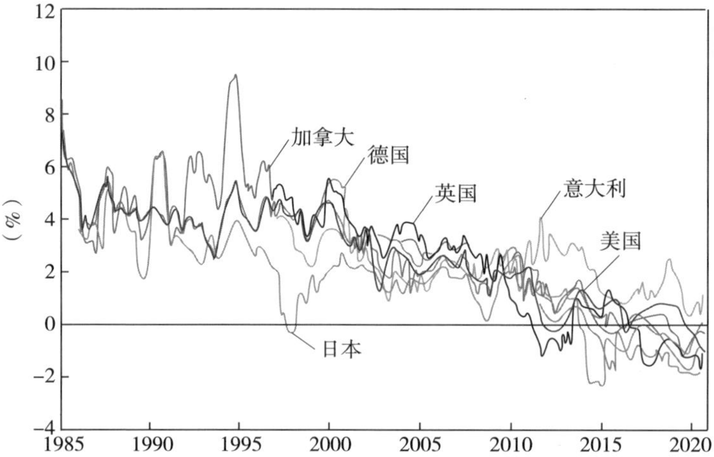

图1　10年期债券的实际基准利率

注：通胀率是基于核心消费者价格指数（对美国而言是核心个人消费支出）的年变化率计算的。

资料来源：Bank of Canada，Statistics Canada，Eurostat，Japanese Statitistics Bureau，U. S. Bureau of Economic Analysis，Macrobond，以及作者的计算。

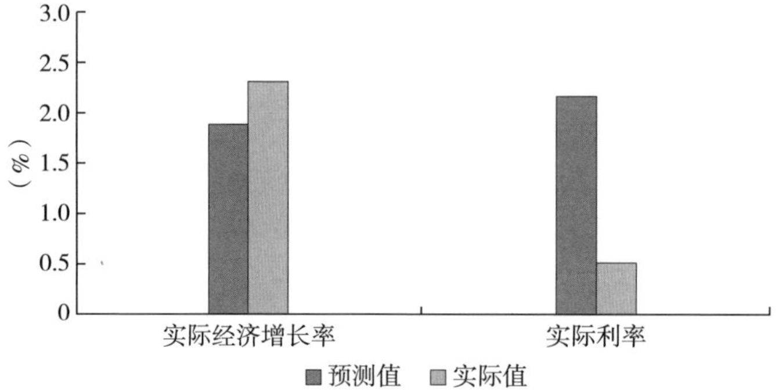

图2　1989年社会保障信托基金对2019年经济增长率和利率的预测及其实际值

注：实际利率是根据名义利率的预测值与实际值和消费者物价指数的预测值与实际值计算得出的。

资料来源：The Board of Trustees，Federal Old-Age and Survivors Insurance and Disability Insurance Trust Funds（1989，2020），以及作者的计算。

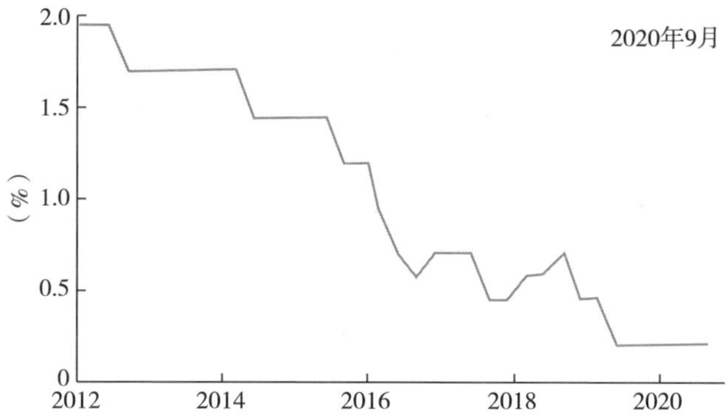

图 3　联邦公开市场委员会对长期实际联邦基金利率的中值预测

注：预期的长期实际联邦基金利率等于预期的长期联邦基金利率减去经 CPI 通胀的历史差异调整后的长期 PCE（个人消费支出）预期通胀率。

资料来源：Federal Reserve Bank of St. Louis，Bureau of Labor Statistics，Bureau of Economic Analysis，Macrobond，以及作者的计算。

我们预计长期实际利率将继续保持负值。5 年远期的 5 年期指数化债券的实际利率目前为 0.5%，10 年远期的 10 年期债券的预期实际利率为 -0.1%。由于上述估计没有考虑到市场上通常存在的期限溢价或流动性溢价，因此更有可能高估未来的实际短期利率。直观地说，除非美联储采取抵消性措施，否则预期通胀率上升至当前目标水平将导致实际利率下降，与其他工业化国家的趋同也将导致美国实际利率的下降。

即使公共债务水平不断上升，利率水平仍然下降。从美国的情况看，以 2000 年 1 月十年期通胀保值国债的收益率衡量，10 年期国债的实际利率为 4.3%，当时人们普遍预期在未来 10 年全部联邦债务基本上得到偿付，如上文表 1 所示。2020 年 2 月，美国经济处于类似的周期性状态，但在接下来的 10 年中，债务将上升至 GDP 的 100% 以上（新冠疫情暴发前的预测），与此同时十年期通胀保值国债利率将下降至 -0.1%。

为了分析实际利率下降的原因，我们必须首先认识到，与实际利率相关性最高的那些因素，如政府的财政状况、社会保障支出的扩张、税后资本利润率的变化等，都发挥着重要作用。这些因素意味着，对工业化国家而言，在其他条件不变的情况下，中性实际利率本应下降约 700 个基点（Rachel and Summers，2019）。这表明私人经济结构发生了重大变化。雷切尔和萨默斯（Rachel and Summers，2019）对其中一些因素的作用进行了初步分解，如图 4 所示。

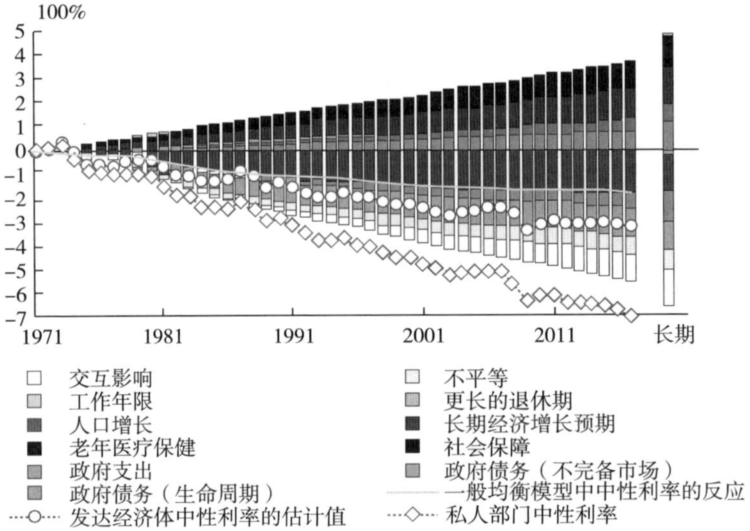

图4　政策、人口和技术变化对均衡实际利率的影响

资料来源：Rachel and Summers（2019）。

目前我们看到的是，无论是基于金融危机还是基于货币政策选择或全球因素的解释，都不能合理地说明实际利率的下降。例如，实际利率的下降趋势在金融危机爆发之前就已经出现，而且在金融市场恢复正常之后继续下降。以加拿大为例，金融危机对加拿大造成的影响并不严重，金融机构也较为健康，但实际利率仍然出现了下降。

通常，对于货币政策能否在长期影响实际利率水平，经济学家是持怀疑态度的。异常宽松的货币政策经常体现为名义 GDP 的快速增长，但实际 GDP 增长率一直低于预期水平。如果将货币政策视为实际利率下降的主要驱动力，那么人们可能会预期短期实际利率的大幅下降和长期实际利率的小幅下降，但在现实中我们并没有观察到上述趋势。

雷切尔和萨默斯（2019）分析了全球因素对实际利率的影响。从工业化国家的整体情况看，经常账户的波动幅度很小。2005 年，伯南克以著名的“储蓄过剩论”（savings glut）解释美国实际利率下降的原因（Bernanke，2005），当时美国出现了巨额经常账户赤字，虽然美国的实际利率持续下降，但在随后的 10 年中经常账户赤字规模还是下降了大约 50%。

现有证据表明，储蓄倾向和投资倾向的结构性变化乃是实际利率下降的主要原因。正如萨默斯（2014）所说，导致私人储蓄上升的因素包括更长的退休期、不平等程度加剧以及不确定性上升。导致私人投资下降的因素包括劳动力增长放缓、资本使用效率不断提高（如 Uber 和 Airbnb 等企业的作用）、信息技术进步大大降低了对大规模资本投资的需求（如律师事务所的每位律师平均而言只需要更小的办公空间），资本品的相对价格大幅下降等。此外，企业市场势力的增强，以及企业向股东支付现金股利的压力加大，也可能导致投资的下降。

对实际利率偏低且持续下降的另一种解释则关注资产相对供给变化导致的风险溢价变化，例如卡瓦列罗等人（Caballero、Farhi and Gourinchas，2017）就是从这个角度论证的。不过，雷切尔和萨默斯（2019）对上述思路的重要性提出了质疑，并认为除政府债务之外的风险债务、房地产和股票等资产的必要回报率基本上与政府债务收益率是同步变化的。他们还提到了安全资产理论存在的其他问题，包括负的掉期利差和近年来政府债务供给的不断增加。另一种观点是，低利率反映了政府债务风险特征的变化，即从风险来源转变为风险对冲（Campbell、Sunderam and Viceira，2017），但短期利率的下降幅度（Beta 值为零）与长期利率的下降幅度是一致的，因此这种观点的解释力也非常有限。

总之，无论导致低利率的确切原因是什么，都不会影响我们对财政政策的分析，只是在某种程度上解释了利率下降趋势的持续性。无论何种原因导致了利率下降，其重要后果都是限制了货币政策刺激需求和降低借贷成本的能力。

利率下降有三个重要含义：（1）由于货币政策稳定经济增长和金融体系的能力有限，此时财政政策必须发挥关键作用；（2）不能用传统的债务/GDP 比率衡量财政的可持续性，而应该用名义或实际利息支付占 GDP 的比重来衡量；（3）许多公共投资项目都能收回或接近收回成本，而不投资这些项目的风险要大于小规模削减赤字的风险。下文将依次讨论这三个含义。

含义 1：面对低利率现状，实施积极财政政策对实现充分就业和维持金融市场稳定至关重要

过去半个世纪以来的传统思想认为，货币政策的主要职能是稳定总需求和确保低通胀。这是支持有特定目标的中央银行保持独立性的基本经济理论。相比之下，当经济出现重大危机时，应当通过自动稳定器和相机抉择的刺激计划发挥财政政策的重要作用。财政政策主要通过改善微观经济效率、公平和平

等，以及在避免“挤出”的前提下提高私人投资意愿。

如果货币政策难以发挥稳定经济或确保实现通胀目标的作用，上述思想就变得不合时宜。我们认为，只要利率继续保持在当前和预期水平附近，那么货币政策就难以发挥作用。此外，紧缩性财政政策会导致利率下降，进而导致杠杆率上升和资产价格泡沫，并最终危及金融体系稳定，这样的风险也确实存在。

低利率带来的挑战

过低的均衡利率带来的第一个重要挑战就是对货币政策的约束。戴维·赖夫施奈德和约翰·威廉姆斯（David Reifschneider and John Williams）在2000年发表了一篇重要论文，预测联邦基金利率在5%的时间内将处于零下限。实际上，自该论文发表以来，联邦基金利率在38%的时间内都处于零下限。自2008年金融危机爆发以来，这一比例进一步上升到59%。在我们撰写本文之时，期权市场的情况表明，与当前的情况类似，5年后的名义利率有72%的可能性为零甚至为负。如图5所示，在最近几十年的大部分时间中，其他主要经济体（尤其是日本）的利率也一直处于有效下限水平（通常为负）。

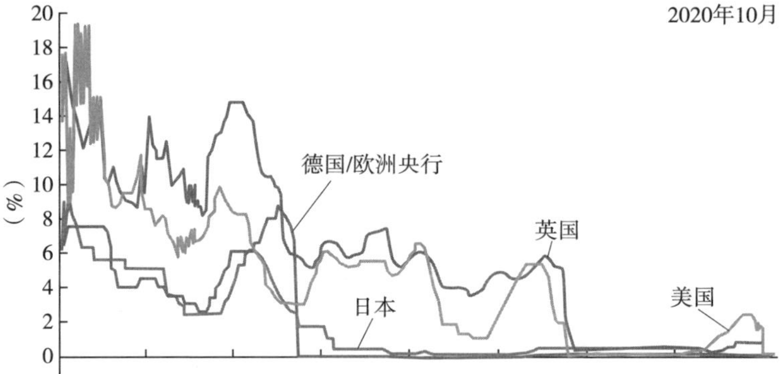

图5　中行政策利率

资料来源：European Central Bank，Bank of Japan，Bank of England，Federal Reserve，Macrobond，以及作者的计算。

从美国的情况看，在新冠疫情暴发之前的九次衰退中，政策利率平均降低了630个基点。即使长期名义联邦基金利率达到联邦公开市场委员会预期的

2.5%，市场也对此表示怀疑，与应对过去的衰退相比，如果允许利率下降到零以下，那么以货币政策应对未来经济衰退的空间也会大大缩小。从欧洲中央银行和日本银行的情况看，其应对未来经济衰退的空间可能会更小，事实上，它们都无法降息以应对当前的衰退，因为利率已经处于有效下限水平。尽管可以通过量化宽松政策、前瞻性指引（forward guidance）甚至收益率曲线控制等措施进一步降低利率水平，但此类措施的唯一作用就是导致期限溢价下降。鉴于当前利率水平已经很低，上述措施不太可能提高货币政策的效力。10 年期国债利率为零时投资水平能提高多少？10 年期国债利率为 1% 时投资水平又会降低多少？

如果不采取更为积极的财政政策弥补货币政策的无效性，那后果便是时间更长或程度更严重的经济衰退。此外，我们至少有理由认为，经济衰退会产生滞后效应，并通过影响劳动力市场以及随之而来的生产率下降影响潜在产出（Adler，2017；Oreopoulos、von Watcher and Heisz，2012；Yagan，2019；DeLong and Summers，1988）。

一个反事实例子可以告诉我们根据稳定总需求的目标制定财政政策的重要性。2010 年，财政责任和改革国家委员会［通常被称为鲍尔斯－辛普森（Bowles-Simpson）委员会］建议推动平衡预算，尽管当时关于这一建议的具体内容存在诸多争议，但对预算平衡这一目标的利弊却鲜有争议。按照鲍尔斯－辛普森计划，在 10 年内平均每年财政紧缩的规模要达到 GDP 的 4% 左右。鉴于在大部分时间里失业率都超过可持续的非加速通胀失业率（NAIRU），这将对总需求产生不利影响。在这 10 年中的 5 年里，联邦基金利率一直处于下限水平，并且从未超过 2.5%。因此，让利率保持在较低水平，以此在一定程度上抵消财政紧缩导致的总需求下降，这种观点是全然没有道理的。更有可能出现的结果只能是经济增长更加疲软，通胀率进一步低于目标水平。

当然，上面只是我们的一个假想例子。如果经济真的随之出现严重衰退，那么政府必定会实施财政政策。问题的关键是，在当前的经济环境下，财政政策必须以维持充分就业为目标。

第二个重要挑战与金融体系的稳定性有关。较低的利率往往诱导投资者购买风险更高的资产，提高杠杆率水平，随着追求高收益的投资活动增加，资产价格泡沫就会出现；低利率还将导致银行资本下降，但银行无法像降低贷款利率那样降低存款利率（如 Borio、Gambacorta and Hoffman，2015；Dell' Ariccia、

Laeven and Suarez，2017）。当利率处于下限时，购买资产成为中央银行支持经济增长的一种常见政策工具，但此时中央银行的资产购买行为可能会恶化上述情况（Bernanke，2020）。

最后，过低的利率水平不仅使经济衰退期间的逆周期政策变得更为复杂，还可能使长期需求不足，进而导致经济即使没有衰退也无法实现正常增长。美国在2018—2019年的经历证实了上述观点。2018年和2019年是美国经济持续增长的第九年和第十年，在此期间出现了连续数月的就业增长，创造了新的就业纪录，失业率也处于相对较低水平。然而，这两年的宏观经济政策立场是与一场从中度发展至重度的衰退联系在一起的，如图6所示。2018年和2019年的财政政策刺激力度要大于自20世纪60年代以来大多数衰退年份的刺激力度，同时利率被下调至更低水平。正是这种公共政策支持而非私人需求的作用帮助美国经济以2.6%的速度增长。此外，即使采取了非常规的货币和财政刺激手段，美国的通胀率仍低于美联储设定的2%的目标。

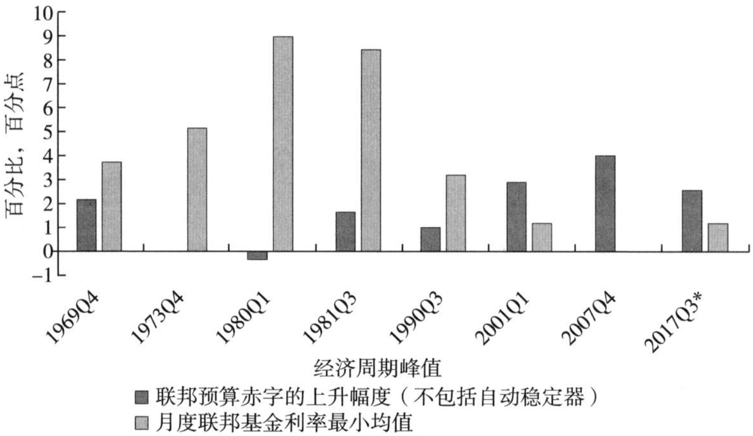

图6　经济周期峰值过后宽松的货币和财政政策

注：联邦预算赤字基于经济峰值后的8个季度计算；从高峰期到高峰期结束后的24个月内，联邦基金利率最低。Q表示季度。

资料来源：Congressional Budget Office（2020c），Federal Reserve，Macrobond，以及作者的计算。

较低的均衡利率清晰地表明，经济将会陷入流动性陷阱，此时只有现实中不会出现的负利率能够让储蓄和投资实现均衡，这种情况在未来的经济衰退中将更加常见。2018—2019年的经历向我们展现了一种可能性：流动性陷阱不仅有可能出现在经济衰退期间，即使在经济正常增长和任何大于零的名义利率水平下，都可能出现可贷资金需求小于可贷资金供给的情况，此时经济增长停滞就可能成为一个长期问题。

对所有的主要发达经济体而言，目前中央银行制定的政策利率都为零或接近于零，此时货币政策几乎没有任何余地来刺激需求增加或快速缩小产出缺口。

低利率意味着各国必须采取财政扩张政策

人们对政府在经济低迷时期实施扩张性财政政策的主要担忧是，这将导致政府债务难以为继，尤其是对债务水平较高的国家来说，可能根本无力实施扩张性财政政策。这种担忧缺乏依据。至少各国经济总会在一定时间之后恢复到正常增长状态，推动税收增加或支出减少，进而使政府债务恢复到理想状态。更重要的是，一国甚至并不需要经历上述过程，因为当产出的提高超过债务的增加时，一国的财政可持续性就自然能够实现，其债务/GDP 比率也将因此下降。①

国际货币基金组织（IMF）和经合组织（OECD）等机构近期的一系列学术研究表明，在经济增长低迷的国家实施扩张性财政政策可以降低债务/GDP 比率。德龙和萨默斯（DeLong and Summers，2012）的研究表明，扩张性财政政策可以使 GDP 增长超过债务增长，进而导致债务/GDP 比率下降，但有短期时滞。上述观点得到了奥尔巴赫和格罗德尼申科（Auerbach and Gorodnichenko，2017）的经验研究的支持，基于发达经济体的面板数据，他们在模型中引入了不同类型的财政冲击变量，并发现“在经济增长低迷的国家，实施财政刺激政策可能有助于提高财政的可持续性（以债务/GDP 比率和信用违约掉期利差度量）”。

大多数宏观经济模型都具有以下特征：对利率处于零下限的萧条经济体而言，财政扩张措施可以提高财政的可持续性。利用国家研究所的全球经济计量模型（National Institute's Global Econometric Model，NiGEM）和财政模型（Fiscal Maquette，FM），经合组织（2016）的研究表明，增加公共投资降低了大多数发达经济体的债务/GDP 比率。国际货币基金组织在有关需求政策的研

① 在下一节中我们将讨论债务/GDP 比率这一指标的局限性，此处我们使用该指标进行分析是因为它是本文所引文献的分析基础。

究中得到了类似的结果（Gaspar、Obstfeld and Sahay，2016）。基于美联储经济学家构建的 FRB-US 模型，鲍尔、德龙和萨默斯（Ball、Delong and Summers，2017）发现，财政刺激措施的规模每增加 1 个百分点，20 年后债务/GDP 比率就会下降 2.2 个百分点，如图 7 所示。

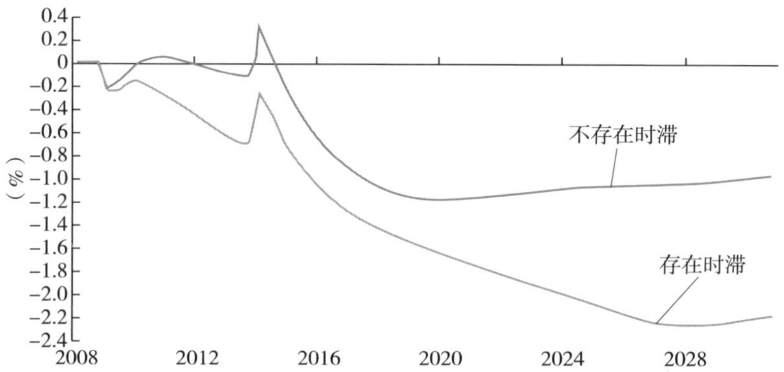

图 7　政府购买增加的规模为 GDP 的 1%时对债务/GDP 比率的影响

资料来源：Ball、DeLong and Summers（2017）。

奥尔巴赫和格罗德尼申科（2017）发现，当债务处于较高水平时，其分析结果仍然成立，这一发现回应了 OECD 模型的结果，即没有证据表明债务水平与财政政策可持续性之间存在任何关系。一般而言，一国的债务水平越高，增长率和利率之间的差异对其财政状况的影响就越大，同时刺激政策的成本对债务动态变化的影响就越小，如标准的债务动态方程式所示：

$$\left(\frac{Debt}{GDP}\right)_t - \left(\frac{Debt}{GDP}\right)_{t-1} \approx (r_t - g_t)\left(\frac{Debt}{GDP}\right)_{t-1} + \left(\frac{Primary\ Deficit}{GDP}\right)_t$$

其中，Debt 为债务，r 为实际利率，g 为实际 GDP 增长率，基本赤字（*Primary Deficit*）为非利息支出和税收之间的差额。如果财政刺激政策在导致利率上升的同时可以在更大程度上提高经济增长率，那么与低债务经济体相比，财政刺激政策对高债务经济体的债务动态将产生更显著的有利影响。

对于利率处于有效下限的萧条经济体而言，是否实施财政扩张政策，并不取决于债务/GDP 比率能否下降。即使债务/GDP 比率没有下降，财政扩张政策也很容易通过成本收益检验，尤其是当我们考虑到财政政策的动态成本小于静态成本，有时候甚至是负值，那么财政扩张政策的净收益将会更大。

自动衰退保险的重要性

随着货币政策的作用在当前的情况下越来越受限，政府不仅需要实施相机抉择型财政政策，同时还需要进一步完善自动稳定器，尤其是对美国等自动稳定器薄弱的国家来说更是如此。自动稳定器指的是当经济增长乏力时能够自动发挥作用的支出增加或减税。例如，当失业率上升时，劳动税支付（labor tax payments）自动下降而失业保险金会自动上升。如图 8 所示，自动稳定器的规模通常与政府规模有关。但从过去一段经济疲软期的情况看，一些自动稳定器规模较大的欧洲国家在实施相机抉择型财政紧缩政策的同时，会取消这些机制。

扩大自动稳定器规模的一种方法是同时增加税收和扩张社会福利。另一种方法是当出现特定的宏观经济事件（如失业率上升到一定水平以上）时，触发额外的援助机制（Boushey、Nunn and Shambaugh，2019）。这种自动衰退保险包括：国家向经济低迷地区的地方政府提供转移支付，提高失业保险金，或提供其他转移支付，例如营养援助计划，甚至全民现金转移支付。

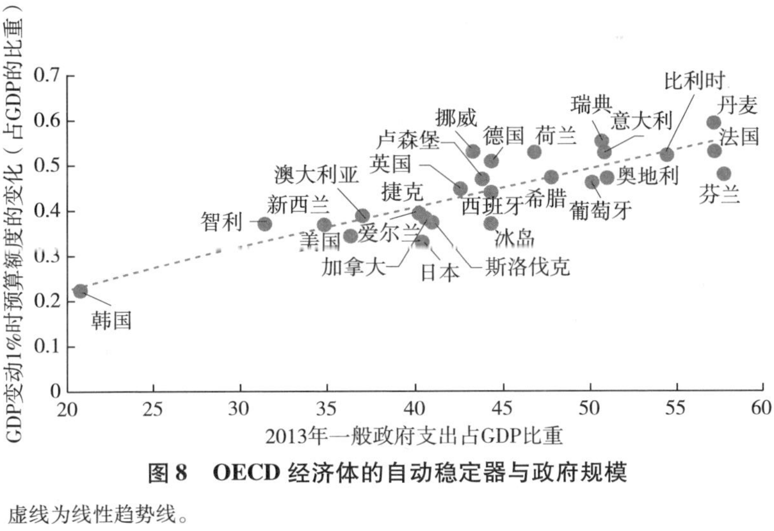

图 8　OECD 经济体的自动稳定器与政府规模

注：虚线为线性趋势线。

资料来源：International Monetary Fund（2015）。

制定更多的自动或有政策（automatic contingent policies）有如下四个理由：第一，这类政策可以克服政治因素对相机抉择型财政政策的限制，例如因认识时滞或政治辩论导致政策实施不及时，或者由于政治体制自身惰于变革而导致政策过早退出，从而减轻经济衰退的程度，加速经济复苏；第二，可以因地制宜实施自动或有政策。例如，以州政府或其他地方政府的特定经济措施为基础，在急需援助的环节提供最大支持，如应对地区性的经济衰退；第三，这些政策通常具有微观经济意义。例如，失业保险的最优水平取决于失业率水平，因为当失业率上升时，失业保险降低人们求职意愿的道德风险问题将趋于消失，而平滑消费的重要性将上升（Baily，1978；Chetty，2008）；最后，这些政策可能有利于其他重要事项的落实，例如，向州和地方政府提供援助可以防止教育经费的减少（Fiedler、Furman and Powell，2019）。

以中性预算的方式推动总需求进一步增加

虽然存在着大量赤字，但世界各国的利率基本上都处于下限水平，在这种情况下，实现充分就业需要的不仅仅是货币政策，这一点毋庸置疑。然而，一个值得我们担忧的问题是，如果扩张性财政政策导致了债务的过度积累，那么财政政策就难以持续。我们已经指出，扩张性财政政策实际上可以通过刺激经济增长和增加税收来降低债务/GDP 比率。还有另一个关键是财政政策有可能在不增加赤字或不提高政府债务水平的情况下实现刺激需求的目标。

首先，财政政策可以利用平衡预算乘数的优势，这是因为随着时间的推移，支出乘数要比税收乘数更大（Haavelmo，1945）。其原因在于，支出增加 1 美元，对应于需求提高 1 美元，而税收是以作为储蓄的资金来支付的，尤其是在强累进增税的情况下。一个合理的估计是，通过向高收入家庭征税来融资的支出对经济的刺激作用至少是债务融资型支出的一半。

其次，财政政策可以朝着更累进的方向变革。导致利率下降的原因之一是不平等程度的不断上升，这给储蓄倾向更高的高收入家庭带来了更多的收入。在任何给定的利率水平下，试图降低不平等程度都会导致国民净储蓄的下降，而净储蓄的下降通常被视为不利于经济增长，但在当前的情况下净储蓄的下降却是受人欢迎的（Koo and Song，2016）。请注意，一般来说，规模较大的政府通常乐于采取累进的财政政策，因此第一条和第二条建议是关联在一起的。

最后，对退休、医疗保健、大学教育以及其他大规模但不确定的需求提供公共支持，可以减少生命周期储蓄和预防性储蓄，从而刺激了消费需求。凯恩斯在二战期间访问美国时指出，当时刚刚建立起来的社会保障制度的一个重要优点就是有利于稳定需求水平。在任何情况下都能以现收现付（pay-as-you-go）的方式扩大公共支持，不会改变短期或长期赤字水平。

含义 2：低利率使衡量国家财政状况的新指标成为必要

政策制定者通常用债务/GDP 比率衡量国家的财政状况，并使之体现在财政政策的实施规则中。近期世界各国的债务/GDP 比率上升引起了部分人的担忧，如 G7 国家的债务/GDP 比率已经超过 100%（表 2）。

表 2　2020 年 G7 国家一般政府净债务/GDP 比率

国别	政府净债务/GDP 比率
加拿大	46
法国	110
德国	54
意大利	149
日本	177
英国	98
美国	107
G7	110

注：美国政府债务包括联邦政府和地方政府债务。

资料来源：IMF，Macrobond。

债务水平一直是公共政策的一项重要指标，但利率不断下降导致该指标出现了一定的问题。例如，1992 年的《马斯特里赫特条约》将欧元区国家的债务/GDP 比率上限设定为 60%。当时 10 年期德国债券的名义利率为 7.8%，实际利率约为 5%。2019 年，德国 10 年期债券的名义利率下降至 -0.2%，实际利率约为 -2%。按照 1992 年的利率水平计算，一个债务/GDP 比率为 60% 的国家需要支付的利息大约相当于 GDP 的 5%。今天，对债务/GDP 比率为 177% 的日本来说，政府需要支付的利息大约相当于其 GDP 的 0.2%，而债务/GDP比率为 107% 的美国需要支付的利息大约相当于其 GDP 的 2.0%，对上述两国来说，经通胀调整后的实际利率为负或接近于零。如果说 1992 年时将债务/GDP 比率的上限设定为 60% 是合理的，那么今天的情况则截然不同。相反，现在设定高于 60% 的债务上限是更合理的选择。这个例子生动地说明债务/GDP 比率这一指标为何存在缺陷，此时应该用其他替代性指标衡量国家的财政状况。重要的一点是，其他度量指标表明，随着与低利率水平有关的债务可持续性得到提高，债务规模增长问题就显得不那么重要，因此，当前政府的财政状况要好于几十年前的情况。

不再采用债务/GDP 比率是更广泛地重新评估财政状况的一部分，因为在经济增长率通常超过利率水平且很可能在未来继续保持这种趋势的经济体中，当前的债务和赤字状况就不再那么重要（Elmendorf and Sheiner，2017；Blanchard，2019；Furman，2016；DeLong and Summers，2012）。

债务/GDP 比率这个指标存在三个缺陷，导致它在衡量一国财政状况时具有一定的误导性，这三个缺陷分别是：

> 1. 这一指标忽略了随时间推移债务可以逐步得到偿还的事实。债务是一种存量（某个特定时点的估计量，不需要立即偿还），而 GDP 是流量（基于离散时间段进行计算）。存量对存量视角比较的是债务和未来无限期 GDP 的现值。当利率水平较低时，未来 GDP 的现值会更高，因此随着时间的流逝，债务也将更加可控。
>
> 2. 这一指标忽略了利率的作用。实际上，当实际利率水平较低时，既定债务规模的成本更低。存量对存量视角需要测算无限期 GDP 的现值，这一测算是高度推测性的，因为它要求我们知道无限期内的经济增长率和利率水平。相比之下，流量对流量视角比较的是当前的债务利息支付水平与当前的收入水平，从而使我们可以了解债务的可持续性。
>
> 3. 这一指标本质上是一个“向后看”（backward-looking）的概念。实际上，公共债务是一个国家自成立之初就不断积累起来的赤字总和（金融交易活动对公共债务略有影响）。公共债务既不反映已经规划好的未来政策的影响，例如养老金支付，也不反映可能实施的未来政策的影响，例如应对未来紧急情况的支出。它也不体现以未来增加税收或削减支出的方式解决不断变化的债务隐忧的能力。

在接下来三个小节的内容中，我们将更详细地讨论上述问题，并说明以更一致的指标度量财政状况如何显著影响了我们对财政可持续性的理解，进而得出一个明确的结论：当今大多数发达经济体的财政状况都要好于 20 年或 30 年前，虽然彼时这些经济体的债务水平要比现在低得多。

无需过多关注债务问题：存量对存量视角

尽管利率水平急剧下降，但经济增长率下降的幅度要小得多。这导致过去30年中所有G7国家的经济增长率和利率之差都在上升，并且所有G7国家的这一差额都远大于零，从意大利的1.1%到德国的3.7%（图9）。经济增长率大于利率水平并非例外，而是一种常态，自1871年以来大约2/3的时间里美国的经济增长率都要高于利率，其他主要经济体在多数时间里也是如此（Blanchard，2019）。

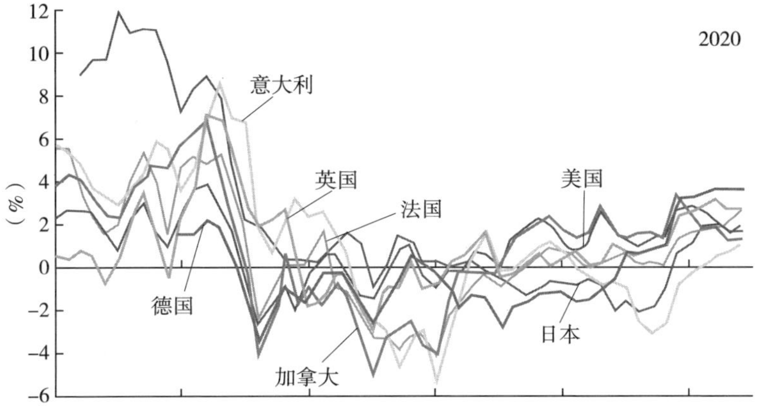

图9　G7国家的GDP增长率与利率之差

注：GDP增长率是前五年的年均增长率，利率为十年期和三个月期国债收益率的平均值。
资料来源：World Bank，Macrobond，Global Financial Database，作者的计算。

当经济增长率大于利率时，GDP的现值无限大。这意味着随着时间流逝，经济增长率将超过其债务及债务利息的增长率，并导致债务最终消失。从存量角度看，此时债务存量占GDP存量现值的比重为0%。对大多数G7经济体来说，这一财政状况比20世纪90年代初的财政状况好得多，彼时，它们的利率大大高于经济增长率，因此GDP现值是一个有限值，而债务与GDP现值之比是一个正的百分数。

当然，利率可能会上升，而经济增长率也可能会下降，在这种情况下，GDP现值可能是一个有限值。美国社会保障信托基金定期对美国无限期GDP进行系统性度量。但对无限期GDP的任何估计都是高度猜测性的，并受到大量不确定性因素的影响。虽然我们对上述度量的某些具体假设存在疑问，但这一方法仍然为我们提供了一个有用的基准，可以借此评估美国在各个时点的债务状况。

根据最新发布的《社会保障信托基金报告（2020）》，2020 年 1 月 1 日美国无限期 GDP 的现值为 3 800 万亿美元。截至 2020 年 11 月 19 日，公众持有的美国联邦债务为 21.2 万亿美元。将上述日期调整到相同的一天，此时计算出的债务占无限期 GDP 现值的比重为 0.5%。换句话说，如果税收收入增加相当于 GDP 的 0.5%，或支出下降相当于 GDP 的 0.5%，那么美国政府就足以偿还全部债务。虽然债务与当前 GDP 的比率几乎增加了两倍，但债务与无限期 GDP 现值的比率还是要小于或接近于决策者过去预期的水平。

我们可以进一步拓展上述思维。例如，如果 $r-g$ 从 1.0% 下降到 0.5%，GDP 的现值会翻一倍，因此，相对于未来 GDP 的存量，债务的可持续提高了两倍。1990 年以来，在 G7 的中位经济体中，$r-g$ 实际下降了 5%，相比之下，$r-g$ 下降 0.5% 要小一个数量级。

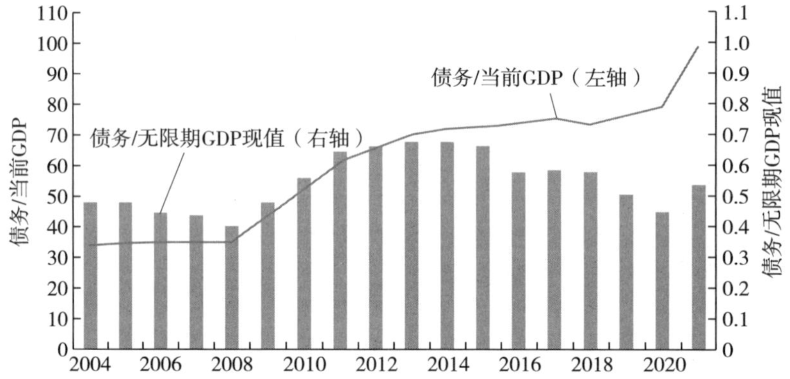

图 10　债务占当前 GDP 和无限期 GDP 现值的比重

注：2021 年的数值基于 2020 年 11 月 19 日的债务规模计算。

资料来源：The Board of Trustees, Federal Old-Age and Survivors Insurance and Disability Insurance Trust Funds; Federal Reserve Bank of Philadelphia, Survey of Professional Forecasters; Department of the Treasury; Macrobond，以及作者的计算。

无需过多关注债务问题：流量对流量视角

流量对流量视角依赖于对无限期未来的财政状况进行高度不确定的外推。为了避免这种问题，我们可以采用另一种度量方法，即比较每年的债务利息支付与每年的 GDP 流量。当然，利息支付和 GDP 这两个变量是相关的，因为较低的利率将提高 GDP 现值，同时从长期看，低利率还有利于政府清偿债务。

更恰当的一个分析指标是实际利息支付占 GDP 的比重。通过将债务的实际利息支付与 GDP 规模做比较，就剔除了通胀的影响。类似地，这一指标也可以理解成名义利息占 GDP 的比重减去因通胀而减少的那部分债务占 GDP 的比重。具体公式为：

$$\left(\frac{Real\ Interest}{GDP}\right)_t = \frac{(Interest_t - Inflation_t) \times Debt_{t-1}}{GDP_t}$$

其中 *Real Interest* 为实际利率，*Interest* 为名义利率，*Inflation* 为通胀率，*Debt* 为债务。在应用这一概念时，我们用五年平均值来平滑通胀，这一数值更接近于与实际利率相关的预期通胀的概念。如我们所知，当其他条件相同时，如果一国名义利率下降，通胀上升，名义 GDP 上升，或债务规模上升，那么实际利息支付占 GDP 比重就会下降。债务增加之所以也会产生上述效果，是因为债务/GDP 比率越大，实际债务规模将因通胀而下降，该经济体也将因此受益。

从分析的角度看，更有意义的是实际利息支付占 GDP 比重而不是更常使用的名义利息支付占 GDP 比重。例如，考虑两个经济体，债务/GDP 比率均为 100%，名义利率均为 4%，此时两个经济体的名义利息支付占 GDP 比重均为 4%。现在假设第一个经济体的通胀率为零，第二个经济体的通胀率为 4%。为简单起见，假设两个经济体的实际经济增长率均为零。对第一个经济体而言，其实际利息支付占 GDP 比重为 4%，这也是该经济体为了稳定债务/GDP 比率而需要增加税收或降低非利息支出的规模。相比之下，第二个经济体的实际利息支付占 GDP 比重为 0%，因此无需通过提高税收或削减非利息支出来弥补其债务成本，这是因为第二个经济体的通胀使其债务减少了与名义利息支付相等的规模。

从 G7 经济体的情况看，相比数十年前，名义利息支付和实际利息支付占 GDP 比重均出现了下降（图 11a 和 11b）。①

① 这些数字展现了一般政府的净利息支付，对美国而言，一般政府包括联邦政府、州政府和地方政府。

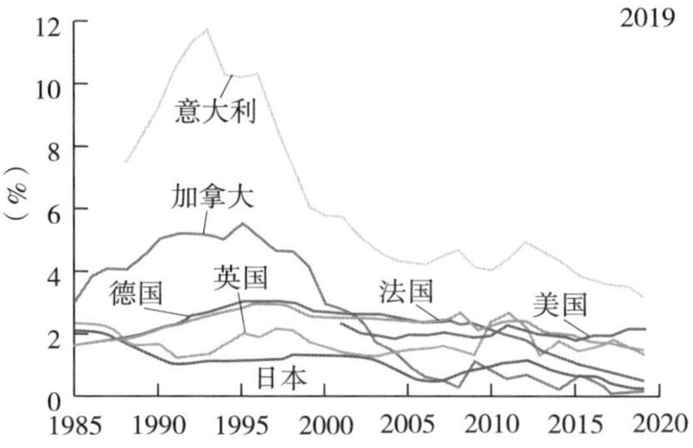

图 11a G7 国家名义利息支付占 GDP 比重

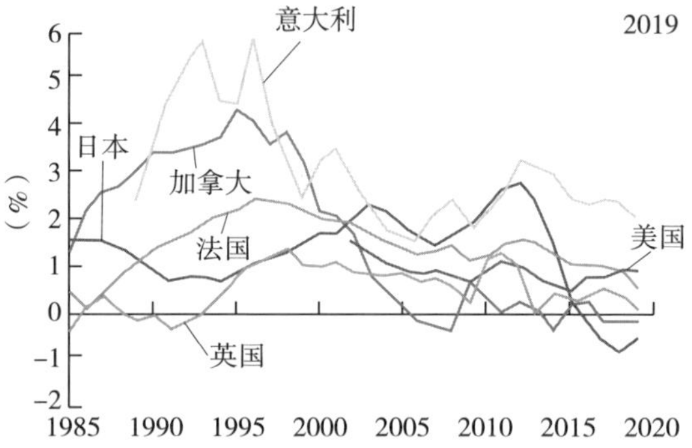

图 11b G7 国家实际利息支付占 GDP 比重

注：所有国家的政府债务均为一般政府债务。

资料来源：IMF，Macrobond，以及作者的计算。

美国过去 20 年的经验为我们提供了一个生动的例子来比较流量对流量视角与存量对流量视角在解读债务状况时究竟有何不同，前者更具分析意义，而后者具有一定的误导性。2000 年美国联邦债务/GDP 比率为 34%，这一水平与战后债务的低点水平较为接近。从 2000 年开始，债务/GDP 比率几乎呈现单调上升趋势，增加了大约两倍。与此同时，名义利率和实际利率都下降了，这导致名义利息支付与实际利息支付占 GDP 比重也呈现单调下降趋势，并朝着图 12a 和 12b 所示区间的下限移动。

图 12a　美国公众持有的政府债务和净利息支付

图 12b　美国公众持有的政府债务和实际净利息支付

注：2021 年的值是预测值。

资料来源：Office of Management and Budget，Congressional Budget Office，Macrobond，以及作者的计算。

专栏 I　调整债务和利息支付以反映联邦政府完整的资产负债表

本文中使用的联邦债务和净利息数据遵循美国记录惯例（scorekee ping conventions），与经济意义上的相关概念有所出入。除了负债之外，美国联邦政府还拥有一定的金融资产，其中规模最大的一项资产是学生直接贷款，第二大项是国库现金。对评估财政可持续性和宏观经济影响而言，恰当的债务概念应该是扣除掉上述金融资产之后的公众持有的债务规模。正如国会预算办公室（CBO，2020d）解释的那样：“与公众持有的债务这一概念相比，扣除金融资产后的债务这一概念还可以让我们更全面地了解政府债务对信贷市场的总体影响。当政府以负债方式发放将来会收回的贷款时，总体信贷供给水平本质上没有发生变化。因此，发行这类债务不会像以其他目的发行的债务那样，挤出或取代私人部门发行的债务。”例如，如果联邦政府不是对私人学生贷款提供担保，而是直接发放贷款，其财政状况和风险基本上不会变化，所不同的是公众持有的债务增加了。图 I. 1 显示了公众持有的债务与扣除金融资产之后的净债务之间的差异，这一差异随着时间的推移不断增长，目前约为 9%。

图 I. 1　公众持有的债务与扣除金融资产之后的净债务

资料来源：Office of Management and Budget，Richard Kogan 的计算。

联邦预算将“净利息”大体上定义为国债利息，同时根据其他联邦机构支付和收取的其他利息进行调整（例如，来自国家铁路退休投资信托的股权收益抵消了部分净利息）。显然，美联储是一个联邦机构，但该数据并未将美联储视为联邦政府的一部分，因此，我们应该综合考虑财政部以及美联储的资产负债表，在此基础上分析财政可持续状况和宏观经济影响。换言之，财政分析不应计入美联储持有的国债，但应计入美联储的准备金，因为这些准备金实际上是短期计息债务。2019 年，美联储通过其持有的国债和抵押证券赚取了 1030 亿美元利息，同时对准备金支付了 410 亿美元的利息。620 亿美元的利息差异反映了美联储从长期资产中获得的利息高于其短期债务支付的利息，其中 550 亿美元的利息差异汇入了财政部。因此，联邦政府的合并净利息应减去美联储汇给财政部的利息差异，这些汇款目前被错误地归类为收入（或收入项目）而不是净利息。图 I. 2 显示了最近一段时期内净利息与扣减美联储汇款后的净利息。在未来几年的时间里，随着美联储扩张其资产负债表，两者之间的差距可能会进一步扩大，但根据国会预算办公室最新的预测，到 2030 年，这一差距占 GDP 比重将回落至 0. 2%（CBO，2020a）。

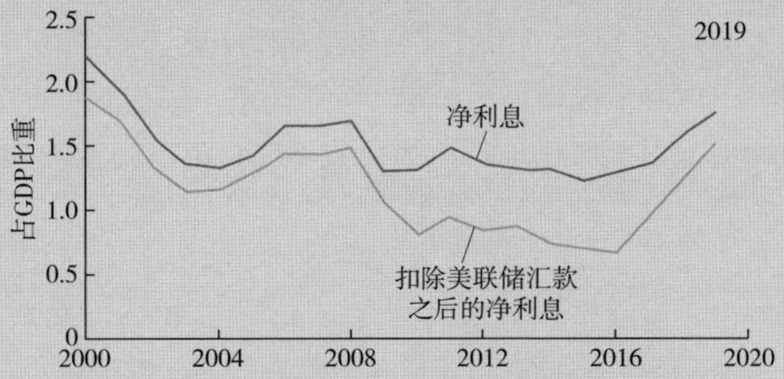

图 I. 2　净利息支付占 GDP 比重

资料来源：Office of Management and Budget，以及作者的计算。

展望：未来 10 年债务不会激增，利息支付也处于适中水平

债务/GDP 现值比率和实际利息支付占 GDP 比重都是一致且有意义的指标，相比债务/GDP 比率这一很大程度上不一致的指标更为可取。但上述三种指标都有一个相同的缺点，即难以反映未来财政状况的变化轨迹，这些变化有可能使过去积累的债务问题微不足道。

展望未来，利率可能在目前的极低水平上有所提高，国会预算办公室预测的利率上升幅度要超过金融市场预期的水平（图 13）。国会预算办公室预计社会保障和医疗支出也将增加，同时税收占 GDP 比重也将增加。

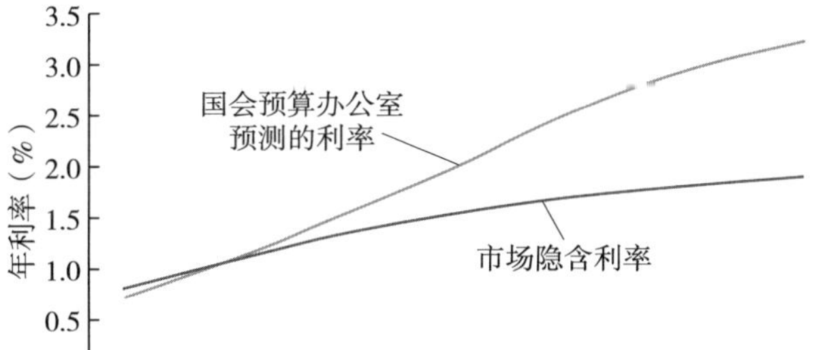

图 13　国会预算办公室和市场对 10 年期政府债券远期利率的预期

注：市场隐含利率为 2020 年 11 月 27 日数据。国会预算办公室的预测来源于第四季度预测数据。

资料来源：Congressional Budget Office（2020b），Bloomberg。

从美国的情况看，最新的预测显示债务规模将会增加，但在达到更高水平

之后会趋于稳定（图 14a）。实际利息支付占 GDP 比重将比较低，但会在 10 年预算窗口期末上升（图 14b），不过这一比重最终仍将远低于其历史平均水平。估计值是依据如下三种情况得出的：第一种预测基于国会预算办公室最新的基线预测，该预测值基本上假设现行法律保持不变；第二种预测假设 2017 年减税措施将永久持续；第三种预测在保持现行法律不变的前提下，假设政府会推进社会保障改革（本着 Blahous 2017 年关于适当基线的精神）。①

图 14c 和图 14d 展现了三种情形下未来 30 年联邦债务和利息支付情况，但正如下一节讨论的那样，目前为止的预测都具有非常高的不确定性，不足为今天的决策者借鉴。有关这些预测的详细信息，请参见附录。

上述基线预测可以用于评估未来财政状况的变化轨迹，但由于假定了法律或政策不变，所以这些预测无法回答政府债务是否可持续的问题，也不能告诉我们通过一定的变革能否实现财政可持续性。美国的税收占 GDP 比重为 31%，远低于经合组织 37% 的平均水平，与经合组织的最高税收收入占比 57%（挪威）也相去甚远。过去大部分时间里美国的税收都要高于今天的水平，而美国国家财政责任委员会（National Commission on Fiscal Responsibility，2010）也曾建议将税收提高至历史水平。从上述意义上讲，根据定义，美国的财政状况是可持续的，实际上，美国政府持有的资产至少相当于 GDP 的几个百分点，可以根据需要对资产加以利用。相比之下，税收较高的国家采取这种方式的空间就比较小。以法国为例，由于法国已经非常接近拉弗曲线的顶部，因此用增加税收的办法填补财政缺口的空间就会更小。对债务可持续性的分析不仅要考虑法定的征税规模，还需要考虑征税的能力。

---

① 社会保障信托基金预测，根据美国现行法律，社会保障和联邦医疗保险（Medicare）信托基金的资金将分别于 2034 年和 2026 年耗尽，之后将不能全额支付（The Board of Trustees，Federal Old-Age and Suvivor Insurance and Federal Disability Insurance Trust Fund，2020；The Board of Trustees，Federal Hospital Insurance and Federal Supplementary Medical Insurance Trust Fund，2020），根据国会预算办公室的预测，上述时间分别为 2031 年和 2024 年（CBO，2020f）。现行法律本质上要求必须对社会保障进行改革，如同 1983 年社会保障信托基金的资金耗尽时一样。与之前信托基金资金耗尽时突然削减福利不同，现行法律的基本做法是逐步调整，从 2025 年调整规模占 GDP 的 0.5% 开始，到 2035 年及以后增长到 GDP 的 1.7%。这一规模相当于社会保障信托基金估计的社会保障缺口的现值。这是依据现行法律做出的保守预测，因为它不包括联邦医疗保险，并且小于国会预算办公室在现行法律下所做的预测。因此，与国会预算办公室的基线预测相一致的任何预测都表明，保持现行法律不变会使债务和利率水平都低于本文的预测值。

图 14a 公众持有的美国联邦政府债务

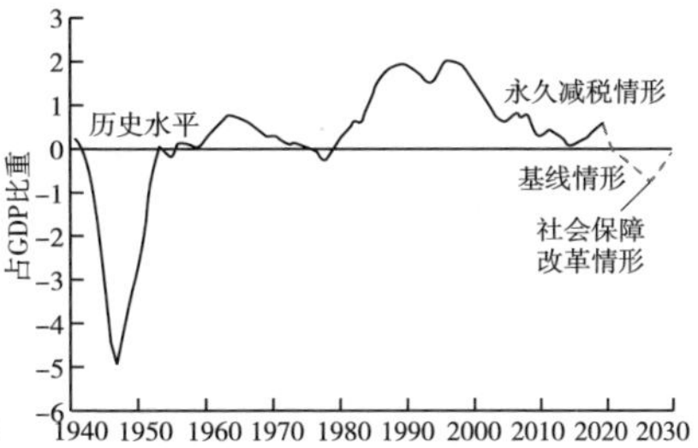

图 14b 美国联邦政府债务的利息支付

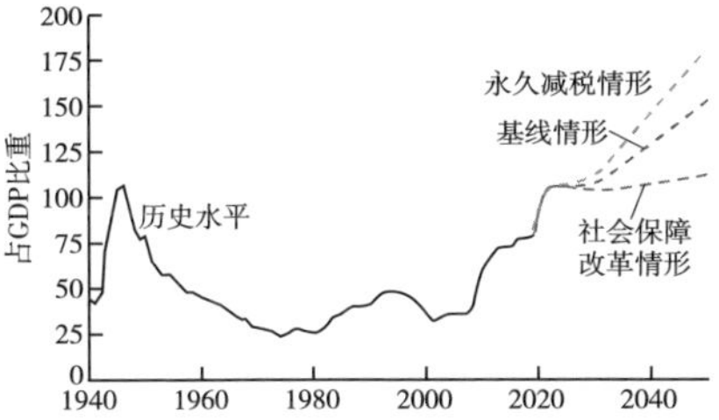

图 14c 公众持有的美国联邦政府债务

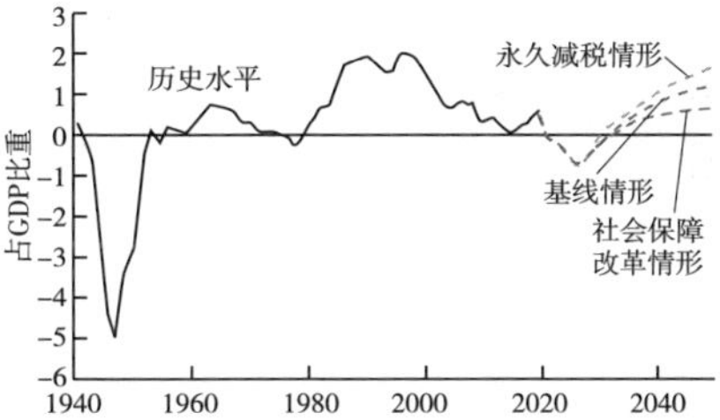

图 14d 美国联邦政府债务的利息支付

注：从 2025 年开始，在 10 年内社会保障改革将逐步从 GDP 的 0.5% 线性提高到 GDP 的 1.7%。

资料来源：Congressional Budget Office，Macrobond，以及作者的计算。

在下一小节的内容中，我们将分析前瞻性预测存在的一个重要问题，即高度不确定性带来的约束。

预算预测具有高度不确定性，尤其是对未来几十年的展望

预测财政赤字和债务都非常困难，并且通常伴随着较大的标准误差，这方面源于经济变量，如经济增长和利率发生意外变化；另一方面源于“技术性”因素，如医疗保健的成本和征税效率。考虑到所有的不确定因素，国会预算办公室的预测工作非常优秀。自 1984 年以来，国会预算办公室对赤字和债务的预测基本上没有偏差，因为其预测误差趋于平均化，经过他们一直不曾努力预测的法律变动的调整后，并没有出现其一半的预测值过于乐观或过于悲观的情形（CBO，2019a）。相比之下，国会预算办公室对净利息支付占 GDP 比重的预测则出现了系统性高估，这很大程度上是因为国会预算办公室对利率的预测（如同其他预测者一样）一直过高，如图 15 所示。

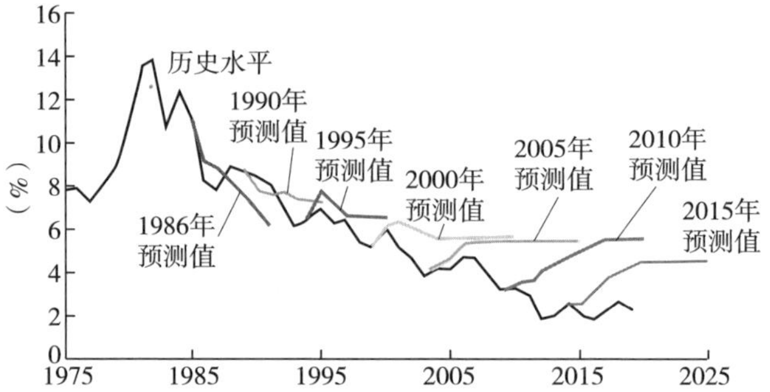

图 15　十年期美国国债的利率

资料来源：Congressional Budget Office。

但是，国会预算办公室的预测误差在两个方向上比较大，并且随时间推移在增大。表 3 分别列出了国会预算办公室和本文作者对赤字和债务的预测值，其中第二列和第四列给出的是 2/3 误差区间（two-thirds error band）内的国会预算办公室的预测值，第三列和第五列给出的是 90% 置信区间内本文作者的预测值。

表 3　赤字/GDP 比率和债务/GDP 比率的历史预测精度

	赤字		债务	
	2/3 误差范围	90% 置信区间	2/3 误差范围	90% 置信区间
第一年（当前年）	1. 0	1. 8	1. 5	2. 8
第二年（预算年）	2. 1	4. 3	3. 3	7. 8
第三年	3. 0	5. 7	6. 5	13. 4
第四年	4. 0	6. 6	8. 5	18. 2
第五年	4. 1	7. 5	12. 3	23. 4
第六年	3. 8	8. 3	17. 2	29. 2

资料来源：Congressional Budget Office（2019a），以及作者的计算。

国会预算办公室不会评估长期预测的精确度，部分原因在于缺乏这种评估所需的数据。此外，关于超长期的财政预测非常少，仅有的长期预测也因为误差随时间推移增大而变得不可信。最早的长期财政预测是由政府问责局（Government Accountability Office，GAO）于 1992 年做出的，根据这一预测，到 2020 财年末债务/GDP 比率将达到 177%，这一数值比实际比率高出 77%（图 16）。此外，自 1992 年以来颁布的法律可能导致了净债务增加，因此政府问责局的经济预测误差和技术预测误差甚至大于该估计值。

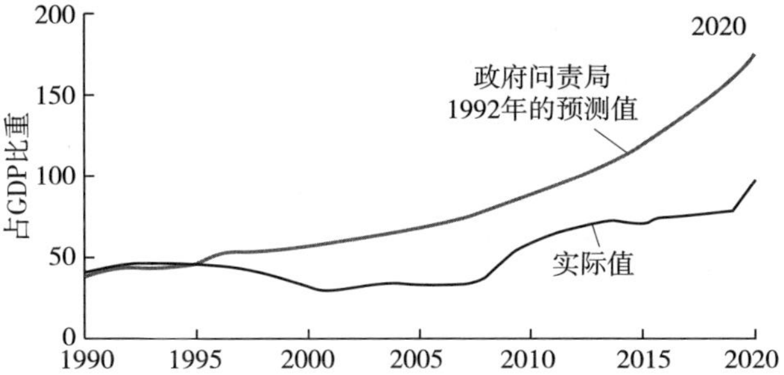

图 16　公众持有的联邦政府债务

注：政府问责局之前的预测基于 GNP，而后改为 GDP，并针对 GDP 统计方法的变化进行了相应调整。

资料来源：Government Accountability Office（1992），Office of Management and Budget，Bureau of Economic Analysis，Macrobond，以及作者的计算。

作为评估预测误差的一种粗略方法，我们保守地假设债务预测值的标准差随时间线性增长，以反映赤字预测误差随时间推移逐渐变大而导致的不确定性增加。因此，对债务/GDP 比率进行 30 年的预测将产生如图 17 所示的误差区间。① 换句话说，假设减税政策到期并且社会保障改革得以推进，那么我们可以预期债务/GDP 比率在 2050 年将达到 112%，这一比率以 2/3 的概率落入 66%—157% 的区间，以 90% 的概率在 33%—190% 的区间。

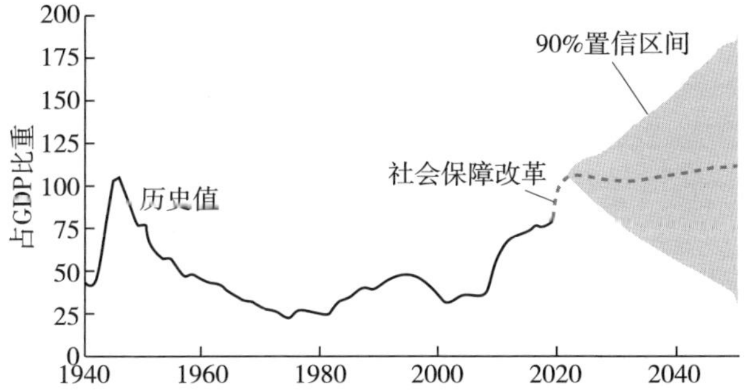

图 17　公众持有的联邦政府债务

注：从 2025 年开始，在 10 年内社会保障改革将逐步从 GDP 的 0.5% 线性提高到 GDP 的 1.7%。

资料来源：Government Accountability Office（1992），Office of Management and Budget，Bureau of Economic Analysis，Macrobond，以及作者的计算。

---

① 90% 的不确定区间是基于 10000 次蒙特卡洛模拟得出的结果。该模拟利用的分布假定平均而言不存在债务预测误差，同时根据国会预算办公室在第一年至第六年的预测误差中观察到的线性关系，假定每年债务预测误差的标准差随时间推移逐渐变大。

不确定性对当前政策制定的影响取决于两个因素。首先，我们今天采取措施的代价有多大？在多大程度上是不可逆的？如果今天采取措施的代价非常高，例如，不可逆转地减少儿童的受教育机会，那么在面对不确定性的情况下，最好推迟采取行动，直到消除更多的不确定性（Dixit and Pindyck，1994）。其次，继续等待的成本有多大？如果人们希望政府在增加税收方面采取措施，但实际上没有行动而是选择继续等待，那么这将导致未来更大规模的增税，因此不能有效地平滑税率（Barro，1979），尽管在实践中等待的成本可能相对较小，尤其是对于那些距离拉弗曲线顶端较远的国家来说成本可能会更低。相比之下，如果人们希望政府在支出方面采取行动，那么选择等待可能就会更受制约。这是因为政府难以发布使人们调整自身计划的公告，例如，即使在得知社会保障的常规退休年龄（Normal Age of Retirement for Social Security）延迟之后，人们几十年来对这项政策的理解或调整行动也并不多。

总体而言，预测中存在的不确定性告诉我们，决策者不应过分重视未来10年或更长期的预测，也不应该根据高度不确定和可能不准确的预测，尤其是以后很容易做出调整的预测，提前推行重大变革。

专栏Ⅱ：用财政缺口度量财政状况

财政缺口是衡量财政状况的另一种指标，旨在避免其他指标存在的三个缺陷：存量与流量之间脱节、利率下降以及需要前瞻性判断。财政缺口最早由劳伦斯·科特里考夫和艾伦·奥尔巴赫（Laurence Kotlikoff and Alan Auerbach）提出，并由政府机构（如CBO，2019b）和部分学者（如Auerbach、Gale and Krupkin，2019）定期更新。财政缺口这一概念意味着基础财政收支的即时性和永久性变化，要么通过立即增加税收，要么通过立即减少非利息支出，这对于在一段时间内将债务/GDP比率稳定在当前水平而言是必要的。因此，财政缺口这一概念不仅包含有关过去债务的信息，还包含有关未来基础赤字、GDP和利率的信息。

财政缺口相比债务/GDP比率是一个更有意义和更实用的概念。但这一概念也存在三个问题：首先，与名义利息支付占GDP比重或实际利息支付占GDP比重等指标不同，财政缺口没有提供跨时间、跨国家甚至在某个时间点可供使用的客观度量标准，因为这一指标依赖于对不确定未来的预测。

其次，与第一点相关的是，财政缺口的误差区间非常大，这是因为计算财政缺口使用的赤字和债务预测值的误差区间非常大。客观地看，如果债务状况遵循图 17 所示的中间情形，则财政缺口将为 GDP 的 0.5%，但在 90% 置信区间的上下限内，财政缺口可能为 GDP -2.0% 到 3.2% 之间的任何值（表 II.1）。更长期的预测将导致更大的误差，而绝大多数无限期财政缺口的预测都是基于未来数十年或更长时间的预测。

再次，财政缺口度量了使债务/GDP 比率稳定在当前水平需要做出的即时调整。但是，对于政策制定者应该设定何种政策目标的问题，债务/GDP 比率的当前水平并没有提供任何信息。如表 II.1 所示，为了实现不同的财政目标，基本赤字需要调整的规模差异很大，该表显示了为实现 2050 年债务/GDP 比率的不同目标需要对基本财政收支进行的即时调整。为了将债务/GDP 比率降低到 50%，美国是否需要立即进行规模占 GDP 2.1% 的财政调整？或者，到 2050 年时债务增至 GDP 的 112% 是否合理？在这种情况下，除了推进社会保障改革之外，是否不需要其他调整？请注意，表 II.1 中的所有估算均假设社会保障法律没有调整（也就是说，实施社会保障改革）。如果在信托基金的资金耗尽之后通过了继续支付全额福利的法律，那么财政缺口占 GDP 比重将增加大约 1.3 个百分点。

表 II.1　为实现 2050 年债务目标须即时削减的基本赤字规模（占 GDP 比重）

2050 年债务	即时基本赤字削减	赤字削减后的债务规模（90% 置信区间）	为实现债务目标而削减的基本赤字（90% 置信区间）
50	2.1	-29—129	-0.5—5.1
97（财政缺口）	0.5	19—176	-2.0—3.2
112（没有变化）	0.0	33—190	-2.4—2.7
150	-1.2	71—229	-3.4—1.3

注：不变情形包括了社会保障改革，即从 2025 年开始，在 10 年内社会保障改革将逐步从 GDP 的 0.5% 线性提高到 GDP 的 1.7%。相对于国会预算办公室的基线预测（假设社会保障的现行政策不变），财政缺口占 GDP 比重将扩大 1.3 个百分点。

资料来源：Congressional Budget Office，Macrobond，以及作者的计算。

财政缺口的前瞻性特征使我们可以通过这一指标更多地了解财政可持续性问题，但需要基于主观预测。我们需要在不能提供信息的客观指标与可以提供有用信息的主观指标之间权衡。财政缺口这一指标可以为政策制定者所用，但重要的是应将它放在更广阔的背景下使用。因此，我们认为预测 10 年内的偿债率是减少不确定性以及分析最优财政目标的更好选择。

含义 3：公共投资的范围和需求已大大扩展

支持财政清廉（fiscal rectitude）的主要论据是希望避免债务给子孙后代造成沉重负担，或者由于债务挤出了私人投资而导致后代人陷入贫穷。布兰查德（2019）认为，低水平实际利率将会削弱挤出论的说服力，因为这意味着资本生产率的“确定性等价”（certainty equivalent）较低。更广泛地看，上述论点立基于道德上的模棱两可，因为即使扣除子孙后代要承担的更多债务，他们也可能比当代人更富裕。从富人到穷人的再分配这一功利主义逻辑也适用于代际分配。

即使接受代际公平这一前提，削减赤字将使子孙后代更富有这一点也并非不证自明，甚至反而有可能使他们更贫穷。一个最接近的例子是延期维护费（deferred maintenance），这是一种类似于债务的成本，虽然可能不会出现在联邦资产负债表中，也没有对其进行计量。对基础设施或其他领域的投资可以降低未计入负债的延期维护费，并用规模更小的负债项目取而代之。其结果是，即使联邦政府的真实债务规模下降了，但测算到的债务也会增加。换句话说，今天进行投资比未来投资更好，因为未来投资成本的上升速度要比利率（目前实际利率为零）快得多。

从需求侧的角度看，如前文所述，在某些情况下，财政扩张的收益可以抵消其部分或全部成本，甚至超过其全部成本。如果财政扩张能够让经济的潜在生产能力更充分地发挥，那么产出提高的水平就会大于债务提高的水平，上述情况就会出现。

从供给侧的角度看，如果公共投资在提高经济潜在产出方面具有足够高的回报率，那么投资收益也可以抵消部分或全部投资成本，甚至超过全部投资成本。对更广泛的政策而言，更重要的一点是，如果公共投资的回报率超过利率，则其收益现值就能超过投资成本。狄更斯等人（Dickens、Sawhill and Tebbs，2006）针对早期教育投资的长期分析表明，在75年的时间中教育投资的收益远远超过了成本。在近期的一篇重要论文中，纳撒尼尔等人（Nathaniel、Hendren and Ben Sprung-Keyser，2020）深入分析了133种政策变化，他们的分析表明，通过提高未来的工资以及减少政府未来的转移支付，以现值度量的政策收益多数都能够部分收回成本甚至完全超过成本而有余。他们分析的一个例子是佩里学前项目（Perry preschool program）：

> 例如，佩里学前项目的成本为17759美元（以2006年美元计价）。但我们估计，长期内转移支付的减少和税收的增加抵消了前期成本的大约92%。赫克曼等人（Heckman et al.，2010）估计这一项目显著提高了19—40岁年龄段的收入水平，40岁时的收入将增长26%。结合赫克曼等人估计的收入效应，我们预测到65岁时，佩里学前项目带来的终生收入影响将达到70535美元。假定州和联邦的总税率为12.9%，这意味着税收收入将增加9607美元。赫克曼等人（2010）估计，该政策还导致政府福利项目的支出下降了3941美元。此外，政府还要承担大学入学以及职业培训等成本。赫克曼等人的估计实际上意味着此类成本的下降，由此为政府节省了2805美元。这表明政府通过该项目收回了16353美元，意味着佩里学前项目的净成本仅为1406美元（在95%置信区间内，为［-9235，12126］）。因此，大约有92%的前期支出都得到了补偿。

赫克曼等人（2010）分析的许多公共项目不仅初始投入获得了补偿，而且还获得了净收益，包括“过去50年向儿童提供的四项主要医疗保险计划。我们计算了这些政策的平均成本和收益，从长期看，政府最初每支出1美元，这些政策将为政府带来1.78美元的收益”。赫克曼等人在其他儿童教育项目中也发现了类似的结果，例如启蒙项目（Head Start）（1/3的概率）；扩大对K-12（基础教育）的支出；以及一些大学项目，例如学费补助、机会住房补贴券（opportunity housing vouchers）等。即使部分项目并没有收回成本，但收益也在相当程度上抵消了成本。

亨德伦和施普尤-凯泽（Hendren and Sprung-Keyser）在他们的分析中使用了3%的实际贴现率，他们发现，联邦政府通过借贷进行公共投资的收益远远超过了其当前或未来的成本。即使采用更高的贴现率，如果实施更多的公共投资项目，尤其是对教育和儿童的投资，随着时间的推移，这些投资也将得到回报。我们要注意，即使一笔公共投资的成本大于收益，但这些投资可能仍然是值得的。

同样，对收益高于债务成本的基础设施投资而言，政府为此举债不仅是值得的，而且如果这些项目的收益率足够高，甚至还能收回成本。例如，国际货币基金组织和经合组织的研究发现，增加公共投资能够推动经济增长，特别是在经济不景气时期，公共投资可以降低债务/GDP 比率（Abiad、Furceri and Topalova，2015；Mourougane et al.，2016）。研究还发现，研发投资特别是基础研究投资具有重大的溢出效应，这意味着当前的投资水平低于社会最优水平（Bloom、Schankerman and Van Reenan，2013；Akcigit、Hanley and Serrano-Velarde，2020）。

上述结果很大程度上取决于增加的债务用于何种用途。如果将债务用于回报率较高的高效公共项目，例如研究活动、基础设施、教育、面向儿童的投资和资助等，其收益很可能远远超过债务增加的成本。毫无疑问，上述逻辑并不认为浪费资源和设计不当的支出项目或减税措施是合理的。

就基础设施而言，即使项目本身能够收回全部或大部分成本，因此可能不需要政府投资，但如果它们本身具有合理的政策依据，例如汽油税或车辆行驶里程费用等可以解决外部性问题，并有助于确保现有基础设施得到更好的利用，那么仍然值得政府进行投资。但是，如果由于政治原因无法实施这些最优政策，也值得采取无收益的次优政策推动基础设施投资。

总的来说，我们难以确切了解何时能实现恰当的财政平衡，但是鉴于利率在当前和可预见的未来仍将保持非常低的水平，以更高的延期维护成本和放弃投资为代价而过度削减债务规模，相比于增加债务和过度投资，更有可能是一个错误。

前进：新目标、新导向和新准则

当前，对美国和其他几个国家或地区的政策，我们的主要担忧是扩张债务的行动太少，而不是太多。低利率为扩张性财政政策提供了更大的空间，也创造了更多的政策需求，这要求我们必须重新审视有关债务可持续性的观点，同时也为政府增加公共投资提供了更充分的理由。从美国目前的情况看，整体偿债规模相对适中，债务规模相对于未来的 GDP 以及未来的税收水平而言都相对适中。即使更传统且具有一定误导性的债务/GDP 比率这一指标，未来 10 年也将处于稳定状态。如果进一步假定现行法律保持不变，即一方面取消减税措施，另一方面推进社会保障改革，那么即使这一比率的波动范围低至战后历史最低水平，高至 190%，在接下来的 30 年中也能基本保持稳定。假设政府增加 GDP 的 1% 的投资规模，并导致债务/GDP 比率在初始阶段超出了上述区间，但这些投资的收益也可能大于成本，即使这些投资未能收回成本，也不会导致利息支付占 GDP 比重高于历史水平。

要了解如何应对当前挑战，我们就必须设定新的财政政策目标，以新的指标来评估财政可持续性，并使用新的准则来制定财政政策。

任何财政政策都应以最优、易于理解和可实现为导向。某些财政政策方式，例如德国的平衡预算要求，是易于理解的，但对某些国家或地区来说是无法实现的，而对包括德国在内的许多国家或地区来说，这种财政政策也远远不是最优的。即使我们知道什么是最优政策（实际上我们不可能知道），但如果公众难以理解这种政策，政策制定者也难以付诸实施，那么这一政策将毫无用处。我们认为，好的政策应该是一种合理的组合：决策者能够理解并实施，且政策的实施可以促进经济更强劲地增长；对经济衰退能够做出更快速的反应；能够提高金融系统的稳定性。

财政政策的目标

财政政策的目标应该是实现增长和金融稳定，避免经济衰退，在长期内保持经济的强劲增长。从短期看，应采取更多的扩张性财政政策应对当前的经济衰退；从中长期看，应采取扩张性财政政策提振需求、扩大供给，包括采取一些增加短期赤字和债务的措施，以及既能够提高需求水平又不会增加短期赤字和债务的其他措施，例如平衡预算乘数、再分配政策以及扩大社会保障等。

财政政策的新导向：将实际利息支付维持在 GDP 的 2% 以下

毫无疑问，财政扩张的空间并不是无限的，政策制定者需要一个评估财政可持续性的新指标，尤其是当财政政策的目标可以与不同的债务水平保持一致，并且没有一条事先确定的财政路径时。①

当经济增长率大于利率时，基本财政赤字的运行空间就会变得更大，任何给定的基本赤字都不会导致债务的无限膨胀，而是会导致债务渐近收敛至有限值。不过，这一有限债务的规模可能会非常大，大到债务对利率形成上行压力，进而导致经济增长率难以保持在高于利率的水平上。在这种情况下，债务和利息支付都将出现爆炸式增长。

我们提出如下方法：只要按实际值计算的债务/GDP比率在未来10年内不超过历史水平，并且在此期间不会出现螺旋式上升的情况，那么决策者就不必担心财政前景。这是一种粗略的实施方案，将实际利息支付限制在一个适当的水平，即低于GDP的2%。此处的实际利息指的是经济意义上的利息，即净利息支付减去美联储的汇款和联邦政府持有的金融资产后的利息（参见专栏I中的讨论）。如果一国还有增税空间，那么该国就可以拥有更大的财政自由度；如果一国债券市场出现了挤出投资这样的重大不利信号，那么该国的自由度就会更小。如果预期利息支付会超过上限（GDP的2%），那么政府就应该采取旨在降低债务/GDP比率的政策。我们提出的方法不能用来确定一国债务/GDP比率的恰当水平，但这不是一个缺陷，而是一个特征。

与不同的实际利率目标对应的债务和基本预算平衡取决于实际利率和经济增长率。当实际利率较低时，债务上升的空间就会变大，同时不会导致实际利息支付占GDP比重过高。经济增长率越高，基本财政赤字同利息和债务路径保持一致的可能性越高。表4给出了与不同的实际债务目标以及假定的利率和经济增长率相对应的基本财政赤字以及相应债务水平的稳态值。② 如果实际利

---

① 现代货币理论（MMT）认为，高通胀率或不断上升的通胀率意味着财政政策必须收紧（Tymoigne and Wray，2013）。这就引出了如下问题：为什么不使用货币政策和利率来抑制通胀？当通胀率超过目标水平并不断上升时，如20世纪80年代初期和21世纪头10年初期，决策者是否真的应该实施财政紧缩政策？此外，以本国货币举债并能控制货币政策的国家基本上不会发生债务违约，但货币当局主导财政的界限是什么，以及如果无法以合适的利率水平延期偿还债务，其成本可能是什么？

② 可以用上文中的公式分析债务动态：$\left(\frac{Debt}{GDP}\right)_t - \left(\frac{Debt}{GDP}\right)_{t-1} \approx (r_t - g_t)\left(\frac{Debt}{GDP}\right)_{t-1} + \left(\frac{Primary\ Deficit}{GDP}\right)_t$。稳态中，稳定的债务/GDP比率可以表示为：$\frac{Primary\ Deficit}{GDP} \approx (g - r)\frac{Debt}{GDP}$。

率保持在 1.33% 以下（远高于预期值），那么按照我们的标准，当债务/GDP 比率达到 150% 时，财政将处于良好的可持续状态。当债务/GDP 比率上升至 400% 时，如果实际利率仍然令人难以置信地保持在 0.5% 的水平，这意味着极低的利率水平将是维持债务水平的一种强大力量（表 4）。相反，如果实际利率上升到 2%，则应该努力降低债务/GDP 比率，这是因为与低利率相关的所有问题都将不复存在，此时债务/GDP 比率保持在 100% 的水平是较为合理的。

表 4　债务可持续性的假想例子（占 GDP 比重）

	解释性情景 1 $g=2.0$，$r=0.5$		解释性情景 2 $g=1.5$，$r=2.0$	
实际利率	债务	基本财政收支变化	债务	基本财政收支变化
0.5%	100%	-1.5%	25%	0.1%
1.0%	200%	-3.0%	50%	0.3%
2.0%	400%	-6.0%	100%	0.5%

资料来源：作者的计算。

美国财政政策的新准则

推行一份财政计划以实现我们为财政政策设定的广泛目标并遵循保持财政可持续性的新导向，这取决于对财政状况的展望。从美国的情况看，相对于未来的 CDP 和税收水平，当前的整体偿债义务以及债务规模都是适度的。即使用更传统但有一定误导性的债务/GDP 比率衡量，未来 10 年也是稳定的。如果我们进一步假定当前的法律保持不变，即一方面终止减税措施，另一方面推进社会保障改革，那么在未来 30 年债务/GDP 比率也能基本保持稳定，并有可能位于战后历史最低水平至 GDP 的 190% 这一广泛区间内。假设政府增加投资的规模占 GDP 的 1%，并导致债务/GDP 比率在初始阶段超出了上述区间，但这些投资的收益也可能大于成本，即使这些投资未能收回成本，也不会导致利息支付占 GDP 比重高于历史水平。

鉴于目前的财政前景，一套包含三大准则的组合将有助于推动财政政策朝着我们设定的目标前进，同时也为约束该政策提供了一种限制性原则。我们的分析起点与现行法律有关，包括 2017 年的减税措施和社会保障改革。假设政策制定者遵循现行法律，则债务将基本保持稳定，对债务稳定性的担忧源于政策制定者未来可能会修改法律，致使债务走上更快的扩张路径。

给定这一前景，我们为实施财政政策提出了三大准则，并将它们转换成更具体的可操作规则：

1. **对临时紧急状况的财政支持不应该有收益要求，这里的临时紧急状况以及在此情况下可以采取的措施都是广义上的**。如上文所述，今天我们需要更多的财政支持，为应对未来的经济衰退可能需要更大力度的财政支持。在多数情况下，这类财政支持可以有效收回成本，进而导致债务/GDP 比率下降，同时净实际利息支付占 GDP 比重也有可能下降。基于需求侧模型的动态评分方法适用于评估短期紧急支出造成的财政影响。鉴于当前和未来经济衰退可能造成的持久影响，以及令人担忧的潜在 GDP 下降和财政政策空间缩小的可能性，对政策制定者来说，坚持广义的无收益紧急支出（unpaid emergency spending），使之包含持续数年的支出类别和基础设施这类长期支出类别，是明智之举。

2. **对永久性项目的财政支持应该有收益要求，但不包括从净现值角度看可以收回成本的项目，例如对儿童的投资**。为永久性变化提供财政支持的这一原则大体上是合理的，而且符合现行财政前景下的实际债务偿付可持续的要求。此外，我们需要为预算设定一个限制性原则，并以此作为评估任何给定的项目或提议是否合理的一种方式。原则上，应该使用动态评分方法评估永久性项目。但在实践中，这种动态评分可能难以实时进行，并且忽视了很多投资收益都产生于预算窗口期之外的事实。考虑到上述因素，我们提出了一种粗略的方法，也就是说，如果有力的学术研究证据表明，某些项目的收益现值大于成本，那么这些项目或投资就可以不受制于现收现付原则。这包括儿童、教育以及研究等领域中经过精心规划的投资。在理想情况下，政府投资基础设施的成本可以通过征收庇古税和提高基础设施的利用率来收回，但基础设施投资也可以不受制于现收现付原则。

3. **改进政策组合，使之为需求侧提供更多支持并提高政府效率**。这包括前文中讨论的许多步骤：通过扩大平衡预算乘数、更累进的财政转移支付以及扩大社会保障等方式，完善自动稳定器机制，使之更好地发挥应对经济衰退和提振需求的功能。改进政策组合很重要，为了创造更多的投资空间，政府基于自身利益考虑应该进行大量变革，例如改革医疗服务体系，在降低成本的同时又能提高或不降低医疗质量；改进税收征管体制，在现行法律下实现“应征则征”（Sarin and Summers，2019）。

依据上述财政政策准则，图 18a、图 18b 和图 18c 预测了美国的债务、名义利息支付和实际利息支付。我们认为，政策制定者应该只关注下一个 10 年，因为预测 10 年之后的预算赤字将面临越来越大的不确定性，不过我们仍然给出了未来 30 年的估计值，这既是对我们提出的财政计划在更长时期内产生影响的一个最佳估计，对部分政策分析师来说也具有参考意义。

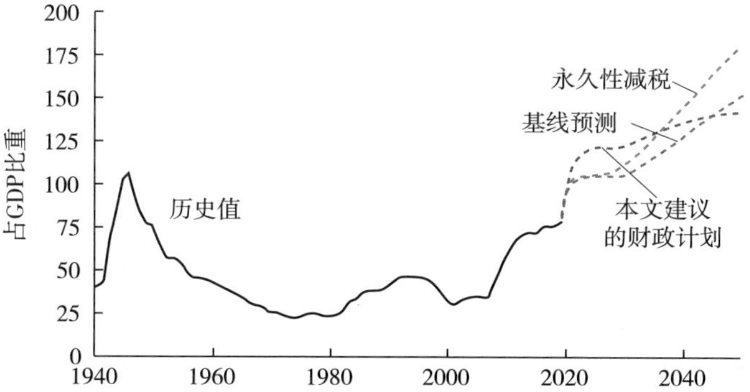

图 18a　公众持有的美国联邦政府债务

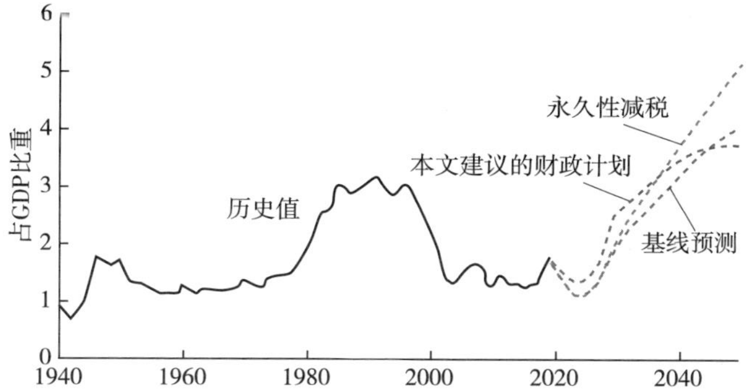

图 18b　美国联邦政府债务的名义利息支付

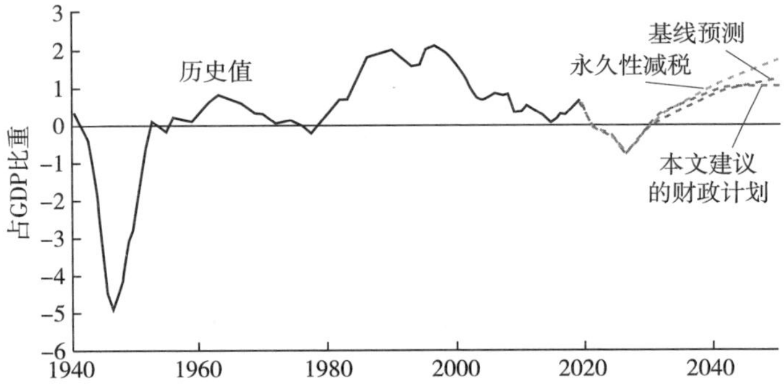

图 18c　美国联邦政府债务的实际利息支付

注：本文建议的财政计划是，从 2025 年开始，在 10 年内社会保障改革将逐步从 GDP 的 0.5% 线性提高到 GDP 的 1.7%。在 2021 年至 2023 年间实施 2.5 万亿美元的刺激计划。到 2035 年前增加对早期教育的投资，规模为 GDP 的 1%，此后赤字的影响将线性递减，到 2050 年赤字减少的规模将到达 GDP 的 0.5%。

资料来源：Congressional Budget Office；Office of Management and Budget；The Board of Trustees，Federal Old-Age and Suvivors Insurance and Federal Disability Insurance Trust Fund；Macrobond；以及作者的计算。

举例来说，这些估计值假设在接下来的三年将有 2.5 万亿美元的额外财政支持，以及一项初始净成本占 GDP 1% 的投资计划，不过在长期，这项投资计划将导致赤字下降。总体而言，这将意味着在未来 10 年内将增加大约 5 万亿美元的赤字用于投资，还包括通过增加税收或减少支出进行的其他投资。最终导致的结果是债务将稳定在 GDP 的 150% 以下，这将是美国有史以来的最高债务水平，但名义利息支付占 GDP 比重仅为 3.8%，实际利息支付占 GDP 比重仅为 1.0%（大约位于历史水平的第 77 分位）。

我们提出的准则既不能适用于所有国家，也不是一成不变的。在我们看来，这些准则易于理解，也易于实现，同时在当前的财政状况和前景下可以使美国以一种最优方式实现更广泛的经济目标。如果经济形势、债券市场或财政前景发生变化，就应该修订这套准则，或者提高赤字规模，或者积极削减赤字。

结　论

六年前，本文的作者之一（萨默斯）再次引入“长期停滞”（secular stagnation）一词来描述当前的低利率时期，并认为储蓄过多以及投资需求下降对利率产生的下行压力以及零利率下限阻碍了市场出清是可能的原因。虽然“长期停滞”这一术语容易引起人们的负面反应，但旨在发出警告并激励人们及时采取行动，不过，我们不应该将经济中发生的任何负面事件都归为“长期停滞”。

低利率对未来的经济是好是坏，取决于我们的选择。只要经济中依然使用现金，那么利率就不能远低于零，而且即使低利率也可能导致金融稳定出问题，这给各经济体，尤其是试图通过逆周期货币政策应对衰退的经济体带来了重大挑战。不过，低利率也创造了许多机会。低利率有利于扩大扩张性财政政策的空间，提高债务的可持续性，并拓宽未来能够收回成本的公共投资的范围。低利率时代究竟是导致时间更长、程度更严重的经济衰退和更大的金融市场泡沫，还是为公共投资和更强劲的经济增长创造机会，取决于制定什么样的宏观经济政策。对现状做出正确判断是制定更好的宏观经济政策的起点。

附录：预测长期预算的方法论假设

国会预算办公室通常每年会推出三份10年预测报告以及一份30年预测报告（例如，CBO，2020a，2020e）。这些报告旨在提供一个基线预测，即预测法律或政策不变情况下的债务状况。在某些情况下“不变”的含义非常明显，但在另一些情况下却模棱两可，因为如果政府没有推出新的立法，那么相机抉择型支出（discretionary spending）的规模将减少至零，而部分重要的权利类福利项目（entitlement program）也将被取消。在很多情况下，不断重复的历史明确告诉我们，基线预测应该做哪些假设（例如，其中的一个假设是重要的权利类福利项目会被重新授权，如同从前一样）。在另一些情况下的假设则比较微妙。例如，国会预算办公室假设一系列的减税措施将在2025年到期，而在过去，许多减税措施都得到了延续而不是被取消。此外，国会预算办公室还假设在信托基金的资金耗尽之后，社会保障和医疗保险仍会全额支付，但历史上的情况则是，国会采取了增加税收或减少支出的举措，努力避免上述情况的出现。

附表1显示了三组估计值的基本假设：

附表1　三组估计值的假设

	取消减税措施	社会保障	医疗保险	其他预算
CBO的基线估计	当前法律	当前政策	当前政策	除了相机抉择型支出，通常保持当前法律不变
永久性减税	当前政策	当前政策	当前政策	
社会保障改革	当前法律	当前法律	当前政策	

第二个问题是如何处理相机抉择型支出和一些其他强制性支出（不包括社会保障和卫生计划）。国会预算办公室假设，在10年预算窗口期，这些支出会随着通胀率而上升，在窗口期之外会随着名义GDP增长率上升而上升。假设这些支出随名义GDP增长而增长，实际上是假设国会每年都会批准支出增长，同时基于相机抉择型支出的政府实际购买额也将随着时间推移上升。此外，这一假设与相机抉择型支出占GDP比重下降的历史情况不符（附图1）。因此，与其说这是一个基线预测，不如说是一个估计值，该估计值显示了如果

政府每年都允许支出增加将会导致何种情况发生。与国会预算办公室的做法不同，我们在进行长期预测时，假设相机抉择型支出和其他强制性支出随着通胀率和人口增长而增长。这一假设既是对历史情况的更真实描述（附图 1），也是对政府继续实施现行政策（相机抉择型支出）所需成本的更真实估计。如果说有什么缺陷的话，那就是这一假设会高估相机抉择型支出的规模，因此也会高估债务水平，这是因为并非所有的政府支出都会随人口增长而增长，有些支出是固定的，同时也因为根据通胀进行调整就意味着假定政府生产率的增长率为零。

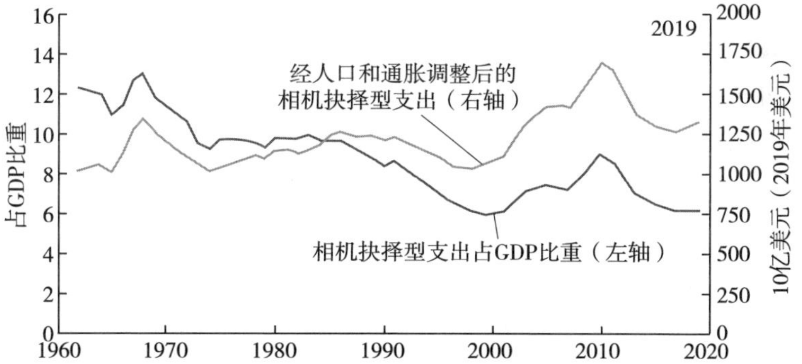

附图 1　政府的相机抉择型支出

注：在计算经人口和通胀调整后的相机抉择型支出时，使用的通胀率为以 2019 年美元为基础的 GDP 价格指数，以及 16 岁及以上人口。

资料来源：Congressional Budget Office，作者的计算。

最后，我们在进行长期预测时，还考虑了从预算政策选择到 GDP 和利率之间的动态反馈机制。这是非常保守的做法，并且接近于标准估计值，但也因此不能反映如下事实：较高的债务水平有利于货币政策得到更加有效的实施，进而可以缩小产出缺口，并提高长期产出水平。我们假设，偏离国会预算办公室的基线债务路径会导致 GDP 路径也发生偏离，相对于上一年国会预算办公室的基线预测，债务/GDP 比率每上升 1%，GDP 就会降低 0.04%。基于国会预算办公室发布的《2019 年长期预算展望》（CBO，2019b），上述估计值反映了债务增加对宏观经济的影响。在国会预算办公室的基线预测中，上一年的债务/GDP 比率相比 2030 年有所上升，我们还假设 2030 年之后利率会呈上升趋势，进而估计《2019 年长期预算展望》中的宏观经济反馈效应。在其他情况下，相对于国会预算办公室的基线预测，上一年度债务/GDP 比率的上升会导致利率在下一年的上升。

（温州商学院 王铁成 译　黄伟伦 校）

参考文献

Abiad, Abdul, Davide Furceri, and Petia Topalova. 2015. "The Macroeconomic Effects of Public Investment: Evidence from Advanced Economies." IMF Working Paper 15/95.

Adler, Gustavo, Romain Duval, Davide Furceri, SinemKiliç Çelik, Ksenia Koloskova, and Marcos Poplawski-Ribeiro. 2017. "Gone with the Headwinds: Global Productivity." IMF Staff Discussion Note 17/04.

Akcigit, Ufuk, Douglas Hanley, Nicolas Serrano-Velarde. 2020. "Back to Basics: Basic Research Spillovers, Innovation Policy, and Growth." *The Review of Economic Studies.*

Aronvich, Alex, and Andrew Meldrum. 2020. "New Financial Market Measures of the Neutral Real Rate and Inflation Expectations." FEDS Notes. Washington: Board of Governors of the Federal Reserve System.

Auerbach, Alan J. William G. Gale, and Aaron Krupkin. 2019. "Revisiting the Federal Budget Outlook." Tax Notes Federal 813 – 829. August 5.

Auerbach, Alan J. and Yuriy Gorodnichenko. 2017. "Fiscal Stimulus and Fiscal Sustainability." In *Fostering a Dynamic Global Economy*, 217 – 270. Kansas City, MO: Federal Reserve Bank of Kansas City.

Baily, Martin. 1978. "Some Aspects of Optimal Unemployment Insurance." *Journal of Public Economics* 10 (3): 379 – 402.

Ball, Laurence, J. Bradford DeLong, and Lawrence H. Summers. 2017. "Fiscal Policy and Full Employment." *In Confronting Policy Challenges of the Great Recession: Lessons for Macroeconomic Policy*, edited by EskanderAlvi, 85 – 106. Kalamazoo, MI: W. E. Upjohn Institute for Employment Research.

Barro, Robert J. 1979. "On the Determination of the Public Debt." *Journal of Political Economy* 87 (5): 940 – 971.

Bernanke, Ben S. 2005. "The Global Saving Glut and the U. S. Current Account Deficit." Remarks at the Sandridge Lecture, Virginia Association of Economists. March 10.

Bernanke, Ben S. 2020. "The New Tools of Monetary Policy." *American Economic Review* 110 (4): 943 – 983.

Blahous, Charles. 2017. "Fix the Federal Spending Baseline First." *Economics* 21. New York: Manhattan Institute. September 10.

Blanchard, Olivier. 2019. "Public Debt and Low Interest Rates." *American Economic Review* 109 (4): 1197 – 1229.

Blanchard, Olivier, and Lawrence H. Summers (eds). 2019. *Evolution or Revolution? Rethinking Macroeconomic Policy after the Great Recession.* Cambridge, MA: MIT Press.

Bloom, Nicholas, Mark Schankerman, and John Van Reenen. 2013. "Identifying Technology Spillovers and Product Market Rivalry." *Econometrica* 81 (4): 1347 – 1393.

Borio, Claudio, Leonardo Gambacorta, and Boris Hofmann. 2017. "The Influence of Monetary Policy on Bank Profitability." *International Finance* 20 (1): 48 – 63.

Borio, Claudio, and Haibin Zhu. 2008. "Capital Regulation, Risk-taking and Monetary Policy: A Missing Link in the Transmission Mechanism?" BIS Working Paper 268. Bank for International Settlements.

Boushey, Heather, Ryan Nunn, and Jay Shambaugh (eds). 2019. *Recession Ready: Fiscal Policies to Stabilize the American Economy.* Washington: Brookings.

Caballero, Ricardo J., Emmanuel Farhi, and Pierre-Olivier Gourinchas. 2017. "The Safe Assets Shortage Conundrum." *Journal of Economic Perspectives* 31 (3): 29 – 46.

Campbell, John Y., Adi Sunderam, and Luis M. Viceira. 2017. "Inflation Bets or Deflation Hedges? The Changing Risks of Nominal Bonds." *Critical Finance Review* 6: 263 – 301.

Chetty, Raj. 2008. "Moral Hazard versus Liquidity and Optimal Unemployment Insurance." *Journal of Political Economy* 116 (2): 173 – 234.

Congressional Budget Office (CBO). 2000. *The Budget and Economic Outlook: Fiscal Years 2001 – 2010.* Washington.

Congressional Budget Office. 2019a. *An Evaluation of CBO's Past Deficit and Debt Projections. Washington.*

Congressional Budget Office. 2019b. *The 2019 Long-term Budget Outlook.* Washington.

Congressional Budget Office. 2020a. *An Update to the Budget Outlook: 2020 to 2030.* Washington.

Congressional Budget Office. 2020b. *An Update to the Economic Outlook: 2020 to 2030.* Washington.

Congressional Budget Office. 2020c. *Automatic Stabilizers in the Federal Budget: 2020 to 2030.* Washington.

Congressional Budget Office. 2020d. *Federal Debt: A Primer.* Washington.

Congressional Budget Office. 2020e. *The 2020 Long-Term Budget Outlook.* Washington.

Congressional Budget Office. 2020f. *The Outlook for Major Federal Trust Funds 2020 to 2030.* Washington.

Council of Economic Advisers (CEA). 2015. "Long-term Interest Rates: A Survey." Report.

Dell' Ariccia, Giovanni, Luc Laeven, and Gustavo A. Suarez. 2017. "Bank Leverage and Monetary Policy's Risk-taking Channel: Evidence from the United States." *The Journal of Finance* 72 (2): 613 – 654.

DeLong, J. Bradford, and Lawrence H. Summers. 1988. "How Does Macroeconomic Policy Affect Output?" *Brookings Papers on Economic Activity* 19 (2): 433 – 480.

DeLong, J. Bradford, and Lawrence H. Summers. 2012. "Fiscal Policy in a Depressed

Economy." *Brookings Papers on Economic Activity* 43 (1): 233 – 97.

Dickens, William T., Isabel Sawhill, and Jeffrey Tebbs. 2006. "The Effects of Investing in Early Education on Economic Growth." Brookings Policy Brief No. 153. Washington: Brookings.

Dixit, Avinash K. and Robert S. Pindyck. 1994. *Investment Under Uncertainty*. Princeton, NJ: Princeton University Press.

Elmendorf, Douglas W., and Louise M. Sheiner. 2017. "Federal Budget Policy with an Aging Population and Persistently Low Interest Rates." *Journal of Economic Perspectives* 31 (3): 175 – 94.

Fiedler, Matt, Jason Furman, and Wilson Powell III. 2019. Increasing Federal Support for State Medicaid and CHIP Programs in Response to Economic Downturns. Unemployment Insurance and Macroeconomic Stabilization. In *Recession Ready: Fiscal Policies to Stabilize the American Economy*, eds. Heather Boushey, Ryan Nunn, and Jay Shambaugh, 93 – 127. Washington: Brookings.

Furman, Jason. 2016. "The New View of Fiscal Policy and Its Application." Remarks at Global Implications of Europe's Redesign Conference. New York. October 5.

Gaspar, Vitor, Maurice Obstfeld, and Ratna Sahay. 2016. "Macroeconomic Management When Policy Space Is Constrained: A Comprehensive, Consistent, and Coordinated Approach to Economic Policy." IMF Staff Discussion Note, September 2016.

Government Accountability Office (GAO). 1992. Prompt Action Necessary to Avert Long-term Damage to the Economy. Washington.

Haavelmo, Trygve. 1945. "Multiplier Effects of a Balanced Budget." *Econometrica* 13 (4): 311 – 318.

Hendren, Nathaniel, and Ben Sprung-Keyser. 2020. "A Unified Welfare Analysis of Government Policies." *The Quarterly Journal of Economics* 135 (3): 1209 – 1318.

International Monetary Fund (IMF). 2015. Can Fiscal Policy Stabilize Output? In April 2015 Fiscal Monitor: Now Is the Time, 21 – 48.

Koo, Jaewoon, and Yunxing Song. 2016. "The Relationship Between Income Inequality and Aggregate Saving: An Empirical Analysis Using Cross-Country Panel Data." *Applied Economics* 48: 892 – 901.

Mourougane, Annabelle, Jarmila Botev, Jean-Marc Fournier, Nigel Pain and Elena Rusticelli. 2016. "Can an Increase in Public Investment Sustainably Lift Economic Growth?" OECD Economics Department Working Papers No. 1351.

National Commission on Fiscal Responsibility and Reform. 2010. "The Moment of Truth." Washington.

Oreopoulos, Phillip, Till von Wachter, and Andrew Heisz. 2012. "The Short-and Long-Term Career Effects of Graduating in a Recession." *American Economic Journal: Applied Economics* 4 (1): 1 – 29.

Organisation for Economic Co-operation and Development (OECD). 2016. "Chapter 2: Using the Fiscal Levers to Escape the Low-Growth Trap." In OECD Economic Outlook 2016, no. 2. Paris: OECD Publishing.

Rachel, Lukasz, and Lawrence H. Summers. 2019. "On Secular Stagnation in the Industrialized World." *Brookings Papers on Economic Activity* 50 (1): 1 – 54.

Reifschneider, David, and John C. Williams. 2000. "Three Lessons for Monetary Policy in a Low-Inflation Era." *Journal of Money, Credit, and Banking* 32 (4): 936 – 966.

Sarin, Natasha and Lawrence H. Summers. 2019. "Shrinking the Tax Gap: Approaches and Revenue Potential." Tax Notes. November 18.

Stansbury, Anna, and Lawrence H. Summers. 2020. "The End of the Golden Age of Central Banking?" Secular Stagnation is About More than the Zero Lower Bound?" Unpublished manuscript.

Summers, Lawrence H. 2014. "U. S. Economic Prospects: Secular Stagnation, Hysteresis, and the Zero Lower Bound." *Business Economics* 49 (2): 65 – 73.

The Board of Trustees, Federal Old-Age and Survivors Insurance and Federal Disability Insurance Trust Funds. 1989. *The 1989 Annual Report of the Board of Trustees of the Federal Old-Age and Survivors Insurance Trust Fund and The Federal Disability Insurance Trust Fund, Pursuant to 42 U. S. C. 401 (c) (2), 1395i (b) (2), 1395t (b) (2).* Washington.

The Board of Trustees, Federal Old-Age and Survivors Insurance and Federal Disability Insurance Trust Funds. 2020. *The 2020 Annual Report of the Board of Trustees of the Federal Old-Age and Survivors Insurance and Federal Disability Insurance Trust Funds.* Washington.

The Boards of Trustees, Federal Hospital Insurance and Federal Supplementary Medical Insurance Trust Funds. 2020. *The 2020 Annual Report of the Boards of Trustees of the Federal Hospital Insurance and Federal Supplementary Medical Insurance Trust Funds.* Washington.

Tymoigne, Eric, and L. Randall Wray. 2013. "Modern Money Theory 101: A Reply to Critics." *Levy Economics Institute*, Working Papers Series.

Yagan, Danny. 2019. "Employment Hysteresis from the Great Recession." *Journal of Political Economy* 127 (5): 2505 – 2558.

关于加强财政政策和货币政策配合问题的思考

周诚君

一、对现代货币理论的简要评论

1. 现代货币理论的背景

自凯恩斯创立宏观经济学以来，财政政策和货币政策作为总量政策手段，在二战后各国的逆周期宏观调控中发挥了重要作用，宏观调控主要是指财政政策和货币政策及其协调。不过，在传统凯恩斯主义理论指导下，政府过度扩张的总需求政策最终导致了滞胀的恶果，由于李嘉图等价和对私人部门的挤出效应，以及发达国家福利支出刚性和政治决策程序等原因，财政政策作为宏观调控手段的政策空间越来越小，货币政策被赋予了更多的责任。特别是，20 世纪 80 年代中期以来，在“单一目标、单一工具”的货币政策下，主要发达国家进入长达 20 多年产出和通胀稳定的“大缓和”时代，货币政策几乎成为各国宏观调控最主要的政策手段（Mishkin，2011）。然而，全球金融危机之后，尽管主要央行采取了史无前例的大规模量化宽松等非常规政策手段，但这些政

* 周诚君，中国人民银行金融研究所所长，研究员。本文初稿为作者在 2020 年 9 月 27 日举办的“2020 上海货币论坛——疫情冲击下的货币理论和货币政策”研讨会上的发言，部分数据已更新至 2020 年末。该论坛由当代经济学基金会、上海发展研究基金会、复旦发展研究院、复旦大学经济思想与经济史研究所共同举办。本文仅代表个人学术观点，与任何机构无关。

策仅仅在短期有效，在产出、物价等货币政策最终目标的长期效果上并不理想（Filardo and Nakajima，2018）。甚至，各国进入长期停滞和以低增长、低利率、低通胀、高杠杆（“三低一高”）为特征的经济“新常态”（Summers，2014；Williams，2018）。资产价格高企和债务杠杆攀升进一步增加了金融脆弱性，严重制约了中央银行的政策空间，非常规货币政策难以退出而被迫常态化，货币政策空间不断收窄。由此，财政政策应在刺激经济复苏方面发挥更大作用，以及财政政策与货币政策协调等问题，逐渐引起各方的关注。正是在这一背景下，2019 年以来现代货币理论（MMT）在国外得到了广泛的关注和讨论。

作为后凯恩斯主义的一个分支，现代货币理论早在 20 世纪 90 年代就已被正式提出（Wary，1998；Mitchell，1998），其学术渊源可追溯至 20 世纪初德国历史学派经济学家克纳普（Knapp，1905）秉承货币名目说（Chartalism）提出的货币国定论，并吸收了凯恩斯（1930）和后凯恩斯主义重要代表明斯基（Minsky，1977）等人的思想，也被称作“新名目主义”（Neo-Chartalism）。不过，作为后凯恩斯主义分支的现代货币理论一直属于非主流，处于学术和政策的边缘，很少被人关注，直至全球金融危机后出于政策应对的需要，特别是美国财政经历数次“财政悬崖”，才引起了学术界的高度重视。2019 年，威廉·米切尔（William Mitchell）、兰德尔·雷（Randall Wray）和马丁·沃茨（Martin Watts）还共同出版了基于现代货币理论的《宏观经济学》教科书，意图挑战融合了新凯恩斯主义、新古典宏观的现代宏观经济学和中央银行政策分析主流的动态随机一般均衡（DSCE）理论框架。国内有学者很早就系统地研究和介绍过现代货币理论（李黎力、贾根良，2012；李黎力，2019），2017 年中信出版社还组织翻译了兰德尔·雷于 2015 年出版的新著《现代货币理论：主权货币体系的宏观经济学》，2019 年以来国内也涌现了大量有关现代货币理论的研究成果。因此，本文不再对现代货币理论进行赘述，仅对其进行简要的评论。

2. 对现代货币理论的简要评论

现代货币理论认为，中央银行只是政府的一个部门，而货币是作为债务由政府开出来的借据，这一假设在现代经济理论看来是有问题的。然而应当承认，现代货币理论将货币作为一种特殊的债务，作为政府税收和发债凭证，是清偿债务的支付手段，这一观点还是有一定的可取之处。长期以来，最早由休谟（1752）系统阐述的货币外生论一直被人们广泛接受，其重要的代表就是货币数量论及以此为指导的金本位制政策实践。不过，自凯恩斯（1930）提出货币内生论以来，货币内生的观点逐渐被广泛接受并已成为当前的理论共识（Moore，1988；Bindseil and Konig，2013），债务成为信用货币创造的关键所在（Mcleay et al.，2014；Goodhart，2017）。不过，现代货币理论认为，货币是包括私人部门和政府部门在内的所有社会经济运行部门开出来的借据，高能货币（High-powered Money，HPM）则是现代经济体系运行的基础。所谓高能货币，就是清偿税款并处于债务金字塔顶端的货币，也是银行货币（即信用货币）用来兑换的货币，用于经济部门间的清算，因此政府税收和发债对理解货币非常重要，现代货币理论也被称作“税收驱动货币”（Tax Driven Money，TDM）。尽管高能货币在概念上与货币乘数的信用货币创造理论中的基础货币很相似，但两者存在本质不同。最主要的区别在于，根据现代货币理论，政府在高能货币中起着决定性作用，而中央银行仅居从属地位。货币政策应无条件地与财政政策相配合，央行应直接向财政部购买国债支撑高能货币，也就是所谓的“财政赤字货币化”，这也是现代货币理论最重要的政策主张之一。

尽管在现代经济早期和古典经济学时代，财政和金融往往没有很大区别，都可以用 Finance 表示，但英格兰银行在国债发行和政府融资中发挥了非常重要的作用，成为英国在与法国长期争霸中最终胜出的关键，这表明随着现代经济的发展，金融与财政的功能开始分化。特别是，以 1844 年英国采用金本位制为标志，现代中央银行制度逐步确立以来，财政政策与货币政策具有了完全不同的含义，作为现代宏观调控的两大政策手段，也分别用 Fiscal Policy 和 Monetary Policy 来表示。现代货币理论认为，政府债务可以无限扩张，但这必须以政府只能以本币借债为前提。显然，拉美债务危机中的很多国家、欧债危机中的希腊政府，其境地与日本政府完全不同，表明这一前提在很多情况下与现实不符。更何况，当前仍存在很多货币局制度（包括香港在内），根本不存在所谓本币和主权货币安排。

更主要的是，财政赤字货币化还面临着币值贬值的政策约束，这既包括对内贬值（也就是通胀约束），也包括对外贬值（汇率贬值）。从支付和记账单位的角度看，货币实际上是包括私人部门和政府部门在内的所有社会经济运行部门开出来的借据，是信用的表示。最初物物交换时代没有货币，当出现交换的时滞情形时，就需要借据代表未来偿付的信用。政府、私人部门都可以开借据，借据多了，就产生了一家集中处理这些借据的机构，由它来负责登记、托管和清算这些借据，这就是中央银行。这里，中央银行只是在整个社会层面上把所有这些借据综合起来，类似于一个借据交换所、清算所，这样可以反映全社会信用的总和，既包含作为政府部门信用的借据，也包含作为私人部门信用的借据。到后来，出于节省成本、提高效率的考虑，由中央银行统一发行标准化的借据，供公共部门和私人部门使用，这就是货币。

中央银行统一发行标准化借据的数量标准，就是整个社会各类市场主体所需借据的总和，它代表了全社会信用的总和。在不是由中央银行统一开具借据的情况下，债权债务关系发生在出票人和持票人之间；而在中央银行统一发行标准化票据的情况下，债务人由中央银行集中代表，持有中央银行集中发放的借据的任何市场主体，对这些数量借据对应的商品或劳务都具有偿付请求权或追索权，这就是中央银行发行法定货币的无限法偿性。现代社会中，大多数法定货币虽然已经不是贵金属货币，或者也没有足额的贵金属或硬通货作为储备支撑，但仍然首先是中央银行的负债，具有无限法偿性。因此现代货币即便是信用货币，最后也必然要偿还，市场主体不愿意持有或者对其不信任时，就要申索其债权，兑换该货币所能偿付的商品或劳务。

从对内贬值来看，如果财政扩张刺激总需求明显超过了总供给，不可避免地会带来通胀。即使政府没有外债且在封闭条件下，政府也不可能无限制地扩张财政支出，否则一定会出现恶性通胀，无数的历史教训都表明了这一点。远的，古罗马帝国在铜币中掺假，王莽新朝托古币制改革；近的，德国魏玛共和国的恶性通胀，1949 年前国民政府肆意发行金圆券；现今，津巴布韦和委内瑞拉，任何缺乏节制的财政赤字货币化无不将这些政权推向崩溃的边缘。

从对外贬值来看，本币增发会带来贬值压力，从而造成资本外流，通过财政增发的货币可能被转换为外币流向国外，这不仅会造成汇率大幅贬值，还会影响货币的国际使用。马克、日元等货币国际化的经验表明，币值稳定（通胀可控且汇率具有较强长期趋势）对一国货币的国际化成功至关重要（Frankel，2012；Eichengreen et al.，2012，2016）。就人民币国际化而言，境外市场主体持有任何数量的人民币，中国人民银行就必须对其承担无限法偿的义务。因为任何境外市场主体持有这些人民币，就意味着他可以到中国境内购买他需要的东西。即使他不想购买东西，也可以将这些人民币兑换成其他货币。其实，这种权利对于国内市场主体本质上也是一样的。对于开放的成熟经济体，货币的无限法偿性最终体现为市场主体的选择，当人们不需要或者不信任该货币时，是可以用脚投票的，要么兑现为商品或劳务，要么兑换成其他货币。

可见，货币并非像现代货币理论强调的那样，只有政府起决定性作用的高能货币才是最重要的，而是包括政府在内的所有市场主体开具的借据都非常重要。在由中央银行统一出具借据、形成法定货币并具有无限法偿性的情形下，货币代表全社会信用，名义上是中央银行的负债，实际上其请求或追索的是全社会的商品或劳务，代表了全社会的经济交换活动。即使在仅有政府和私人部门的两部门经济中，中央银行也不属于政府部门，更不代表政府发行作为借据的货币，而是作为独立第三方，负责政府和私人部门出具的所有这些借据（或货币）的集中交换和清算。无论是把中央银行发行货币看作政府行为，还是把中央银行发行的货币视为政府向私人部门出具的借据，都是不妥当的。

二、对当前财政形势的总体判断及其面临的主要问题

1. 对当前财政形势的总体判断

一个总的判断是，我国财政形势比较困难，这既有经济发展阶段转换的长期因素，也与疫情冲击密切相关。

当前，我国已由高速增长转向高质量发展阶段。2010 年以来，中国人口年龄结构的变化趋势性逆转，劳动力数量短缺、质量改善速度放慢，传统的人口红利迅速消失（蔡昉，2010，2020；蔡昉、都阳，2020），潜在产出增速明显收敛。与人口要素禀赋变化密切相关，我国国内储蓄率在 2010 年达到历史最高的 50.7% 后逐步回落。我们根据资金流量表的数据，对居民、企业和政府三个部门的储蓄率分别进行的测算表明，2010 年以来国内储蓄率的下降主要体现在居民部门和政府部门，其中，居民部门储蓄率下降是最主要的原因，可以解释国内储蓄率降幅的 66.2%，而企业部门储蓄率基本稳定在 20% 左右，我国政府部门储蓄在全部储蓄中的占比不大，但也出现了明显下降，2018 年已降至有数据以来最低的 2.1%。政府部门储蓄率的下降，与财政收支形势密切相关。一方面，财政收入很大程度上取决于经济运行状况。经济增速下行不可避免地影响了政府收入，2012 年以来服务业开始超过第二产业成为国民经

济中最主要的产业，税收的微观结构发生了明显变化，而近年来我国连续数年实行大规模减税降费政策，财政收入下降明显。与此同时，随着我国逐步进入老龄化社会，养老、医疗等社会保障支出明显上升，经济转型对财政资金的需求也较大。由此，财政收支缺口压力越来越大。

短期看，疫情冲击导致财政形势更加困难，财政预算体系的四本账（一般公共预算、政府性基金预算、国有资本经营预算、社会保险基金预算）并不平衡，结构上也很窘迫。2020 年，全国一般公共预算收入 182895 亿元，同比下降 3.9%。其中税收收入 154310 亿元，同比下降 2.3%。全国一般公共预算支出 245588 亿元，同比增长 2.8%，增速是过去十几年来的最低值。全年新增减税降费超过 2.5 万亿元，相当于全年 GDP 的 2.5%。财政赤字规模比上一年增加了 1 万亿元，达到 3.76 万亿元，其原因是收入减少 10112 亿元，而非支出扩大 10000 亿元。2020 年，全国政府性基金预算收入 93489 亿元（同比增长 10.6%），全国政府性基金预算支出 117999 亿元（同比增长 28.8%），基金预算支出增速明显高于收入增速；全国国有资本经营预算收入 4778 亿元（同比增长 20.3%），全国国有资本经营预算支出 2544 亿元（同比增长 10.8%）。随着减税降费力度的进一步加大和“六稳”“六保”等政策措施的持续落地，财政困难会进一步加剧。因此，财政篮子需要扩大，财政需要支持，否则巧妇也难为无米之炊。从这个意义上说，我也是凯恩斯主义者——首先得解决眼前的问题，要想办法帮助财政扩大篮子、优化结构。

2. 当前财政政策面临的主要问题

一是财政政策目标不清晰，预算编制、资金投放仍不合理。一方面，在财政资金救助上，疫情暴发后，最需要救助的是家庭部门、中小微企业，这些部门的资产负债表和现金流量表恶化的速度最快，恶化的程度最严重。当然，可以搞新基建，也可以搞一些基础设施项目，但与疫情冲击之下最需救助的部门相比，可能没那么紧迫。另一方面，在财政资金精准投放度上，能不能把公共资金真正投放到那些嗷嗷待哺、揭不开锅的市场主体口袋里？总体上看，成熟市场国家财政政策目标通常非常清晰，有一整套关于财政政策的框架、边界、工具及实施规则，比较强调财政支出的效果。我国财政缺乏独立性和清晰的目标，其职能更接近政府出纳，财政支出的方向、目标很大程度上由发改委等部门决定，长期以来倾向于支持基建、政府投资等领域。

二是财政资金的投入产出效率明显下降。如果说过去财政投入可以换来一些就业、GDP的增长，但随着市场化程度越来越高，有非常好的数据表明，单位财政投入产生的回报明显递减。对于每一笔财政投资，需要考虑它对推动经济复苏的边际回报怎么样？同样一笔财政支出，用于救助中小微企业和家庭部门、修复其资产负债表，还是在某些领域开展公共投资、建成若干“新基建”项目，会更有利于推动GDP增长、带来更明显的边际产出提升？毕竟，随着投资边际效率递减，要素投入和投资扩张的传统增长模式难以为继。我国的财政支出很大一部分都投向基础设施等固定资产投资，2020年一般公共预算的交通运输、农田水利等支出高达3.6万亿元，占全部支出的14.7%。我们对2009年以来各省资本回报率进行了测算，发现资本回报率与投资率存在显著的负相关关系，两者的相关系数高达-0.795，并在1%水平下显著；投资率最高与最低的省份相差超过70%，在其他条件不变的情况下，两地资本回报率之差高达7.85个百分点。而且，政府主导投资与资本回报率显著负相关，市场化投资方式则能够有效提升资本回报率。固定资产投资中预算内资金占比与资本回报率显著负相关，相关系数为-0.435，并在5%水平下显著；投资中预算资金占比最高与最低的省份之间，国家预算内资金占比或灵活资金占比的差距超过16%，在其他条件不变的情况下，两地资本回报率相差4.28个百分点。因此，即使是对于公共投资，也要考虑哪些领域的投资边际产出相对更高、回报更明显。

三是财政支出存在挤出效应、分配效应、金融周期效应等负面影响。过去我国财政支出聚焦于基建投资、政府直接投资企业等，对民间投资、私人部门投资会产生挤出效应。在当前经济受疫情冲击的情况下，财政资金如果不能精准救助中小微企业和家庭部门，一方面无助于修复中小微企业和家庭部门的资产负债表，另一方面不急需救助的部门获得财政资金支持，甚至一部分资金流向了资本市场，从而形成负向分配效应。财政投向如果不精准，还会激励杠杆率较高的一些企业更容易从商业银行、金融市场获得资金支持，进一步推高杠杆率，加剧金融风险，扩大金融周期效应。过去，通常由发改委确定“铁公基”项目，现在强调投资“新基建”，但在财政资金有限、公共投资回报递减、财政投资负效应日益明显的情况下，非常有必要对财政投资的产出效率进行评估。

四是财政债务风险明显加大，融资成本日益沉重。一方面，我国财政债务风险不容忽视。2020 年，我国财政赤字率约 3.7%，首次突破 3%，但与发达经济体的 12.7% 和新兴及发展中经济体的 10.7% 相比，我国的财政赤字率并不高，仍有很大的空间。不过，我国财政的实际债务负担较大。根据社科院的数据，2020 年末我国政府部门杠杆率为 45.6%，其中，中央政府杠杆率为 20%，地方政府杠杆率为 25.6%，明显低于主要发达国家水平。但是，根据国际货币基金组织（IMF，2020）第四条款磋商报告披露的最新数据，如果考虑政府具有偿债义务的隐性债务，我国增广概念的政府杠杆率在 2016 年超过欧盟 60% 的风险警戒线（为 66.4%），2019 年更是高达 80.5%，预计 2020 年将突破国际流行的 90% 公共债务风险阈值标准（为 91.7%）。另一方面，财政债务融资成本成为一个非常现实的问题。扩大财政预算篮子，除了税收以外，还需要通过金融市场融资，其成本也很大程度上影响了财政的可持续性和财政投入的产出效率。2020 年，我国发行了 1 万亿元抗疫特别国债，增加 1.6 万亿元地方政府专项债券，一般公共预算债务付息支出 9829 亿元，同比增长 16.4%，是所有预算内支出项目中增长最快的。特别是，2020 年二季度以来，资金价格上升非常快，幅度也比较大。2020 年 4 月 10 年期国债的收益率在 2.5% 左右，但是到了 6 月则超过了 3.1%，而且基本维持在 3.1% 甚至更高的水平。这对财政的大规模融资带来了一些挑战。

总的来说，应当综合分析和评估财政存在的这些问题。一方面，加强财政自身的建设，加快落实党的十九届四中全会提出的有关财税体制改革任务，为实施好积极的财政政策提供强有力的制度保障。另一方面，中央银行也可以从自身角度，以及加强财政政策和货币政策配合的角度，创新政策手段，支持缓解当前财政存在的迫切困难。

三、进一步加强财政政策与货币政策的配合

目前，国内有很多学者对健全财政政策进行了大量研究，对如何做好财政预算、应更加关注预算质量而非预算赤字、明确财政的目标和方向等问题，进行了广泛的讨论。这里，我们将对进一步加强货币政策和财政政策配合这一问题进行深入探讨。

首先，应积极帮助财政扩大篮子，增加财政实力。与货币政策相比，财政政策在经济结构调整方面的优势更为明显。在当前疫情应对的特殊时期，财政政策可以充分发挥结构调节的作用，更具有帮扶救助的意义。为此，需要进一

步夯实财政基础，而支持财政扩大篮子有很多办法，如最近实施的发行特别国债、专项债等政策。在这个过程中，中央银行也可以发挥积极的作用，国际上有很多值得借鉴的经验。

需要强调的是，正如一开始表明的，我们并不赞同现代货币理论和财政赤字货币化的政策主张，中央银行支持财政扩大篮子绝不是如很多市场观点讨论的那样，希望中央银行直接为财政买单。尽管历史上我国也有很多中央银行支持财政的实践，如1998年和2007年为了支持国有商业银行改革，通过商业银行买入专项国债或特别国债，之后还有抵押补充贷款（PSL）支持棚改，等等。为应对2008年金融危机以及最近由于疫情导致的美国金融市场动荡，美联储设计了非常好的机制，配合财政部进行必要的救助。比如成立一个特殊目的载体，财政部和央行各出一定比例，在承担损失上确定谁优先谁劣后等，其目的就是为了更好、更有力地应对危机。中央银行并非不可以介入，但如果要介入，一定要按市场原则，事先明确机制，明确责权边界，明确事后怎么退出。在这方面，美国的做法值得学习。在机制和产品设计上，财政部和美联储并不是自己拍脑袋，而是请最好的投资银行做设计，确保尊重和反映市场规律，具有可持续性。例如，为了更好地支持中小企业“保就业”，美联储创设了薪酬保护计划流动性便利（PPPLF）工具，为参与美国小企业局（SBA）负责的薪酬保护计划（PPP）提供贷款的金融机构提供低成本流动性支持，增强其服务中小企业的意愿和能力。PPPLF充分体现了美国中小企业金融支持以财政政策为主、货币政策为辅的特点，主要依托美联储贴现窗口，根据政策需要和不同机构的特点，完善业务流程，充分考虑激励相容和资产安全性原则。

另外，在条件比较具备时，中央银行可以在二级市场购买国债。从各部门资产负债表和技术上看，人民银行在二级市场购买国债并不违反人民银行法，2000—2003年我们就曾积极参与国债二级市场交易。大多数成熟市场国家的中央银行都在二级市场上购买和交易国债。在美国，中央银行持有的国债占美联储资产负债表的60%左右，占整个国家发行国债总量的将近40%。在日本，日本银行持有的国债占日本所有国债余额的比例大概在50%左右，占其资产负债表的80%。德国的情形也差不多。成熟市场的中央银行都在二级市场上购买和交易国债，既不违反法律，也是货币政策操作通行的做法。

通过二级市场买卖国债发行基础货币，既符合现代中央银行的主流做法，更有利于改善中央银行资产负债表的结构和质量，增强中央银行公开市场操作的能力。与成熟市场国家相比，人民银行资产结构限制了货币调控的灵活性、主动性。目前，人民银行资产负债表规模约37万亿元，但大多数是外汇占款，而外汇储备的任何变动不仅会影响基础货币，也会影响汇率。目前，我国已退出常态化外汇市场干预，外汇储备在20余万亿元的水平保持基本稳定。人民银行账上有一些国债，大致1.5万亿元左右，仅占央行资产负债表的4%多一点，占我国国债余额的9%左右，这两个比例都非常低。而且，这些国债大部分都是历史上形成的。有些是过去为支持国有商业银行改革而持有的，有些是一些商业银行与中央银行做中期借贷便利（MLF）过程中持有的，属于银行的抵押品，一般不能用来做公开市场操作，所以几乎没有流动性。中央银行资产负债表上缺乏足够的、具有良好流动性的资产，会导致它对市场利率，特别是短期利率的调控缺乏充足的市场化手段。

当然，总体看，目前国债市场的规模、品种和流动性本身也存在问题，要成为中央银行公开市场操作的主要工具，还不太具备充分的条件，需要做很多工作。一是国债市场规模仍相对有限，中央银行在二级市场买卖国债容易产生市场挤出效应。2020年末，我国国债余额20.6万亿元，市场占比18.1%，仅次于地方政府债和金融机构债。不过，作为无风险资产，国债市场需求较大，主要是作为配置类资产大多被金融机构持有到期。特别是，随着我国债券市场对外开放的加速推进，境外机构投资者对国债需求较大。截至2020年末，境外机构持有国债余额占比为9.7%，但当年境外机构持有新增国债占比高达13.8%。二是国债市场流动性较低，国债衍生品发展缓慢，市场深度有限。2020年，我国国债现券换手率仅为2.41倍。虽较以往有了一定提高，但与美国10倍以上和英、德等国4倍以上差距明显。由于监管、定价机制等因素制约，标准债券远期等创新工具发展不足，信用违约互换（CDS）发展缓慢。三是我国短期国债占比较低。2020年，1年及以内短期国债占比28.9%，2—10年期国债占比62.3%，10年期以上占比8.8%，这与美国短期国债占比在最近几年都保持50%以上存在较大差距。四是国债仍然免征利息税，削弱了其金融属性。虽然免税能够促进国债发行，但这仅限于弥补财政资金缺口的功能，降低了国债收益率与其他债券收益率的可比性，提高了投资者的持债意愿并降低了市场流动性，不利于国债衍生品市场深化发展和国债收益率曲线的健全完善，一定程度上导致债券市场的收益率曲线难以发挥基准利率的作用。

其次，综合施策，努力降低财政融资成本。财政在一级市场上发行国债，总是希望发行利率相对低一点。但是，大规模发行特别国债，势必对市场流动性及利率产生影响。如果中央银行资产负债表具有较好的流动性，资产端就可以通过一定的公开市场操作把政策利率确定得更加符合期望目标，更加吻合市场走向，从而帮助财政降低融资成本。历史上，1998 年专项国债、2007 年特别国债均以定向发行方式为主，由人民银行适时出台措施稳定市场流动性，对债券市场的影响较为有限。另外，还可以探索一些其他机制设计。例如，商业银行购买的特别国债，是否可以用来缴纳存款准备金？1992 年英国取消法定准备金要求之前，就允许商业银行将其持有的 1 年期以内的短期国债作为准备金。

再次，支持财政进一步提升资金投向的精准性。在财政本身比较困难的情况下，尤其要准确判断哪些领域是当前最需要财政救助的，哪些领域最需要政府投入且单位投入产生的就业增长或 GDP 贡献比较高，然后，相应地把有限的财政资金精准地投放到这些领域。在这方面，中央银行有一些优势。一方面，中央银行有覆盖全国的分支机构和各级国库；另一方面，中央银行有覆盖全国和几乎所有市场主体的现代化支付系统，甚至可延伸到每一个人的手机终端。可充分利用金融科技手段，通过中央银行国库和现代化支付系统，以及数字支付和金融手段，帮助财政救助资金精准投放，特别是疫情冲击下那些最需要政府救助的领域。中央银行可以充分发挥贴近市场、直达乡镇、数据充分、技术先进等优势，与财政部门一道，采取措施，不断提升财政资金投向的精准度，把财政资金投到那些最需要的部门、机构和市场主体手里，特别是很多非常困难的小微企业和家庭部门的口袋里，帮助他们修复资产负债表和现金流，提高财政资金的使用效率。

最后，中央银行还可以跟财政部门一道，对财政资金的投入产出效果进行适当的评估。当前，我国市场化程度日臻成熟，每一分财政资金都要精打细算，花得物有所值，这需要定量评估。特别是，预算制度安排、预算管理要比预算执行本身更重要。中央银行在这方面也积累了一些能力，尤其是国库实际上设在中央银行，中央银行有完备的国库业务系统和统计体系。不论是为了应对新冠疫情这类突发性外部冲击问题，还是为了解决经济周期问题、金融周期问题，如果财政资金支出的投入产出效率高，中央银行可予以积极支持，帮助降低财政资金成本，甚至可以配套金融资源放大财政投入规模。而在有些领域，如果通过绩效评估发现效果不佳，则应建议控制财政资金支出的边界，或在融资规模和成本上予以体现。不仅要评估财政支出的正向效应，如实现精准救助、解决失业问题、促进经济增长、推动技术创新等，而且要评估财政支出在降低负向效应方面的作用，如分配效应、挤出效应、金融周期效应等。这样，才能更好地支持财政政策，不忘初心，为老百姓把钱花好、把钱用好、把经济搞好。

参考文献

Bindseil, U., and P. Konig (2013). Basil J. Moore's Horizontalists and Verticalists, *Review of Keynesian Economics*, 1 (4): 383–390.

Eichengreen, B., D. Park and K. Shin (2012). When Fast-Growing Economies Slow Down: International Evidence and Implications for China", *Asian Economic Papers*, 11 (1): 42–87.

Eichengreen, B., L. Chitu and A. Mehl (2016). Stability or Upheaval: The Currency Composition of International Reserves in the Long Run, *IMF Economic Review*, 64 (2): 354–380.

Filardo, A. and J. Nakajima (2018). Effectiveness of Unconventional Monetary Policies in a Low Interest Rate Environment, *BIS Working Papers*, No. 691.

Frankel, J. (2012). Internationalization of the RMB and Historical Precedents, *Journal of Economic Integration*, 27: 329–365.

Goodhart, C. A. E. (2017). The Determination of the Money Supply: Flexibility Versus Control, *The Manchester School*, 85: 33–56.

Hume, D. (1752). *Writings on Economics*, New Jersey: New Brunswick, 2007.

IMF (2020). People's Republic of China: Staff Report for the 2020 Article IV Consultation, www. imf. org, Dec., 2nd.

Keynes, J. (1930). Treatise on Money. New York: Harcourt, Brace& Co.

Knapp, G. (1905). The State Theory of Money, London: Macmillan& Company Limited, 1924.

Mcleay, M., A. Radia, and R. Thomas (2014). Money Creation in the Modern Economy, *Bank of England Quarterly Bulletin*, Q1: 14–27.

Minsky, H. (1977). The financial instability hypothesis, *Challenge*, 20 (1): 20–27.

Mishkin, F. (2011). Monetary Policy Strategy: Lessons From The Crisis, *NBER Working Paper*, No. 16755.

Mitchell, W. (1998). The buffer stock employment model, *Journal of Economic Issues*, 32 (2): 547–555.

Mitchell, W., L. R. Wray and M. Watts (2019). *Macroeconomics. London: Red Globe Press.*

Moore, B. (1988). Horizontalists and Verticalists: The Macroeconomics of Credit Money, *Cambridge University Press.*

Summers, L. (2014). US Economic Prospects, *Business Economics*, 49 (2): 65 – 73.

Williams, J. (2018). The Future Fortunes of R-star, *FRBSF Economic Letter*, No. 2018 – 13.

Wray, L. (1998). Understanding Modern Money: The Keyto Full Employment and Price Stability, *Edward Elgar.*

Wray, L. (2015). Modern Money Theory: A Primer on Macroeconomics for Sovereign Monetary Systems, *Springer.*

蔡昉,《人口转变、人口红利与刘易斯转折点》,《经济研究》, 2010 第 4 期。

蔡昉、都阳,《中国的储蓄率变化、决定因素和影响》,《新金融评论》, 2020 第 3 期。

李黎力,《现代货币理论的历史与逻辑》,《政治经济学季刊》, 2019 第 3 期。

李黎力、贾根良,《货币国定论:后凯恩斯主义货币理论的新发展》,《社会科学战线》, 2012 第 8 期。

创新专题

On Innovation

Comparative

促进创新的政策工具包

尼古拉斯·布鲁姆　约翰·范里宁　海蒂·威廉姆斯

自20世纪70年代以来，除了1996—2004年的小幅上升之外，美国经济的生产率增长一直持续放缓。其他发达国家也经历了这种令人沮丧的生产率变化趋势。而且，生产率增长放缓的同时，大多数美国工人的实际工资增长令人失望，工资不平等加剧。

创新是最发达国家确保生产率长期可持续增长的唯一途径。对于远离技术前沿的国家，追赶式增长是可行的选择；但对美国、日本和西欧国家等领先经济体来说，却并非如此。那么，对这些国家来说，激发技术创新的最有效政策

---

* Nicholas Bloom，斯坦福大学 William D. Eberle 经济学讲席教授；John Van Reenen，麻省理工学院经济系和斯隆管理学院 Gordon Y. Billard 讲席教授；Heidi Williams，斯坦福大学经济学教授。三位作者同时也是美国国民经济研究局研究员。原文“A Toolkit of Policies to Promote Innovation”发表于2019年夏季出版的 *Journal of Economic Perspective*（JEP），Vol. 33，No. 3，第163—184页。本文的翻译出版获得了JEP的授权。——编者注

** 有关附录、数据集和作者披露声明等补充资料，请参阅文章页面 https：//doi. org/10. 1257/jep. 33. 3. 163.

*** 作者感谢编辑 Timothy Taylor、Enrico Moretti、Gordon Hanson 和以下各位对早期文稿给予的有益评论：Bronwyn Hall、Ben Jones、Josh Lerner、Petra Moser 和 Jim Poterba。本文的研究，部分得到了下列机构的支持（通过向 NBER 授予 U01-AG046708 的方式）：Sloan Foundation、Smith Richardson Foundation、Schmitt Sciences、Economic and Social Research Council、National Institute on Aging，National Institute of Health Common Fund，Office of the NIH Director。本文仅代表作者观点，不代表 NIH 和 NBER 的官方观点。

是什么?

在本文中，我们采取了一种实用的方法来回答这个问题。如果政策制定者带着固定的财政预算和政治资本找我们要投资创新政策，我们会提供什么建议呢?我们探讨了一些主要的创新政策措施以及证明它们能行之有效的现有证据，这些措施包括：有利于研发的税收政策、政府的研究资助、旨在增加创新导向型人力资本供给的政策、知识产权政策，以及促进竞争的政策。在结论部分，我们将这些证据汇总成一个“工具包”，并从社会成本和收益的角度，根据现有证据的质量和含义以及政策的整体影响，对工具包中的政策进行排序。我们还根据政策的落实速度和可能的分配效应，对政策进行评分。

我们认为，创新政策并不是解决美国生产率问题的唯一办法。事实上，即便在美国国内，很多公司也远远落后于技术前沿，而帮助这些公司迎头赶上（例如通过改进管理实践）可能意义重大。不过我们相信，在重振主要经济体的解决方案中，合理的创新政策设计是关键内容之一，它将带来福利的长期大幅增长。在开启我们的探索之旅前，我们先从一些背景事实入手，然后回答一个显而易见的问题：为什么政策制定者要将资源用于创新?

一些背景事实

2015 年，美国在研发方面的支出略高于 4950 亿美元。① 图 1 显示了自 1953 年以来，这一数额随时间的变化情况，以及企业、联邦政府和其他机构（包括州和地方政府）资助的研发经费占 GDP 的比例。研发支出占 GDP 的比例从 1953 年的约 1.3% 增至 2015 年的约 2.7% 。随着时间的推移，联邦政府资助的研发支出份额相对下降；2015 年，企业的研发支出是联邦政府的两倍以上。表 1 对这些统计数据做了一些国际比较，列出了美国和其他九个最大经济体（按 2015 年 GDP 衡量）的研发支出及其占 GDP 的比例，以及经合组织（OECD）的平均水平。美国在研发上的投入比其他国家多，但其研发支出占 GDP 的比例低于德国和日本。

近年来，美国约有 13% 的研发在高校内进行。这种研发也相对独特，因为高校只承担了美国不到 50% 的基于基础研究的研发。从这些机构的角度看，

---

① 除非另有说明，本节及本文后面部分的所有数据和事实均来自美国国家科学委员会（National Science Board，2018）。

最近几年美国高校略多于 50% 的研发支出是联邦政府资助的，其中的大部分资金投向生命科学领域，少部分资金投向工程、物理科学等其他领域。

另一套衡量创新活动的指标着重关注科学工作者。截至 2000 年，美国研究人员的比例一直在增长，但之后便始终稳定在 0.7% 至 0.9% 之间。欧盟的比例与此类似，日本则接近 1%。

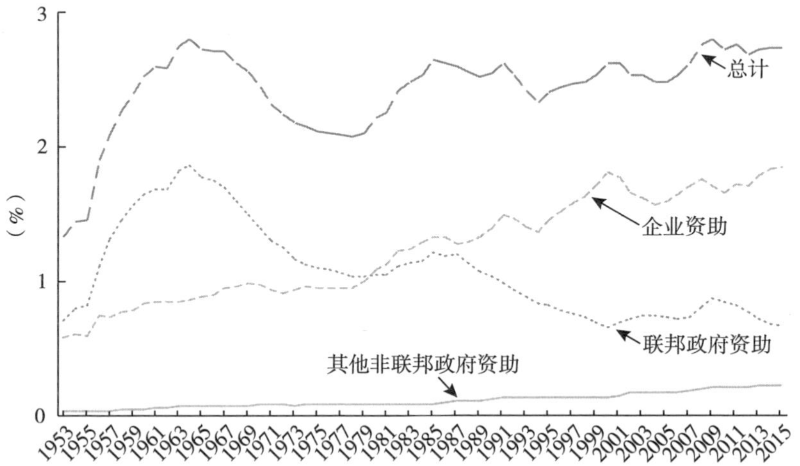

图 1　1953—2015 年美国研发支出占 GDP 的比例（按资金来源计算）

注：本图呈现了从 1953 年到 2015 年，美国研发支出占 GDP 的比例在总体上以及在研发资金来源方面随时间变化的情况。

资料来源：该图为 National Science Board（2018）第 4 章的图 4.3。原始数据来自 National Science Foundation、National Center for Science and Engineering Statistics、National Patterns of R&D Resource（年度系列）。

与美国科研人员规模相关的另一项指标是，按高技能工人类别发放的临时工作签证数量，包括 J-1（交流访问者）签证、H-1B 签证和 L-1（公司内部受让人）签证。1991—2015 年，这类签证的主要增长点是 J-1 签证，从大约 15 万个增加到超过 33 万个。H-1B 签证数量从 1991 年的约 5.2 万个增至 2015 年的近 17.5 万个。在此期间，签证数量的上限为 6.5 万个，这表明，此项增长是由发放给大学、非营利研究机构和政府研究机构雇员的 H-1B 签证推动的，所有这些机构都不受年度 H-1B 配额限制。

政府为何要促进创新?

政府通常希望增加创新，从而促进经济增长；实际上，研发支出水平较高的国家一般都较为富裕（例如参见 Jones，2015）。然而，标准的经济理论表明，在不发生市场失灵的情况下，政府最好把投资决策权交给私人企业。大家可以看到不少经常被引用的政府失败案例，比如英法的协和式超音速飞机（其他案例参见 Lerner，2009）。但话又说回来，还是有许多基于政府资助研发的发明实例令人印象深刻，譬如喷气发动机、雷达、核能、全球定位系统（GPS）和互联网（Janeway，2012；Mazzucato，2013）。

表 1　2015 年研发支出的国际比较

	国家研发支出（10 亿美元）	研发支出占 GDP 比例（%）
美国	496.6	2.7
中国	408.8	2.1
印度	50.3	0.6
日本	170.0	3.3
德国	114.8	2.9
俄罗斯	38.1	1.1
巴西	38.4	1.2
法国	60.8	2.2
英国	46.3	1.7
印度尼西亚	2.1	0.1
经合组织（平均水平）	31.7	2.4

注：该表显示美国和其他 9 个 2015 年 GDP 最高国家的国内研发支出总额（按购买力平价调整后的 10 亿美元计算）和研发支出占 GDP 的比例，以及经合组织的平均水平（截至 2015 年 36 个成员国的平均值）。

资料来源：数据来自 National Science Board（2018）第 4 章表 4.5。原始数据来自 OECD Main Science and Technology Indicators（2017/1）；联合国教科文组织 Statistic Data Ceutre（http://data.uis.unesco.org/；查阅日期为 2017 年 10 月 13 日）。

经济学家在论证政府干预创新的合理性时，关注的核心市场失灵现象就是知识溢出。如果一家公司创造了真正新颖的产品，这些知识可能会扩散到其他公司，后者可以复制原始研究成果或从原始研究中学习，而无需支付全部研发成本。想法往往是杂乱无章的，即使设计了良好的知识产权制度，新想法的好处也很难完全变现。有大量学术文献论证了创新带来的这些正溢出效应。

换言之，经济理论还表明，市场经济中的研发支出可能过低或者过高，这取决于知识溢出相对于产品市场溢出的净规模。产品市场溢出背后的关键逻辑是，私人激励可能导致企业过度热衷于窃取他人的研发成果，因为创新企业可以抢占其他企业的市场份额，但并不一定带来社会效益。不妨看看制药业的典型例子：一家公司也许会花费数十亿美元开发某种药物，这种药物只比竞争对手生产的仿制（me-too）药好一点点。但是，治疗价值的微小提升可能会让第二家公司占领几乎整个市场。假如仿制药在疗效上与它们替代的产品没有区别（并且不考虑此类药品可能产生降价竞争的好处），那么制药市场的这种动态很可能为制药公司股东带来巨大的私人利益，而对患者几无裨益。

概括地说，有三种方法用于评估溢出效应：案例研究、生产函数法和基于专利数量（patent counts）的研究。

最著名的案例研究方法或许是格里利克斯（Griliches，1958）提出的，他估算了杂交玉米研究方面的公共和私人投资实现的社会收益率。格里利克斯估计，截至1955年，杂交玉米研究的年平均投资收益率为700%。谷物或玉米生产商几乎没有从中获利；相反，收益以更低价格和更高产出的形式传递给了消费者。尽管这项研究被广泛引用，但格里利克斯本人也探讨了计算成功“油井”这类项目的收益率面临的挑战。虽然我们的评估通常包含钻探和成功开发一口油井的成本，但在理想情况下，我们还是希望估算出包括采到石油之前钻探全部“枯井”的成本。关于更具体的扩散例子，参见科明和霍比恩（Comin and Hobijn，2010）汇编的数据。

生产函数法摒弃具体技术的细节，而将生产率增长（或其他创新产出指标）与滞后的研发投资指标联系起来。这里的主要挑战在于，研发是由诸多因素决定的，而这些因素也独立地影响生产率。最近采纳这一方法的论文开始使用影响研发投资的政策实验来识别因果关系（例如参见Bloom、Schankerman and Van Reenen，2013）。

运用专利引用情况衡量溢出效应的关键思想是：每项专利都引用其他专利，所有这些专利构成了“在先技术”（prior art）的基础，而在先技术就是那些使特定专利成为可能的现有创新。特拉伊滕贝格等人（Trajtenberg，1990；Jaffe、Trajtenberg and Henderson，1993）率先提出了这种方法。尽管有证据表明，专利引用可能是策略性的（某些引用还是专利审查员在专利审查过程中添加的)，但专利引用的存在为知识溢出提供了一个可衡量的指标（譬如参见 Griffith、Lee and Van Reenen，2011）。如前所述，生产函数法面对的挑战是找到方法确定相关影响渠道，以便“能够从海量数据中发现溢出效应的路径”(Griliches，1992)。而使用专利引用的优势在于，它提供了一种直接的方式推断哪些企业获得了溢出效益。

更一般地说，寻找溢出效应的诀窍是专注于定义一个（或多个）可以传导溢出效应的维度。在这一维度上彼此距离较近的公司将更容易受到同行研发努力的影响。这方面的例子包括过去的专利类别揭示的技术距离（Jaffe，1986)，企业研发实验室之间的地理距离以及产品市场距离（企业经营的行业)。总体而言，这类关于溢出效应的文献一致认为，研发的社会收益远远高于私人收益，这证明了政府支持创新的政策有其合理性。例如在美国，勒金、布鲁姆和范里宁（Lucking、Bloom and Van Reenen，2018）的最新评估使用30年的企业数据和基于生产函数的方法，记录了大量正知识净溢出的证据。他们估计，社会收益率约为60%，私人收益率约为15%，这表明有必要大幅增加公共研究补贴。

鉴于这一知识溢出证据，一个明显的解决方案是向发明人授予强大的知识产权（如专利)，以此增加发明的私人收益。专利是一项禁止他人销售受保护发明的临时权利。专利会导致一定的效率损失，因为专利通常能让卖方收取高于生产成本的价格。但是，由于潜在的创新者希望自己的努力能够获益更多，所以专利会增强开展更多研发的激励，从而促进动态效率的提高，并抵消不利的效率影响。实际上，正如我们将在下文更详细讨论的，专利制度还远未完善，其中之一，就是其他企业可以频繁围绕一项专利反复发明创造。毕竟上述关于知识溢出的经验证据都引用了美国的数据，而美国拥有以国际标准衡量的强大的知识产权制度。

除了溢出效应，发放研发补贴还有另外的潜在理由，这些理由与其他市场的失灵有关。例如，金融约束可能会限制企业的创新数量。因为创新不易度量，当企业没有抵押品可向银行抵押以换取债务融资时，它们可能很难筹集到资金。这一见解表明，股权可能是更好的创新资金来源，但股权面临着另一个挑战：信息不对称。在创新获得专利或在市场上展示之前，对技术的必要保密使筹资变得困难。“相信我，我有一个很棒的想法，所以请资助我吧”，说这样的话几乎不会奏效；“我来详细描述一下我尚未获得专利的想法”，这样的做法则很可能让潜在投资者窃取企业家的创意。

有证据表明，金融约束往往会阻碍创新（有关调查参见 Hall and Lerner，2010）。但是，困扰研发资金的金融约束并不必然成为政府提供补贴的理由：政府对项目质量的了解一般比不上企业或投资者，因此制定适当的政策干预措施绝非易事。解决金融约束的有效政策不仅涉及对企业的财政支持，还涉及准确识别和挑选高质量投资的机制，这通常说易行难。

现在，我们转向讨论一些主要的创新政策措施：支持研发的税收政策、政府的研究资助、旨在增加创新导向型人力资本供给的政策、知识产权政策以及促进竞争的政策。

促进研发的税收优惠政策

税法对企业研发支出的宽容度往往高于对有形资本投资的宽容度。特别是，由于大多数研发费用都是即期成本，比如科学家的工资和实验室材料，所以可以在发生的当年冲销。相比之下，对厂房、设备和建筑物等长期资产的投资必须在多年内冲销，这使得企业只能在未来的某个时候减少其税收义务。

不过，除了这种税收结构优势，许多国家还为研发另行设计财政激励方案，譬如允许对税收义务做额外的扣除。例如，如果企业将 100% 的研发支出作为即期费用，而企业所得税税率为 20%，那么每 1 美元的研发支出将减少 0. 20 美元的企业税。但是，倘若政府允许 150% 的超额减税，同样假设企业税率为 20%，则 1 美元的研发支出将减少 0. 30 美元的企业税。1981 年，里根总统在美国首次推行了“研究与实验税收抵免制度”。目前，这项政策使美国联邦政府每年减少约 110 亿美元的税收（National Science Board，2018）；另外，州级研发税收抵免（1982 年在明尼苏达州开始实施）也造成每年 20 亿美元的税收损失。

经合组织（OECD，2018）报告称，在其调查的 42 个国家中，有 33 个国家为研发提供了一定程度的税收优惠。就优惠程度而言，美国联邦研发税收抵免在经合组织成员国中位列后 1/3，使美国的研发支出成本降低了约 5%。这主要是因为美国的税收抵免基于一个企业的研发支出增量，而不是基于其研发支出总额。在提供最慷慨资助的国家，比如法国、葡萄牙和智利，相应的税收激励措施可将研发成本降低 30% 以上。

研发税收抵免果真能提高研发支出吗？答案似乎是肯定的。一个相应的狭义问题是：当研发的税收价格下降时，研发的数量是否会增加？这个问题之所以引发兴趣，部分原因是大多数人（以及很多专家调查）认为，研发的驱动力在于基础科学的进步，也许还受到市场需求的影响，而不是税收优惠政策。今天，有大量研究使用各种数据和方法，探索税收优惠规则发生的变化（有关调查参见 Becker，2015）。而许多早期研究则采用跨国面板数据（Bloom、Griffith and Van Reenen，2002）或美国的跨州数据（Wilson，2009），将研发的变化与税收规则的变化相联系。此外，最近一些研究使用了企业层面的数据，并考虑政策改变前后税收规则对企业的不同影响。例如，规模低于阈值的企业可能会获得更优厚的税收待遇，因此，可以使用断点回归法比较政策变化前后刚好低于阈值和刚好高于阈值的企业（Dechezleprêtre et al.，2016）。综合宏观和微观研究，可以得出一个合理的总体结论：从长远看，研发的税收价格下降10%，将导致研发支出至少增加10%；换言之，研发资本相对于经税收调整后的用户成本的弹性绝对值等于或大于1。

研究和政策方面的一个担忧是，企业可以把现有支出重新标记为“研发支出”，以便享受更慷慨的税收优惠。例如有学者（Chen et al.，2019）发现，随着中国企业税收规则的改变，重新贴标签的现象大行其道。评估研发税收抵免成功与否的一个直接方法是查看其他指标的结果，比如专利申请、生产率或就业机会。令人鼓舞的是，这些更直接的指标似乎也随着税收变化而逐渐增加（虽然有所滞后）（关于美国的证据，见 Lucking，2019；Akcigit et al.，2018；关于英国的证据，见 Dechezleprêtre et al.，2016；关于中国的证据，见 Chen et al.，2019；关于挪威的证据，见 Boler、Moxnes and Ulltveit-Moe，2015）。

另一个担忧是，研发税收抵免不会提高总体研发数量，而只是导致企业迁往财政激励措施更慷慨的地区，远离激励力度较小的地区。美国政策制定者可能并不在意税收抵免是否将经济活动从（譬如）欧洲转移到美国，但我们预计，他们会在意各州特定的税收抵免是否能将经济活动从一个州转移到另一个州。在美国各地，五花八门的地方政策毫不隐讳地提供越来越慷慨的补贴，一心想让创新活动落地开花。例如，随着一些城市提供了高达50亿美元的补贴，亚马逊第二总部引爆了激烈的竞争。这或许会造成一些扭曲，毕竟出价最高的地区并不总能产生最具社会价值的研究。

有部分证据表明，迁移是对税收优惠政策的响应。从个体发明家的流动性和个人所得税税率切入，莫雷蒂和威尔逊（Moretti and Wilson，2017）发现了美国境内的跨州迁移；另外阿克西吉特、巴斯兰兹和斯坦切瓦（Akcigit、Baslandze and Stantcheva，2016）证明，国际层面存在类似的迁移模式。威尔逊（Wilson，2009）以及布鲁姆和格里菲斯（Bloom and Griffith，2001）也论述了一些响应研发税收抵免而迁移的证据。然而，单单迁移似乎并不能解释我们在创新相关结果中观察到的所有变化。阿克西吉特等人（Akcigit et al.，2018）对迁移进行了明确的检验，并评估了税收优惠变化对未迁移企业的影响。总的来说，这些文献得出的结论是，尽管各地发生了一些迁移，但国家层面的研发税收抵免对研发量和生产率的总体影响是巨大的。

专利盒制度

专利盒是爱尔兰于20世纪70年代最先推出的一种特殊税收制度，它对专利相关收入征收比其他商业收入更低的税率。截至2015年底，16个经合组织成员国使用了专利盒，或与知识产权相关的结构性税收优惠政策（Guenther，2017）。虽然专利盒方案号称是激励研发的一种方法，但在实践中，它们鼓励企业将其知识产权使用费转移到不同的税务管辖区，从而诱发税收竞争。专利盒使得企业能够操纵申报的专利收入，进而最大程度地降低其全球税收负担（Griffith、Miller and O'Connell，2014），因为企业（尤其是跨国公司）在决定如何入账其知识产权的应税收入方面拥有很大的回旋余地。尽管使用专利盒政策获取流动的税收收入（foodloose tax revenue）可能对政府颇具吸引力（Choi，2019），但这种政策对研发或创新的实际地点和数量没有太大影响。盖斯勒、霍尔和哈霍夫（Gaessler、Hall and Harhoff，2018）发现，若干欧盟国家引入专利盒略微影响了专利所有权的转让，但对实际的发明毫无影响。

我们认为，专利盒是一种有害的税收竞争实例，打着支持创新政策的幌子扭曲税收制度。与设计良好的研发税收抵免（在这一政策下，很难操纵研究实验室的所在地）相比，专利盒不应受到鼓励。

政府的研究资助

基于税收的研发支持有一个缺点，即税收政策很难瞄准产生最多知识溢出并要避免商业盗窃的研发活动。相反，政府主导的资助可以聚焦基础研发，譬如大学里的基础研发，而不是行业应用研发，从而更合理地瞄准目标研发。各式各样的政府项目为了鼓励创新，争相给科研人员［例如通过美国国立卫生研究院（NIH）］或私人公司［例如通过小企业创新研究计划（SBIR）］提供补助资金。这些项目的效果到底如何？

评估研发补助资金的效果是一大挑战。公共研究资助通常（且情有可原地）试图瞄准最有前途的研究人员、最有前景的项目或最重要的社会问题。因此，我们很难对获得公共研发资金的研究人员、公司或项目建立反事实分析。如果1美元的公共研发仅仅挤掉1美元本来可以投资于同一项目的私人研发，那么公共研发可能不至于对整体研发配置产生实质影响，更不会影响生产率或增长。但是，公共研发资助也有可能增加了私人研发支出，甚至"挤入"并吸引了额外的私人研发支出。

雅各布和莱弗格林（Jacob and Lefgren，2011）使用美国国立卫生研究院拨款申请的管理数据，有效比较了刚好获得和刚好错失国立卫生研究院大笔拨款的学术申请人。他们证明，这些资助对研究成果产生了积极但微小的影响：导致5年内多发表了一篇文章（增长7%）。对这种微弱影响的一种解释是，未获得国立卫生研究院拨款的申请人通常会获得其他资金继续他们的研究。与此相一致的是，对于那些可能更依赖国立卫生研究院资金的研究人员（他们不太可能找到其他的资金来源），其生产率受到的影响更大。

除了学术产出，公共研发资助还可能从几个方面影响私人企业。首先，向学者提供的公共研发资助可以对私人企业产生溢出效应。阿祖莱、格拉夫·齐文等人（Azoulay、Graff Zivin，et al.，2019）运用国立卫生研究院在不同研究领域提供资金的准实验性变化，证明国立卫生研究院资助学者的资金每增加1000万美元，将导致私人企业额外申请2.7项专利。其次，私人企业本身有时也会开展政府资助的研发活动。莫雷蒂等人（Moretti et al.，2019）使用军事研发支出的变化（常常由外生的政治变化驱动），分析了军事研发公共补贴的影响。他们指出，对私人企业的公共研发支出每增加10%，私人研发就会增加3%，这表明公共研发挤入了私人研发（他们还证明，生产率也因此得到提高）。最后，私人企业可以直接获得公共补贴。豪厄尔（Howell，2017）通过研究"小企业创新研究计划"拨款申请的结果，比较了边际赢家和输家。她估测，早期的"小企业创新研究计划"拨款会使企业获得后续风险投资的概率增加约一倍，获得"小企业创新研究计划"拨款还对企业的收入和专利申请具有积极意义。

公共资助研发还有两个重要方面值得一提。首先，公共研发补贴的很大一部分流向了大学，从政策角度看，这是合理的，因为基础学术研究的溢出效应可能远远大于贴近市场的应用研究的溢出效应。拥有强大科技型大学的地区与私人部门创新之间明显存在相关性（想想加利福尼亚州的硅谷、马萨诸塞州的128号公路和北卡罗来纳州的研究三角区）。杰斐（Jaffe，1989）在其开创性的研究中，论证了学术研发对企业专利申请的重要影响，这一发现也在若干学者的研究（Belenzon and Schankerman，2013；Hausman，2018）中得到了印证。①

政府还可以资助自己的研发实验室，例如斯坦福大学的SLAC国家加速器实验室。这类实验室可以在其专攻的技术和地理区域产生更多的研究活动和就业机会。英国的钻石光源同步加速器好像做到了这一点（Helmers and Overman，2016），但是，这种情况下的增长似乎主要源于英国国内研究活动的迁移，而非源于总体研究的增加。

关于如何设计互补政策，使大学发现的成果转化为有利于消费者的技术，也一直存在争议。美国1980年颁布了《拜杜法案》（Bayh-Dole Act），对公共研发支持下产生的发明的所有权进行了一些重大修订。部分由于《拜杜法案》，大学对其校内各机构工作人员开发的知识产权拥有所有权；许多大学建立了"技术转让办公室"，为研究成果的商业化提供更多支持。拉赫和尚克曼（Lach and Schankerman，2008）论证了科学家对创新拥有更大的所有权可带来更多的创新。此外，来自挪威的证据（详见Hvide and Jones，2018）显示，当大学研究人员享有其创新的全部权利时，他们更有可能申请发明专利并启动初创企业。换句话说，由于学术研究人员的经济回报发生了变化，原本可能搁置在"象牙塔"里的想法更有希望变成真正的产品。

人力资本供给

以上我们着重讨论了通过税收制度或直接补助资金降低研发成本、增加研发需求的政策。然而，考虑这样一个例子：假设科学家承担了所有的研发，并且科学家的总数固定不变。如果政府加大了研发需求，结果只会提高科学家的工资，对研发或创新的数量没有任何影响。当然，这个例子有点极端。可能有

① Jaffe and Lerner（2001）分析了通常由大学管理的国家实验室，并记录了溢出效应的证据。Valero and Van Reenen（2019）就大学对整体生产率和具体创新的影响进行了广泛的实证研究。Hausman（2018）和Andrews（2019）也发现了大学对美国创新的积极影响。

某种能力可以取代研发中的其他要素。同样，从长期看，随着工资的上涨，以及从短期看，通过来自其他国家的移民，科学家的供给弹性也许会发生变化。① 其潜在的含义是，正如罗默（Romer，2001）强调的那样，要增加创新活动的数量，就要提供更多有研究型人力资本的工人。供给增加不仅直接扩大创新的数量，还通过降低研发人员的均衡价格间接促进研发。此外，由于这些员工的薪酬很高，增加科学人力资本供给（scientific human capital）也有助于减少工资不平等。

有不少政策工具可以增加科学人力资本供给。就前沿创新而言，最直接的政策或许是提高发明者的数量和质量。为了让更多的人接受科学、技术、工程和数学（俗称 STEM）训练，各国都尝试采取了很多政策。评估这些政策的成败颇为困难，因为这些政策往往面向整个经济，其影响只有在长期才能显现。

这类文献的一个分支关注大学的地理位置、扩展和监管，而大学是 STEM 工作者的主要供应方。例如，有学者（Toivanen and Väänänen，2016）论证了，在技术大学（这类机构 20 世纪 60 年代和 70 年代在芬兰迅速扩张）附近长大的个人更有可能成为工程师和发明家。当然，这样的政策或许能增加 STEM 领域的合格从业者的供给，但是大学教师的研究和创新也可以直接影响当地的创新成果。

比安奇和乔尔切利（Bianchi and Giorcelli，2018）使用意大利 STEM 专业招生要求的变化（这一变化扩大了毕业生数量），对前一种解释进行了更直接的检验并得出了结论。他们证明，STEM 专业的这种外生增加总体上催生了更多的创新，而影响尤其聚集在化学、医学和信息技术领域。他们还指出，简单地让更多的人接受 STEM 训练可能会带来一个普遍的“渗漏”问题：许多接受了 STEM 训练的毕业生会选择在金融等不太注重研发或创新的行业工作。

移民为研究人力资本对创新的影响提供了另一种视角。历史上，美国一直执行相对开放的移民政策，这有助于美国吸引人才。在美国 25 岁及以上年龄的劳动力中，移民占 18%；而在 STEM 工作者中，移民占 26%。移民还拥有 28% 的高质量专利（以至少在两个国家的专利局申请的专利来衡量），31% 的

---

① 这一观点也表明，研发税收抵免的一般均衡效应可能会部分削弱其对创新的影响。这些影响很难用微观数据检验。一些宏观研究确实显示了部分挤出效应（Goolsbee，1998），另一些研究则显示没有挤出效应（Bloom、Griffith and Van Reenen，2002）。Atkeson and Burstein 即将发表的论著将这些因素整合在一个宏观模型中，以说明创新政策巨大的长期福利效应。

博士学位（Shambaugh、Nunn and Portman，2017）。大量研究表明，美国移民，特别是高技能移民，促进了创新。例如，克尔和林肯（Kerr and Lincoln，2010）利用影响 H1-B 签证数量的政策变化，论证了新移民自身的创新带来的积极影响。① 亨特和高蒂尔-洛伊塞尔（Hunt and Gauthier-Loiselle，2010）使用 1940—2000 年的州面板数据证明，移民大学毕业生的人口比例每增加 1 个百分点，人均专利数量将增加 9%—18%，他们认为这对其他人群产生了溢出效应。伯恩斯坦等人（Bernstein et al.，2018）将发明人的去世视为对团队生产率的外部冲击，并认为移民对本土创新有巨大的溢出效应。

20 世纪 20 年代初，美国联邦政府引入严格程度不同的移民配额制度（例如，意大利等南欧国家受到的影响比瑞典等北欧国家大），这被用来证明外来移民的减少如何破坏了创新。莫塞尔和桑（Moser and San，2019）用丰富的传记数据表明，这种配额制度阻碍了东欧和南欧科学家前往美国，进而减少了发明总量。还有学者（Doran and Yoon，2018）也发现了这类配额的消极影响。莫塞尔等人（Moser、Voena and Waldinger，2014）则指出，20 世纪 30 年代被德国纳粹政权驱逐的犹太科学家的到来，推动了美国化学领域的创新。

总的来说，大多数现有证据显示，通过扩大大学项目和（或）放宽移民规则增加人力资本供给，不失为一项有效的创新政策。

最后一种增加研发数量的方法是破除人才成为发明家的障碍。低收入家庭出生的孩子、女性和少数族裔成为成功发明家的可能性小之又小。例如，贝尔等人（Bell et al.，2019 年）表明，父母收入排名前 1% 的美国孩子长大后成为发明家的概率，是父母收入低于中位值的美国孩子的 10 倍。作者指出，这种差异与先天能力相关性不大。弱势群体发明率较低的一个更重要的原因似乎是儿童时期与发明家接触的频率存在差距。这意味着，改善社区环境、提高学校质量、更多地接触发明家楷模并接受其熏陶，将有望促进长期创新。

① Doran、Gelber and Isen（2014）使用 H1-B 抽签签证估算得出的影响小于 Kerr and Lincoln（2010）的估计。相比之下，Borjas and Doran（2012）论述了苏联解体对美国人在数学期刊上发表文章造成的负面影响，但他们没有尝试评估总体效应；他们的发现可能反映了学术出版的一个特点，即学术期刊及院系的规模受到（短期）约束。Moser、Voena and Waldinger（2014）估计，移民对创新的影响主要来自新进入者。

知识产权

“知识产权”一词通常用来指包括专利、著作权和其他工具（如商标）在内的一系列政策。尽管这些政策具有某些广泛的共同点，但它们的意义各不相同。譬如，为了换取对发明的披露，专利授予发明人有限期限的财产权，在此期间，发明人有权排除他人制造、使用或销售其发明。相比之下，著作权为原创的文学、戏剧、音乐和艺术作品提供有限的保护期，在此期间，作者有权决定他人是否以及在什么条件下可以使用其作品。管理专利权和著作权的法律规则截然不同，规则实施的具体细节也大相径庭；例如，著作权自作品完成之日起产生（尽管在现实中，如果你不登记著作权，可能很难提起侵权诉讼），而发明人则必须主动选择提交专利申请，专利申请由专利审查员审查。但是，从经济学的角度看，专利权和著作权有诸多相似之处，以至于经济学家经常把这两种政策混为一谈，令不少律师深感懊恼。

博尔德林和莱文（Boldrin and Levine，2013）认为，应该彻底废除专利制度，因为没有证据表明专利权有助于提高创新和生产率。尽管专利制度问题成堆，但在我们看来，彻底废除专利是过激反应。不过，专利的许多不同要素倒是可以加强或放松。这里，我们集中探讨当前正在积极展开政策辩论的两个具体领域。

首先，什么类型的技术应该具有专利资格？美国专利商标局的任务是向新颖、独创、有用且其申请满足公开披露要求的发明授予专利权。长期以来，美国最高法院一直将《美国法典》第 35 章第 101 节解读为抽象概念、自然现象和自然法则不符合专利申请资格。最高法院最近的几份裁决均依据第 101 节的规定，认为若干类型的发明不再具备专利申请资格，包括商业方法（Bilski 诉 Kappos，561 US 593［2010］）、医学诊断测试（Mayo Collaborative Services 诉 Prometheus Laboratories，Inc.，566 US 66［2012］）、人类基因（Association for Molecular Pathology 诉 Myriad Genetics，Inc.，569 US 576［2013］）以及软件（Alice Corp. 诉 CLS Bank International，573 US 208［2014］）。对这些法律裁决的合理解释是，法院在“切分”某些领域，在这些领域中，专利的感知社会成本大于感知社会收益。这个问题从根本上讲是经验性的，但现有的经验证据只能为解答这个问题提供不确定的暗示，而无法提供系统的政策指导基础（Williams，2013，2017；Sampat and Williams，2019）。

其次，目前许多关于专利改革的争论都围绕“专利流氓”（patent trolls）展开，这个贬义词指的是某些“非执业实体”（nonpracticing entities）或专利所有人，他们不制造或使用专利发明，而是购买专利，然后寻求并对被指控的侵权者行使专利权。这里的关键问题是，所谓的专利流氓提起的诉讼是否毫无意义。一方面，哈伯和莱文（Haber and Levine，2014）认为，最近专利诉讼普遍激增与专利流氓的兴起有关，但这未必是存在问题的证据。他们认为，从历史上看，诉讼案件激增与颠覆性技术（如电报和汽车）的推行总是同时发生；而且没有证据表明，当前的专利制度损害了产品质量或提高了产品价格。另一方面，科恩等人（Cohen、Gurun and Kominers，2016）发现，非执业实体（不同于执业实体）会起诉现金持有量增加的公司。他们认为，这种有趣的关系证明：大体而言，非执业实体充当了专利流氓的角色；但是，这一证据几乎没有提供信息说明这种激励在解释更广泛的专利申请或创新趋势方面具有重要意义。尽管其他几个作者团队研究了专利钓鱼的各个方面（Abrams、Akcigit and Grennan，2018；Lemley and Simcoe，2018；Feng and Jaravel，即将发表），但过去的文献迟迟找不到确凿证据证明，很多或大多数非执业实体与减少福利的行为有关。

产品市场竞争与国际贸易

竞争对创新的影响在理论上是模糊的。消极的一面是，熊彼特（1942）认为，创新的期望回报是垄断利润，而日益激烈的竞争往往会削弱这些激励。更宽泛地说，竞争激烈的环境通常意味着未来利润降低，这反过来又会限制可用于资助研发的内部资金，鉴于上文讨论的金融摩擦，这一点或许不容忽视。

但是，竞争同样可以通过一些方式鼓励创新。首先，相比于没有租金损失的新进入者，受益于高准入壁垒的垄断者几乎没有动力革新和放弃他们已经享受的超常利润流［这就是阿罗（1962）描述的“替代效应”］。其次，更激烈的竞争可以促使管理者更加努力地工作和创新。最后，资本和劳动力往往被“困”在企业内部（例如，受限于雇用员工的成本或转移资本的成本）。如果竞争剥夺了一家公司的产品市场，该公司将被迫进行创新以重新部署这些要素（Bloom et al.，2019）。在一些模型中，竞争对创新的影响呈倒 U 形：当竞争不激烈时，加大竞争对创新的影响首先是积极的，然后在竞争程度较高时变得消极（例如，参见 Aghion et al.，2005）。

总之，竞争对创新的净效应仍然是一个没有定论的实证问题。然而，现有的经验证据表明，竞争往往会促进创新，尤其是在最初竞争程度较低的市场。这类文献大多侧重讨论加剧竞争的进口冲击，譬如2001年中国加入世界贸易组织后融入全球市场的情形。有学者（Shu and Steinwender，2019）总结了40多篇关于贸易和竞争的论文，认为在南美、亚洲和欧洲，竞争基本上推动了创新的增加（另见Blundell、Griffith and Van Reenen，1999；Bloom、Draca and Van Reenen，2016）。在北美，进口竞争的影响较为复杂。譬如，奥托等人（Autor et al.，2016）认为，中国的进口竞争减少了美国制造业的创新；而徐睿和龚开济（Xu and Gong，2017）则认为，从制造业转移出来的研发雇员重新就业于服务业，因此其总体影响并不确定。

除了对竞争造成影响外，贸易开放还可以通过扩大市场规模来增加创新，从而将创新成本分摊到更大的市场上（例如参见Grossman and Helpman，1991）。贸易还导致投入增加和知识的更快传播（例如参见Diamond，1997；Keller，2004）。阿吉翁等人（Aghion et al.，2018）使用企业出口市场遭遇的冲击，证明贸易对法国企业创新产生了较大的积极影响。阿特金等人（Atkin et al.，2017）则进行了一项刺激埃及小型服装企业出口的随机对照试验，发现出口可以提高企业的生产率和质量。大量论文表明，优质进口投入的确会带来诸多好处（包括Goldberg et al.，2010；Fieler and Harrison，2018）。

在我们看来，这些文献的政策处方清晰明了：更强的竞争和贸易开放通常会激励创新。这类政策的财政成本相对较低，毕竟降低价格和增加选择的政策还能产生其他的积极影响。不利的一面是，这种全球化冲击可能会加剧人与人之间、地方与地方之间的不平等。

面向小企业

金融约束通常是创新政策聚焦小企业的理由。例如，在许多国家，研发税收抵免对小企业更为慷慨（OECD，2018）。另外，小企业对创新和其他商业支持政策的回应似乎比大企业积极（Criscuolo et al.，2019）。然而，小而精的创新政策也存在一些问题。首先，它们会抑制企业的发展，因为如果企业扩张超过一定规模，它们将失去获得补贴的资格。其次，最容易受到这类金融约束影响的是年轻企业，而不是小企业。

将许多规模较小的高科技公司聚集在一起是一项受欢迎的政策。这可以在高密度加速器（密集的指导；精选）或孵化器（较少的支持；粗选）或较大的科学园区进行。其目的是产生集聚效应。若干案例研究和对这种方法的总结性评述（meta-review）表明，这些政策的总体影响是积极的（Madaleno et al.，2018）。然而我们的感觉是，虽然这些举措非常受地方政府欢迎，但证据仍然很模糊。

在金融摩擦具有影响力的情况下，消除对活跃的早期金融市场发展（比如天使融资或风险投资）的限制不失为一个合理的政策重点。此外，更可取的做法是向年轻企业提供补贴贷款，而不是一般的税收减免或补贴。

是否实施更多的“登月计划”：任务导向型方法

在本文中，我们采取了一种务实的边际分析方法：在政策制定者的约束条件下，如何最好地使用资源以创新促增长。但是，鉴于当前的生产率问题，这种方法可能过于保守。

相反，最近的一些建议旨在促进生产率增长发生重大变化。受二战期间的研发工作和肯尼迪的阿波罗“登月计划”的启发，任务导向型研发政策着眼于对特定技术或部门的支持。在国防（譬如美国国防部高级研究计划局，以下简称DARPA）和太空（譬如美国国家航空航天局，以下简称NASA）领域，许多任务导向型政策都带来了重要的创新。阿祖莱、富克斯等人（Azoulay、Fuchs et al.，2019）详细探讨了“高级研究计划局模式”，这个方法已经从DARPA扩展到国土安全部的HSARPA、美国情报机构的IARPA和能源部的ARPA-E。他们认为，成功范例通常涉及权力下放、积极的项目选择（以及包容不可避免的失败）和组织的灵活性。

经济学家往往对这种以部门为中心的政策持怀疑态度，因为政治决策可能更偏向那些开展游说和从事监管俘获的部门或公司，而不是最具社会效益的部门或公司。此外，在许多情况下，阐明这类“登月计划”背后的经济理据是有难度的。当然，如果仅仅是为了产生更多的创新，当初用于将人类送上月球的资源本可以得到更有效的利用。

对基于任务的“登月计划”，我们有两个主要论点。首先，“登月计划”本身是合理的。应对气候变化的技术就属于这一类型，毕竟人们迫切需要避免环境灾难，而碳排放又存在明显的市场失灵。解决方案要求运用新技术帮助实现经济低碳化，在这种情况下，登月式策略或许能带来最有价值的创新。至于减少疾病等其他社会目标，我们也可以做出类似的评论。重要的是请记住，如果技术变革的速度和方向是内生的，则碳税等传统政策可能有双重效果（既可以减少碳排放，也可以产生激励机制从而引导研发活动转向绿色技术；参见 Acemoglu et al.，2012；Aghion et al.，2016）。

其次，出于政治经济方面的考虑，"登月计划"或许是合理的。要为研究创造大量额外资源，就要创造具有政治上可持续的新愿景。例如，格鲁伯和约翰逊（Gruber and Johnson，2019）认为，将联邦研究经费占 GDP 的比例提高 0.5 个百分点，即从目前的 0.7% 提高到 1.2%（仍低于图 1 中 1964 年观察到的约 2%），会带来 1000 亿美元的资金，这些资金可以投入一些教育程度较高但不太繁荣的美国城市（比如纽约州的罗彻斯特、宾夕法尼亚州的匹兹堡）启动新的技术中心。他们认为，比起让研究经费主要流向研究高度集中的地区（如加利福尼亚州的帕罗奥图和马萨诸塞州的坎布里奇），让它们流向其他地区可以产生局部溢出效应，缓解空间不平等，从而在政治上更可持续。

当然，很难找到可靠的计量经济学证据证明"登月计划"的有效性和效率。我们可以讨论历史情节并使用理论指导我们的思考，但从本质上讲，"登月计划"是独特事件，不可能做明显的反事实检验。

结　论

市场经济可能无法提供创新，主要是因为企业之间存在知识溢出。本文论证了旨在促进创新的政策工具。

我们将我们的判断（当然是主观的）压缩到表 2 中，可以将它作为创新政策制定者的工具包。第 1 列总结了我们对当前可用的经验证据质量的解读，包括论文的数量和这些研究提供的证据的可信度。第 2 列概述政策证据的确凿性。第 3 列根据灯泡的排序（3 个为最高）对总收益减去成本的差额（即净收益）进行评分。这个排序旨在综合反映证据的强度和平均影响的大小。第 4 列和第 5 列给出了另外两个标准：第一，主要影响是短期的（譬如在接下来的 3—4 年）、中期的还是长期的（大约 10 年或更长时间）；第二，对不平等的可能影响。不同的政策制定者（和公民）会给这些标准赋予不同的权重。

表 2　创新政策工具包

政策	证据的质量 （1）	证据的确凿性 （2）	净收益 （3）	时间长短 （4）	对不平等的影响 （5）
直接研发补贴	中	中	💡💡	中期	↑
研发税收抵免	高	高	💡💡💡	短期	↑
专利盒	中	中	负值	不适用	↑
技术移民	高	高	💡💡💡	短中期	↓
大学：提供激励	中	低	💡	中期	↑
大学：STEM 供给	中	中	💡💡	长期	↓
贸易与竞争	高	中	💡💡💡	中期	↑
知识产权改革	中	低	未知	中期	未知
任务导向型政策	低	低	💡	中期	未知

注：这是我们对证据所做的高度主观的解读。第 1 列综合反映研究的数量和研究设计的质量。第 2 列指出现有证据是否能提供任何确定的政策结论。第 3 列评估收益减去成本的大小（假设这些都是正值）。第 4 列描述主要收益（如果有的话）可能是在短期（未来 3—4 年）还是在长期（大约是 10 年或更久）内出现。第 5 列呈现对不平等的可能影响。

资料来源：作者。

在短期内，研发税收抵免和直接公共资助似乎是最有效的，而从长期看，增加人力资本供给（例如，通过扩大 STEM 领域的大学招生）更为有效。鼓励技术移民即使在短期内也会产生重大影响。竞争与开放的贸易政策对创新或许益处不大，但从金融角度讲它们成本低廉，因此得分也很高。一个区别是，研发补贴和开放贸易政策可能会加剧不平等，部分原因是高技能劳动力的需求增加；部分原因是在贸易方面，一些社区将承受贸易调整和失业的痛苦。相比之下，增加高技能劳动力的供给有望缓解对稀缺人力资本的竞争，从而缩小不平等。

当然，对表 2 所列的政策，其他人无疑会有不同看法。不过我们希望，这一框架至少能促使人们就“恢复现代经济的公平增长需要采取什么措施”展开更多的辩论。

（颜超凡 译）

参考文献

Abrams, David, Ufuk Akcigit, and Jillian Grennan. 2018. "Patent Value and Citations: Creative Destruction or Strategic Disruption?" University of Pennsylvania, Institute for Law and Economics Research Paper 13 – 23.

Acemoglu, Daron, Philippe Aghion, Leonardo Bursztyn, and David Hemous. 2012. "The Environment and Directed Technical Change." *American Economic Review* 102 (1): 131 – 66.

Aghion, Philippe, Antonin Bergeaud, Matthieu Lequien, and Marc J. Melitz. 2018. "The Impact of Exports on Innovation: Theory and Evidence." NBER Working Paper 24600.

Aghion, Philippe, Nick Bloom, Richard Blundell, Rachel Griffith, and Peter Howitt. 2005. "Competition and Innovation: An Inverted-U Relationship?" *Quarterly Journal of Economics* 120 (2): 701 – 28.

Aghion, Philippe, Antoine Dechezleprêtre, David Hémous, Ralf Martin, and John Van Reenen. 2016. "Carbon Taxes, Path Dependency, and Directed Technical Change: Evidence from the Auto Industry." *Journal of Political Economy* 124 (1): 1 – 51.

Akcigit, Ufuk, Salomé Baslandze, and Stefanie Stantcheva. 2016. "Taxation and the International Mobility of Inventors." *American Economic Review* 106 (10): 2930 – 81.

Akcigit, Ufuk, John Grigsby, Tom Nicholas, and Stefanie Stantcheva. 2018. "Taxation and Innovation in the 20th Century." NBER Working Paper 24982.

Andrews, Michael. 2019. "How Do Institutions of Higher Education Affect Local Invention? Evidence from the Establishment of U. S. Colleges." https://ssrn.com/abstract=3072565.

Arrow, Kenneth. 1962. "Economic Welfareandllocation of Resources for Invention," in *The Rate and Direction of Inventive Activity: Economic and Social Factors*, 609 – 26. Princeton, NJ: Princeton University Press.

Atkeson, Andrew, and Ariel Burstein. Forthcoming. "Aggregate Implications of Innovation Policy." *Journal of Political Economy.*

Atkin, David, Amit K. Khandelwal, and Adam Osman. 2017. "Exporting and Firm Performance: Evidence from a Randomized Experiment." *Quarterly Journal of Economics* 132 (2): 551 – 615.

Autor, David, David Dorn, Gordon H. Hanson, Gary Pisano, and Pian Shu. 2016. "Foreign Competition and Domestic Innovation: Evidence from U. S. Patents." NBER Working Paper 22879.

Azoulay, Pierre, Erica Fuchs, Anna P. Goldstein, and Michael Kearney. 2019. "Funding Breakthrough Research: Promises and Challenges of the 'ARPA Model'," in *Innovation Policy and the Economy*, vol. 19, edited by Joshua Lerner and Scott Stern, 69 – 96. Chicago: University of Chicago Press.

Azoulay, Pierre, Joshua S. Graff Zivin, Danielle Li, and Bhaven N. Sampat. 2019. "Public R&D Investments and Private-Sector Patenting: Evidence from NIH Funding Rules." *Review of Economic Studies* 86 (1): 117 – 52.

Becker, Bettina. 2015. "Public R&D Policies and Private R&D Investment: A Survey of the Empirical Evidence." *Journal of Economic Surveys* 29 (5): 917 – 42.

Belenzon, Sharon, and Mark Schankerman. 2013. "Spreading the Word: Geography, Policy, and Knowledge Spillovers." *Review of Economics and Statistics* 95 (3): 884 – 903.

Bell, Alex, Raj Chetty, Xavier Jaravel, Neviana Petkova, and John Van Reenen. 2019. "Who Becomes an Inventor in America? The Importance of Exposure to Innovation." *Quarterly Journal of Economics* 134 (2): 647 – 713.

Bernstein, Shai, Rebecca Diamond, Timothy James McQuade, and Beatriz Pousada. 2018. "The Contribution of High Skilled Immigrants to Innovation in the United States." Stanford Graduate School of Business Working Paper 3748.

Bianchi, Nicola, and Michela Giorcelli. 2018. "Reconstruction Aid, Public Infrastructure, and Economic Development." https://ssrn.com/abstract=3153139.

Bloom, Nicholas, Mirko Draca, and John Van Reenen. 2016. "Trade Induced Technical Change? The Impact of Chinese Imports on Innovation, IT and Productivity." *Review of Economic Studies* 83 (1) 87 – 117.

Bloom, Nicholas, and Rachel Griffith. 2001. "The Internationalisation of UK R&D." *Fiscal Studies* 22 (3): 337 – 55.

Bloom, Nicholas, PaulRomer, Stephen J. Terry, and John Van Reenen. 2019. "Trapped Factors and China's Impact on Global Growth." http://people.bu.edu/stephent/files/TF_MAIN_DOC.pdf.

Bloom, Nicholas, Mark Schankerman, and John Van Reenen. 2013. "Identifying Technology Spillovers and Product Market Rivalry." *Econometrica* 81 (4): 1347 – 93.

Bloom, Nick, Rachel Griffith, and John Van Reenen. 2002. "Do R&D Tax Credits Work? Evidence from a Panel of Countries 1979 – 1997." *Journal of Public Economics* 85 (1): 1 – 31.

Blundell, Richard, Rachel Griffith, and John Van Reenen. 1999. "Market Share, Market Value and Innovation: Evidence from British Manufacturing Firms." *Review of Economic Studies* 66 (3): 529 – 54.

Boldrin, Michele, and David K. Levine. 2013. "The Case against Patents." *Journal of Economic Perspectives* 27 (1): 3 – 22.

Bøler, Esther Ann, Andreas Moxnes, and Karen Helene Ulltveit-Moe. 2015. "R&D, International Sourcing, and the Joint Impact on Firm Performance." *American Economic Review* 105 (12): 3704 – 39.

Borjas, George J., and Kirk B. Doran. 2012. "The Collapse of the Soviet Union and the Productivity of American Mathematicians." *Quarterly Journal of Economics* 127 (3): 1143 – 203.

Chen, Zhao, Zhikuo Liu, Juan Carlos Suárez-Serrato, and Daniel Yi Xu. 2019. "Notching R&D Investment with Corporate Income Tax Cuts in China." NBER Working Paper 24749.

Choi, Jane. 2019. "How Much Do Tax Rates Matter for the Location of Intellectual Property." Unpublished.

Cohen, Lauren, Umit Gurun, and Scott Duke Kominers. 2016. "Shielded Innovation." https://ssrn.com/abstract=2758841.

Comin, Diego, and Bart Hobijn. 2010. "An Exploration of Technology Diffusion." *American Economic Review* 100 (5): 2031 – 59.

Criscuolo, Chiara, Ralf Martin, Henry G. Overman, and John Van Reenen. 2019. "Some Causal Effects of an Industrial Policy." *American Economic Review* 109 (1): 48–85.

Dechezleprêtre, Antoine, Elias Einiö, Ralf Martin, Kieu-Trang Nguyen, and John Van Reenen. 2016. "Do Fiscal Incentives Increase Innovation? An RD Design for R&D." Centre for Economic Performance Discussion Paper 1413.

Diamond, Jared. 1997. *Guns, Germs, and Steel.* New York: W. W. Norton.

Doran, Kirk, Alexander Gelber, and Adam Isen. 2014. "The Effects of High Skilled Immigration Policy on Firms: Evidence from H-1B Visa Lotteries." NBER Working Paper 20668.

Doran, Kirk, and Chungeun Yoon. 2018. "Immigration and Invention: Evidence from the Quota Acts." https://www3.nd.edu/~kdoran/Doran_Quotas.pdf.

Feng, Josh, and Xavier Jaravel. Forthcoming. "Crafting Intellectual Property Rights: Implications for Patent Assertion Entities, Litigation, and Innovation." *American Economic Journal: Applied Economics.*

Fieler, Ana Cecília, and Ann Harrison. 2018. "Escaping Import Competition and Downstream Tariffs." NBER Working Paper 24527.

Gaessler, Fabian, Bronwyn H. Hall, and Dietmar Harhoff. 2018. "Should There Be Lower Taxes on Patent Income?" Institute for Fiscal Studies Working Paper W18/19.

Goldberg, Pinelopi Koujianou, Amit Kumar Khandelwal, Nina Pavcnik, and Petia Topalova. 2010. "Imported Intermediate Inputs and Domestic Product Growth: Evidence from India." *Quarterly Journal of Economics* 125 (4): 1727–67.

Goolsbee, Austan. 1998. "Does Government R&D Policy Mainly Benefit Scientists and Engineers?" *American Economic Review* 88 (2): 298–302.

Griffith, Rachel, Sokbae Lee, and John Van Reenen. 2011. "Is Distance Dying at Last? Falling Home Bias in Fixed-Effects Models of Patent Citations." *Quantitative Economics* 2 (2): 211–49.

Griffith, Rachel, Helen Miller, and Martin O'Connell. 2014. "Ownership of Intellectual Property and Corporate Taxation." *Journal of Public Economics* 112 (1): 12–23.

Griliches, Zvi. 1958. "Research Costs and Social Returns: Hybrid Corn and Related Innovations." *Journal of Political Economy* 66 (5): 419–31.

Griliches, Zvi. 1992. "The Search for R&D Spillovers." *Scandinavian Journal of Economics* 94 (Supplement): S29–47.

Grossman, Gene M., and Elhanan Helpman. 1991. *Innovation and Growth in the Global Economy.* Cambridge, MA: MIT Press.

Gruber, Jonathan, and Simon Johnson. 2019. *Jump-Starting America: How Breakthrough Science Can Revive Economic Growth and the American Dream.* New York: Public Affairs Books.

Guenther, Gary. 2017. "Patent Boxes: A Primer." Congressional Research Service Report.

Haber, Stephen, and Ross Levine. 2014. "The Myth of the Wicked Patent Troll." *Wall Street Journal*, June 29, 2014. https://www.wsj.com/articles/stephen-haber-and-ross-levine-the-myth-of-the-wicked-patent-troll-1404085391.

Hall, Bronwyn H., and Josh Lerner. 2010. "The Financing of R&D and Innovation," in

Handbook of the Economics of Innovation, vol. 1, edited by Bronwyn H. Hall and Nathan Rosenberg, 609 – 39. Amsterdam: Elsevier.

Hausman, Naomi. 2018. "University Innovation and Local Economic Growth." https://drive.google.com/file/d/1dfYTyG2zzVvfbRBJQ7arOLt 7d_7M29Fv/view.

Helmers, Christian, and Henry G. Overman. 2016. "My Precious! The Location and Diffusion of Scientific Research: Evidence from the Synchrotron Diamond Light Source." *Economic Journal* 127 (604): 2006 – 40.

Howell, Sabrina T. 2017. "Financing Innovation: Evidence from R&D Grants." *American Economic Review* 107 (4): 1136 – 64.

Hunt, Jennifer, and Marjolaine Gauthier-Loiselle. 2010. "How Much Does Immigration Boost Innovation?" *American Economic Journal: Macroeconomics* 2 (2): 31 – 56.

Hvide, Hans K., and Benjamin F. Jones. 2018. "University Innovation and the Professor's Privilege." *American Economic Review* 108 (7): 1860 – 98.

Jacob, Brian A., and Lars Lefgren. 2011. "The Impact of Research Grant Funding on Scientific Productivity." *Journal of Public Economics* 95 (9 – 10): 1168 – 77.

Jaffe, Adam B. 1986. "Technological Opportunity and Spillovers of R&D: Evidence from Firms' Patents, Profits, and Market Value." *American Economic Review* 76 (5): 984 – 1001.

Jaffe, Adam B. 1989. "Real Effects of Academic Research." *American Economic Review* 79 (5): 957 – 70.

Jaffe, Adam B., and Josh Lerner. 2001. "Reinventing Public R&D: Patent Policy and the Commercialization of National Laboratory Technologies." *RAND Journal of Economics* 32 (1): 167 – 98.

Jaffe, Adam B., Manuel Trajtenberg, and Rebecca Henderson. 1993. "Geographic Localization of Knowledge Spillovers as Evidenced byPatent Citations." *Quarterly Journal of Economics* 108 (3): 577 – 98.

Janeway, William H. 2012. *Doing Capitalism in the Innovation Economy: Markets, Speculation and the State.* Cambridge: Cambridge University Press.

Jones, Charles I. 2015. "The Facts of Economic Growth," in *Handbook of Macroeconomics*, vol. 2A, edited by John B. Taylor and Harald Uhlig, 3 – 69. Amsterdam: Elsevier.

Keller, Wolfgang. 2004. "International Technology Diffusion." *Journal of Economic Literature* 42 (3): 752 – 82.

Kerr, William R., and William F. Lincoln. 2010. "The Supply Side of Innovation: H-1B Visa Reforms and U. S. Ethnic Invention." *Journal of Labor Economics* 28 (3): 473 – 508.

Lach, Saul, and Mark Schankerman. 2008. "Incentives and Invention in Universities." *RAND Journal of Economics* 39 (2): 403 – 33.

Lemley, Mark A., and Timothy Simcoe. 2018. "How Essential Are Standard Essential Patents?" Stanford Public Law Working Paper.

Lerner, Josh. 2009. *The Boulevard of Broken Dreams: Why Public Efforts to Boost Entrepreneurship and Venture Capital Have Failed and What to Do about It.* Princeton, NJ: Princeton University Press.

Li, Xing, Megan MacGarvie, and Petra Moser. 2018. "Dead Poets' Property How Does Copy right Influence Price?" *RAND Journal of Economics* 49 (1): 181 – 205.

Lucking, Brian. 2019. "Do R&D Tax Credits Create Jobs?" http://stanford.edu/~blucking/jmp.pdf.

Lucking, Brian, Nicholas Bloom, and John VanReenen. 2018. "Have R&D Spillovers Changed?" NBER Working Paper 24622.

Madaleno, Margarida, Max Nathan, Henry Overman, and Sevrin Waights. 2018. "Incubators, Accelerators and Regional Economic Development." Centre for Economic Performance Discussion Paper 1575.

Mazzucato, Mariana. 2013. *The Entrepreneurial State: Debunking Public vs. Private Sector Myths.* London: Anthem Press.

Moretti, Enrico, Claudia Steinwender, John Van Reenen, and Patrick Warren. 2019. "The Intellectual Spoils of War? Defense R&D, Productivity and International Technology Spillovers." Unpublished.

Moretti, Enrico, and Daniel J. Wilson. 2017. "The Effect of State Taxes on the Geographical Location of Top Earners: Evidence from Star Scientists." *American Economic Review* 107 (7): 1858 – 903.

Moser, Petra, and Shmuel San. 2019. "Immigration, Science, and Invention: Evidence from the 1920s Quota Acts." Unpublished.

Moser, Petra, Alessandra Voena, and Fabian Waldinger. 2014. "German Jewish Émigrés and US Invention." *American Economic Review* 104 (10): 3222 – 55.

National Science Board. 2018. *Science and Engineering Indicators 2018.* Alexandria, VA: National Science Board.

OECD. 2018. *OECD Review of National R&D Tax Incentives and Estimates of R&D Tax Subsidy Rates, 2017.* Paris: OECD.

Romer, Paul M. 2001. "Should the Government Subsidize Supply or Demand in the Market for Scientists and Engineers?" Chap. 7 in *Innovation Policy and the Economy*, vol. 1, edited by Adam B. Jaffe, Josh Lerner, and Scott Stern, 221 – 52. Cambridge, MA: MIT Press.

Sampat, Bhaven, and Heidi L. Williams. 2019. "How Do Patents Affect Follow on Innovation? Evidence from the Human Genome." *American Economic Review* 109 (1): 203 – 36.

Schumpeter, Joseph A. 1942. *Capitalism, Socialism and Democracy.* New York: Harper and Brothers.

Shambaugh, Jay, Ryan Nunn, and Becca Portman. 2017. "Eleven Facts about Innovation and Patents." Hamilton Project Report, Brookings Institution.

Shu, Pian, and Claudia Steinwender. 2019. "The Impact of Trade Liberalization on Firm Productivity and Innovation," in *Innovation Policy and the Economy*, vol. 19, edited by Josh Lerner and Scott Stern, 39 – 68. Chicago: University of Chicago Press.

Toivanen, Otto, and Lotta Väänänen. 2016. "Education and Invention." *Review of Economics and Statistics* 98 (2): 382 – 96.

Trajtenberg, Manuel. 1990. "A Penny for Your Quotes: Patent Citations and the Value of

Innovations." *RAND Journal of Economics* 21 (1): 172 - 87.

Valero, Anna, and John Van Reenen. 2019. "The Economic Impact of Universities: Evidence from Across the Globe." *Economics of Education Review* 68 (1): 53 - 67.

Williams, Heidi L. 2013. "Intellectual Property Rights and Innovation: Evidence from the Human Genome." *Journal of Political Economy* 121 (1): 1 - 27.

Williams, Heidi L. 2017. "How Do Patents Affect Research Investments?" *Annual Review of Economics* 9 (1): 441 - 69.

Wilson, Daniel J. 2009. "Beggar Thy Neighbor? The In-State, Out-of-State, and Aggregate Effects of R&D Tax Credits." *Review of Economics and Statistics* 91 (2): 431 - 36.

Xu, Rui, and Kaiji Gong. 2017. "Does Import Competition Induce R&D Reallocation? Evidence from the U. S." International Monetary Fund Working Paper 17/253.

特稿

Feature

Comparative

住房、城市增长和不平等

放松规制和升级改造在减少经济和空间不平等中的有限作用

安德烈斯·罗德里格斯-波塞　迈克尔·斯托珀尔

经济学家普遍认为，限制性的土地使用政策会抬高房价。研究发现，在加利福尼亚州，土地使用控制越严格的辖区，住房价格越高且上涨越快；在某些市场中，每一项额外的规制措施都会使住房价格上涨近5%。严格的土地使用控制还与更严重的收入与种族错配和隔离有关。限制性的土地使用政策阻碍了居民迁往生产率更高、工资更高的地区，从而损害了经济增长。

加利福尼亚州参议院第4号议案（MaGuireand Beall，2019年4月10日）

引言：住房不再是一个地方性议题

住房市场失灵会危及当地经济增长，并产生诸如社会隔离、通勤时间长、生活质量下降、无家可归和特定人群的社会流动障碍等问题。近年来，在许多国家的大都市地区，上述问题都有所增加。在发达国家，通过规划和分区制

---

* Andrés Rodríguez-Pose，伦敦经济学院经济地理学教授，长期研究区域增长和不平等、财政和政治分权、制度、区域制度、移民以及发展政策和战略。Michael Storper，加州大学洛杉矶分校区域和国际发展杰出教授，伦敦经济学院经济地理学教授，主要研究领域为区域经济学和发展、城市化的政治经济学、技术变迁和区域发展、区域经济政策等。原文“Housing, Urban Growth and Inequalities: The Limits to Deregulation and Upzoning in Reducing Economic and Spatial Inequality”，发表于*Urban Studies*，2020，vol. 57（2），第223—248页。

(zoning) 进行住房管制长期以来一直被视为地方政策的主要领域，而国家政策则起着支持和指导作用。这种观点现在正在发生改变，因为在主流观点中，大都市地区的住房价格急剧上涨和住房负担能力下降是过度限制性分区和苛刻的建筑管制所致。在全国范围内，地方的限制性住房政策日益被视为扩大社会和空间不平等的中心问题。有人认为，这种联系之所以出现，是因为当地的住房政策阻碍了人们从缺乏活力的地区迁往更有活力的地区。在这种情况下，住房不再是地方性议题，相反，它在有关国家经济增长和全球化对社区影响的辩论中占据中心地位，并有可能在那些被排斥在繁华大都市地区之外的人群中引发民粹主义式的愤怒。

本文同意住房政策可以对经济增长和社会公平产生重要影响，但是，我们也批评了关于住房如何适应全球化时代的经济增长和不平等的主流学术观点。具体而言，我们认为，相比于住房供给对区域迁徙、城市规模或国民经济表现的影响，它对城市（与相邻城市之间）等级的影响更为重要。向繁荣经济区迁徙的主要障碍不是住房，而是城市劳动力需求的技能构成。主要城市区域的可负担性危机是真实的，但这主要不是由住房市场的过度管制，而是由潜在的工资和收入不平等，以及大都市区中心地段的价值（如就业和便利设施集中）急剧攀升所致。我们认为，这种思想流派正在使人们的注意力偏离落后地区面临的实际问题，同时高估了放宽限制性分区对繁荣地区的潜在人口、收入分配和生产率的影响。

区域间不平等的“住房即机遇”观点

自 20 世纪 70 年代新一轮全球化开始以来，两类不平等现象（个体间不平等和区域不平等）均有所加剧（Milanovic，2016）。但是，尽管个体间不平等备受关注（如 Piketty，2014），但区域不平等的平行上升尚未引起足够的重视。不过，区域不平等现象已经显著地发生了转折性变化。在美国，2016 年大都市地区人均收入不平等比 1980 年高出 30%（Ganong and Shoag，2017）。受快速发展的首都地区驱动，欧洲 1900 年以来的长期区域趋同被 1980 年开始的分化取代（Roses and Wolf，2018）。

区域不平等之所以扩大，是因为最近发生的一些变化。首先，区域间移民数量正在下降：到 1980 年，美国的区域间移民比例已经降至其百年平均水平的 50%，并且技能水平对空间的要求越来越高（Giannone，2017）。其次，自

20 世纪 30 年代大萧条以来，欧盟和美国劳动参与率的区域间差异在增大。落后地区和衰落地区创造的工作所需的平均技能水平和支付的工资都低于繁荣地区（Di Cataldo and Rodríguez-Pose，2017）。通常而言，伴随着工资水平降低，从核心地区转移到其他地区就业更为常见（Autor and Dorn，2013）。此外，技术（自动化）抑制了一些常规活动，进口竞争使非技能工人的工资下降（Autor et al. ，2015）。虽然落后地区有一些前景趋好的迹象，如与互联网经济相关的仓储和物流工作岗位在增加，但工资和技能水平停滞不前，就业也受到机器人的挑战。总之，收入和工作分化的新地理格局也是机会分化的新地理格局（Storper，2018）。

如何扭转收入、工作和机会日益加剧的两极分化态势？尽管自 20 世纪 50 年代以来就提出了多种解决方案，但正如《经济学人》（2016）所说的，“正统经济学对区域不平等问题鲜有回答”。近年来，深深植根于城市经济学的一种观点已占据主流：唯一有可能改变现状的地方性政策是破除从落后地区到主要大都市地区的移民壁垒，以应对当前的分化和不平等困境。

根据上述观点，繁荣地区的地方限制性分区导致其住房建设不足，这一障碍必须去除。因此，需要政策的不是落后地区，而是罹患“邻避主义”病的繁荣地区。破除邻避主义将使被繁荣地区高房价和低可及性排斥的其他地区的人们走向繁荣（于是，基于地点的政策会导致基于人的结果）。

遵循这一思路，大量学术论文①提出了一系列相互关联的主张：

1. 繁荣的大都市地区的限制性分区和其他法规限制了住房供应的增长。

2. 这些限制因素推动了房价上涨。

3. 这增加了开发商和土地所有者的收入，抽走了居住在这些地区或试图居住在这些地区的雇员（无论是购房者还是租房者）的收入，从而扩大了个体间的收入不平等。

4. 住房限制阻碍了向富裕地区的移民，抑制了人们，特别是衰落地区的低技能劳动者进入大都市劳动力市场的机会。

5. 繁荣地区减少住房供给的限制，将改变各类技能水平的人口在区域间的

① Ganong and Shoag（2017），Gaubert（2018），Glaeser and Gottlieb（2008），Hsieh and Moretti（2015，2017），Ihlanfeldt（2007），Katz and Rosen（1987），Kline and Moretti（2014），Quigley and Raphael（2005），Saiz（2010）.

空间分布，繁荣的大都市地区将变得更大、生产率更高、更具社会包容性。此外，在全国范围，特别是在繁荣地区内部，个体间收入分配将变得更加平等。

6. 据此推论，落后地区的绝望无助和失业率都将下降，因为向富裕地区的高迁移率将使人均收入增加。

7. 因此，繁荣地区的住房管制放松将产生涓滴效应。在理想的地点扩大住房供给将减少住房市场竞争，并提升广大人口的住房支付能力，大大降低收入分配的不平等程度。

综上所述，这些主张构成了空间经济如何将本地与遥远地区联系起来的雄心勃勃的全面构想。它们构成了日益增强的主流政策共识的基础，该共识以减少繁荣地区的住房限制为中心，声称大规模增加住房用地和容积率是应对和改变当前区域间收入、就业和机会分化的有效手段，降低富裕的大都市地区低收入人群的收入不平等，并增加他们获得住房的机会。

我们称这种观点为“住房即机遇”的政策思想流派。这种观点已经成为学术界主流，它声称取消住房管制对繁荣和较不繁荣的地区乃至整个国民经济都有好处，激起了公众的幻想。在下文将会批评的估计中，谢长泰和莫雷蒂（Hsieh and Moretti，2017）断言，如果住房不受管制，美国经济的规模将会大得多，而且大型集聚区也会进一步扩大规模，因为目前经济停滞地区技能水平较低的人将会迁向这些大型集聚区。因此，在提高所有人的生产率和促进繁荣的双赢局面中，个体间和区域间的不平等将缩小。加农和肖戈（Ganong and Shoag，2017）声称，如果不是繁荣地区的限制性住房法规，自 1980 年以来，州际收入趋同将至少增加 10%。格莱泽（Glaeser，2017）认可了他们的说法，即“美国最重要但成本也很高的法规是土地利用管制”，《纽约时报》编委会及其进步派专栏作家，如保罗·克鲁格曼也支持这一观点，即邻避主义以街区住房管制的形式，使繁华的大都市区变成了将低技能和低教育程度的人阻挡在外的城堡，从而扼杀了国民经济增长。①

① 主流观点也极大地影响了立法者和政策智囊团。奥巴马政府的住房发展（政策）工具包、参议员伊丽莎白·沃伦（Elizabeth Warren）最近提议的《美国住房和经济流动法案》、特朗普政府 2018 年春季的住房和城市发展部出版物《证据事项》以及秘书本·卡森（Ben Carson）2018 年 8 月 14 日发布的推文，都鼓励城市放宽可负担住房的分区。住房发展问题已成为加利福尼亚州的焦点问题，涉及 200 多项参议院法案，其中最重要的是继 2017—2018 年通过的第 35、167 和 827 号法案之后，又提出了 SB 4 和 SB 50（Koseff，2019）。

这也带来了相应的后果。正如有人（Romem，2016，第 1 页）指出的那样，“面临增长压力的城市需要权衡：要么通过向外扩张来适应增长，要么接受未能建造足够新房的社会后果”。因此，当地的住房和分区管制不仅是当地的议题，也已成为国家规划的议题，而且不仅仅在美国是如此。长期以来，它们一直是英国国家政策辩论的关注点。有趣的是，一方面，学术共识将那些强调基于社会正义减少住房管制的群体团结在一起，并认为这有助于帮助低技能人群，扭转分区制与种族排斥之间的长期联系；另一方面，主流经济学家则认为管制效率低下。可以想象，这两派都会受到土地开发商的称赞，他们是总部位于加利福尼亚的“迎臂”（Yes-in-My-Backyard）运动的坚定支持者。①

他们强调繁荣地区住房建设的一个必然结果是系统地拒绝在非繁荣地区实施地方性政策。② 在他们看来，人口稠密的大城市是经济活动的唯一可能动力，通过公共干预在欠发达地区促进经济活动充其量只会导致市场扭曲，最糟的情况则是导致“陷入困境的地区”浪费公共资源（Glaeser and Gottlieb，2009，第 1014 页）。此外，因为促进落后地区的发展意味着“公平与效率的艰难权衡”（Kline and Moretti，2014，第 656 页），“补贴贫困或生产率较低的地区并不是将资源转移给贫困人口的上策”（Kline and Moretti，2014，第656 页）。

他们认为，落后地区替代性的“地方政策”是一种次优方案，不太可能产生显著的经济影响（Glaeser and Gottlieb，2008；Leunig and Swaffield，2007）。“增加特定地区的生产似乎是极其昂贵或无效率的”（Glaeser and Gottlieb，2008，第 203 页）。此外，“人员和资本流动可能使影响复杂化，并可能抵消上述再分配政策的大部分乃至全部收益”（Neumark and Simpson，2014，第 12 页）。

本文的目的是审视将繁荣地区住房建设作为实现更大程度繁荣与平等之途径的主流观点。我们的出发点是，住房市场不同于标准市场：总供给量的增加并不一定以任何直接的方式转化为价格的下降，因为住房市场的内部状况（继承、迁徙和占有模式）充满了摩擦、沉没成本、（进入）壁垒和外部性，从而使增加总供给的效应极不平衡，在许多情况下会带来非预期的或矛盾的影响。从这一点出发，我们批判性地认为，以上主流观点的前三个主张有其合理性，但需要谨慎对待，而其余四个则似是而非。通过对这些主张的批评，我们

① SB 827 和 SB 50 的主要支持者（Bronstein，2018）。

② 尽管趋势似乎正在转变，并且在当前的政治氛围下一些主流经济学家似乎不情愿地认可针对历史上高失业率地区的地方政策（如 Austin et al.，2018）。

得出结论，“住房即机遇”学派使人们忽视了解决落后地区和地区间不平等问题必须采取的行动。它还夸大了住房在扩大个体间不平等和社会-空间隔离方面的影响。最后，它也间接导致人们不再关注为改善已居住在繁华都市地区的中低收入人群的住房负担能力而真正需要采取的措施。

经济增长主要来自城市规模还是城市专业化？

“住房即机遇”学派将住房视为决定区域人口流动和实际收入的地理格局的关键要素。城市规模和密度对经济增长至关重要。由此得出的推论是，限制移民就意味着限制了生产率的增长，因为它使非技能人员无法与繁荣的城市地区更好的潜在工作机会相匹配。这一基本设定来自空间均衡理论，该理论认为城市规模和人口增长是经济增长的唯一重要因素，因为一旦具备了人口增长的条件，就业和产出就会随之增长（Glaeser，2008）。该模型明确拒绝使用收入、人均收入或工资结构作为衡量城市表现的指标。因此，我们需要仔细研究住房、土地供给及城市人口增长之间的关系。

但是，城市规模、城市人口增长与经济增长之间的联系远非直接明了（如 Frick and Rodríguez-Pose，2018；Polèse，2005）。即使传统上被用来证明上述联系的国家——美国，经济两极分化也恰恰发生在城市规模与经济增长联系并不紧密的时期。图 1 显示了 2000 年至 2016 年美国都市统计区（MSAs）的规模与其人均经济表现的关系。从总体上看，至多存在弱关联。尽管某些大型都市统计区（如波特兰、洛杉矶、旧金山、波士顿或西雅图）表现良好，但同一时期其他大型人口密集区（包括亚特兰大、菲尼克斯和拉斯维加斯）的人均经济增长却为负。同期的初始城市人口与经济增长之间不存在关联（图 1）。

人口增长也是如此。尽管一些住房市场不受管制的城市见证了人口增长（图 2），但这并不一定能转化为经济增长（图 3）。一些住房市场管制相对较少的城市，例如圣安东尼奥、达拉斯 - 沃思堡和休斯敦，都经历了高水平的人口和经济增长。但是，人口的快速增长并未导致拉斯维加斯、奥兰多、菲尼克斯或亚特兰大的经济增长。相反，许多住房市场受到高度管制的城市，例如纽约、波士顿、波特兰和旧金山，在过去几十年中都实现了很高的绝对经济增长和人口增长（波特兰的人口增长除外）。总体而言，自世纪之交以来，美国各城市的人口变化与经济增长之间并无关联（图 3）。

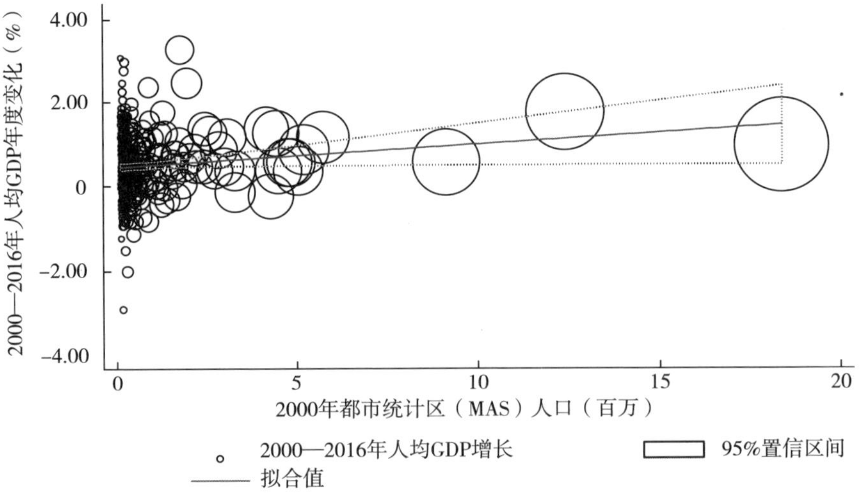

图 1　2000—2016 年美国城市规模和人均经济增长之间的关系

注：圆圈大小由 2000 年人口数量决定。

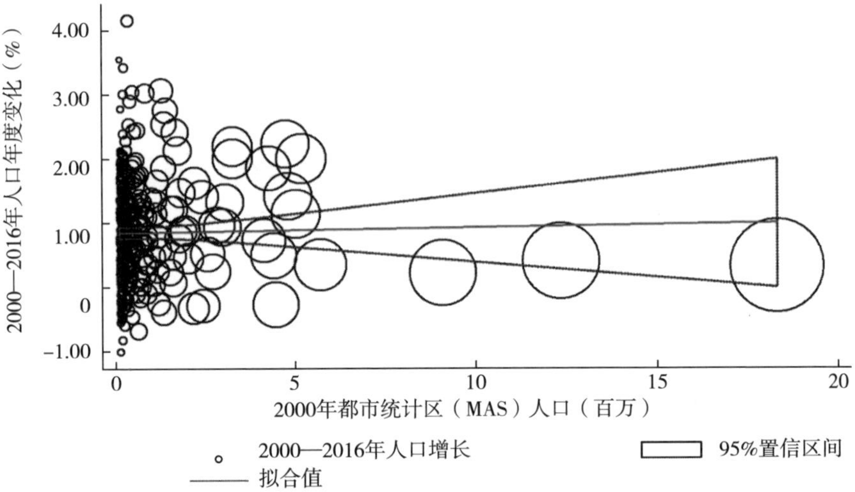

图 2　2000—2016 年城市规模与人口变化的关系

注：圆圈大小由 2000 年人口数量决定。

就当前的目的而言，这意味着，即使房地产市场大幅放松管制将重塑移民和人口分布，也不一定会自动带来更高的国民经济增长。这是因为城市生产率和收入要上升到一定水平，还要受到城市专业化程度和特定专业化企业的绝对集聚规模的影响（Kemeny and Storper，2014）。因此，美国的城市生产率要高于欧洲，欧洲的中型城市比美国多得多，但是这种差异并非源于大城市在美国

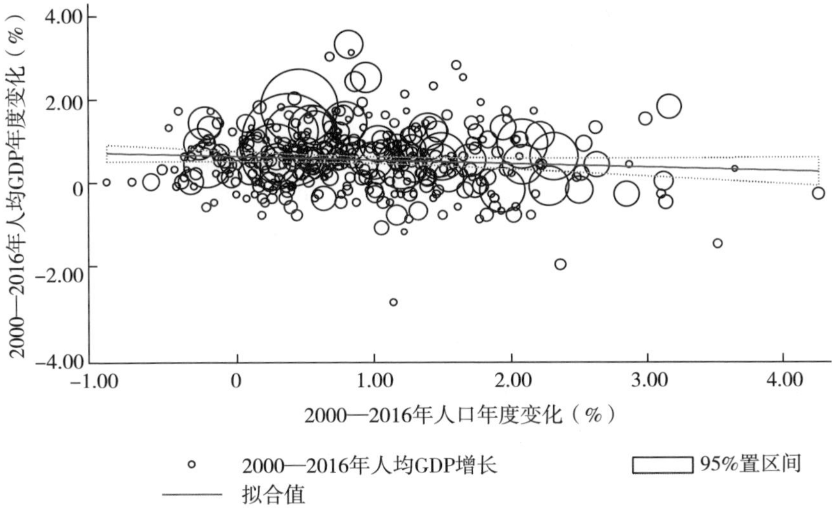

图 3　2000—2016 年美国都市统计区人口增长和人均经济增长之间的关系

注：圆圈大小由 2000 年人口数量决定。

占主导地位，而是它们的专业化程度更高、城市体系内贸易壁垒更低的结果。目前，关于规模和专业化对收入和生产率的相对贡献，我们还知之甚少，但是在预测后者与城市规模之间无限的正向关系方面，则迈进了一大步。

区域间移民主要受房价影响吗？

主流理论用美国东南部和西南部较宽松的住房管制来解释这些地区的人口增长（Glaeser，2008；Craves，1983；Roback，1982）。大多数此类模型进一步假设“工作随人走”，以此假定住房和便利设施在偏好函数中排名很高（Muth，1971）。他们的典型例子是战后美国阳光地带的发展，其中涉及大量的国内移民（南部地区从农村到城市；中西部/东北部工业地区到南部和西部）。但是，在此类文献中，这些移民潮是由发展中区域廉价住房推动的假设缺乏历史证据。

一个更合理的解释是，这种迁移是东北部和中西部心脏地带常规制造业解体释放出来的，再加上 20 世纪 40 年代《国家劳工关系法案》的“塔夫特－哈特利修正案”对就业市场放宽管制，由此导致在奉行“自由工作权”的州组织工会更加困难。这延长了战后乡村－城市转型中廉价劳动力的供给期限。因此，这些地区的增长应归功于工作的转换，这是由劳动力市场放松管制而非不受管制的住房市场推动的。相比之下，向加利福尼亚州的大规模移民显然不是因为廉价住房，因为在一个世纪的大部分时间里，加利福尼亚州的大城市房价均远高于全美平均水平。

随着制造业经历了向南迁移、技术变革以及全球化三个阶段的解聚过程，从20世纪50年代末到70年代，美国东北部和中西部城市的失业率迅速增加，这就是俗称的“就业的新地理学”和“大反转”（Moretti，2012），于是就业作为城市增长和衰退之关键因素的观点逐渐深入人心。导致这些城市和地区人口减少的不是高度管制的房地产市场，而是就业人数的下降。后来，随着新经济的到来，尽管住房受到严格管制，但波士顿、华盛顿和纽约（以及英国伦敦）等旧经济的某些特定部分脱胎换骨，扭转了人口下降的趋势。

这两个人口变迁案例的区别在于工作的类型和产生这些工作的产业成熟度（Norton and Rees，1979）。在迅速发展的美国阳光地带城市中，几十年来平均技能和工资水平一直低于华盛顿、西雅图和旧金山等城市。决定高成本地区（如纽约或旧金山）与低成本地区（如奥兰多或菲尼克斯）日益扩大的房价差距的一种力量是那些寻求住房的人在工资和财富方面的差异（Romem，2018）。因此，房价差异并不是由移民水平（总需求）唯一决定的，也取决于移民结构。此处的“结构”是指人口的工资和收入结构。如果一些地区的经济增长主要由只需常规技能且工资适中的就业驱动，其房价就会低于那些吸引了高技能、高薪人群的大都市地区。一个例外情况是总需求疲软，这解释了为什么锈带的大多数中型城市（布法罗、密尔沃基、南本德、锡拉丘兹）的住房价格很便宜，住房成本很低，人们还是离开了。罪魁祸首是缺乏工作岗位和机会。相比之下，在增长中的阳光地带城市，就业增长主要发生在中低薪行业。正如奥托（Autor，2019）所说，这一趋势如此之强，以至于“低技能工人密集的城市正在丧失其经济优势”。1950年，人口稠密的城市地区不仅为受过良好教育、也为受过较低教育的工人提供了更高的工资。如今，当根据（人口）密度调整工资时，没有大学学历的工人从大城市中可获得的好处很少。欧洲也发现了类似的趋势。比耶克和梅兰德（Bjerke and Mellander，2019）发现，从瑞典的农村地区迁移到城市地区，对迁移者的工资没有积极影响，只有高技能者例外。尽管人口稠密地区的住房成本加重了低技能工人的劣势，无论如何，降低住房成本都无法消除人口稠密的城市地区劳动力市场的上述基本事实，正如我们将在下文中讨论的，这些基本事实源于经济地理的根本性变化。

住房文献中的最新一代模型集中在就业地理上。高柏（Gaubert，2018）认为，企业的分类和住房紧密相关。在她的模型中，当今的城市规模偏小，因为公司无法从潜在的集聚经济中获得提高工人生产率的所有潜在收益。她认为，大城市的工资因住房管制导致的住房成本过高而膨胀。因此，如果增加住房供给，将拉平区域间的工资曲线，吸引更多的公司进入大城市，并因此内生出更多的集聚外部性。其中的关键机制是增加技能劳动力的供给，形成更大、更高产和更专业化的城市。该模型肯定了我们的观点，即无论是由住房供给增加还是其他因素引起的城市增长，基本上都会使技能工人享受较高的城市工资溢价（Autor，2019；Bjerke and Mellander，2019）。图4形象地呈现了住房价格变化、已开发居住区的扩展和美国城市移民之间的弱相关，这支持了我们的观点：起作用的更多的是经济地理学的基本因素而非房价。

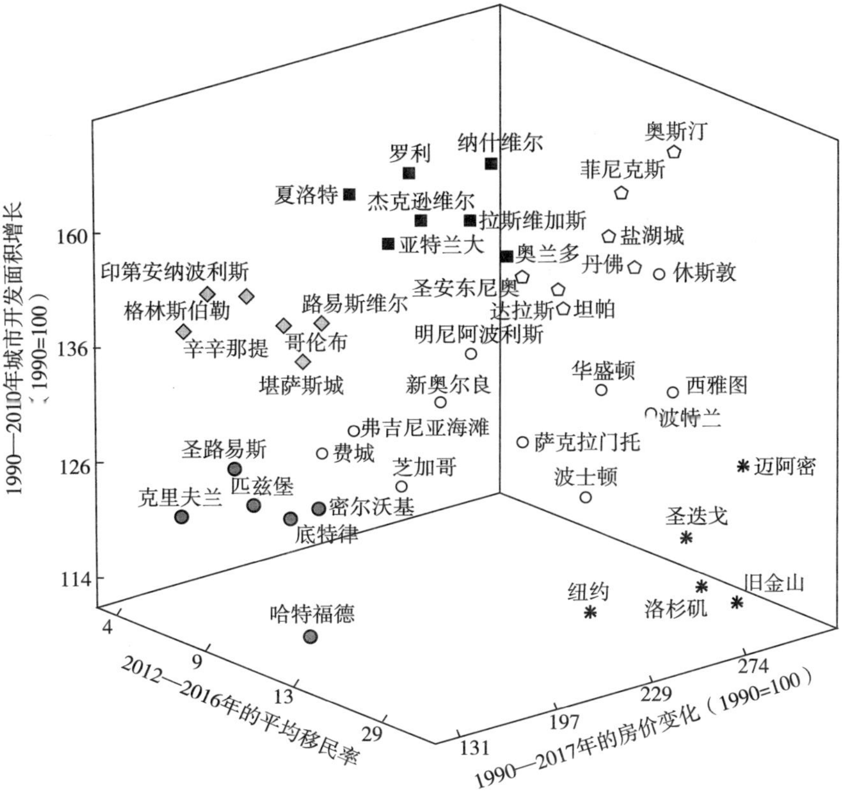

图4　美国最大都市区的土地开发面积、房价和移民（1990—2017年）

资料来源：根据 Migration Policy Insitution（2018）和 Romem（2018）的数据整理而成。

“住房即机遇”学派的文献强调的住房扩张与低价住房升值之间的关系仅出现在少数南方城市中，如图 4 中的黑色正方形所示。在 1990—2010 年，夏洛特、罗利、纳什维尔、亚特兰大，杰克逊维尔、拉斯维加斯和奥兰多的土地开发面积迅速增长确实伴随着房价的适度上涨。但是，可负担的住房几乎没有吸引移民，因为与美国其他城市相比，这些城市中来自美国以外的移民数量仍然很少。总体而言，这些城市是异常值，而不是常规值。

实际上，常规值并不存在，这表明除了住房管制，还有很多其他因素影响住房扩张、可负担性、流动性和城市增长之间的关系。许多具有严格分区和房价强劲上涨的城市（图 4 中用星号标示的城市）继续吸引着人口和大量移民。迈阿密近 40% 的人口为外国移民，在大城市中排名第一。洛杉矶名列第二；旧金山排名第五；圣迭戈和纽约紧随其后。另一组美国城市（图 4 中用小菱形标示）包括印第安纳波利斯、辛辛那提、格林斯伯勒、哥伦布、路易斯维尔和堪萨斯城，住房增长迅速的同时房价保持低位，但未能吸引移民。在其他大城市中，奥斯汀、菲尼克斯、盐湖城、丹佛、达拉斯、圣安东尼奥和坦帕（图 4 中用小五边形标示），住房的快速增长并未带来更好的可负担性。尽管这些城市的移民比例比拥有更多可负担住房的区域更高，但吸引的移民规模却落后于住房存量几乎没有增长的较昂贵区域（图 4 中用星号标示）。最终，像克利夫兰、圣路易斯、匹兹堡、密尔沃基、底特律和哈特福德（图 4 中用灰圆圈标示）这样的城市既没有扩张，房价也没有强劲上涨，（除了哈特福德之外）也未能吸引移民。它们的经济表现（匹兹堡除外）也低于标准水平。

图 5 显示了房价上涨与人口增长之间的正相关关系，尽管在各个大城市地区存在相当大的差异。

可以通过利用新的“可开发”土地或增加现有土地上的住房存量（例如，通过填充或更高的密度）调整住房供给。在图 6 中，可观察到人口增长与已开发地区的扩张之间存在强烈的正相关关系，这与许多快速增长的美国大都市向其周边地区扩张的方式一致。

但是，一旦我们考虑了“可开发地区”与房价之间的联系，如图 7 所示，就没有了相关性。快速发展的城市地区在城市边缘向外扩展，可能会受益于可开发边缘的低土地价格，从而降低其平均住房价格。但是，我们无法在衰落的城市地区（例如锈带城市）中发现这种影响，因为那里有大量的闲置土地。无论如何，在成熟的大城市地区，大都市边缘已经远离核心地带且被长期占用

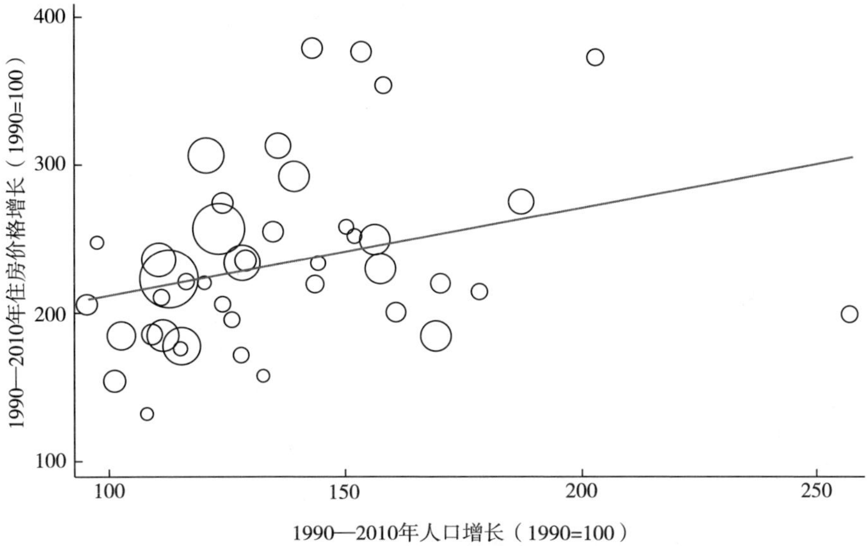

图 5　1990—2010 年美国城市的房价上涨与人口增长

注：圆圈大小由 2010 年人口规模决定。

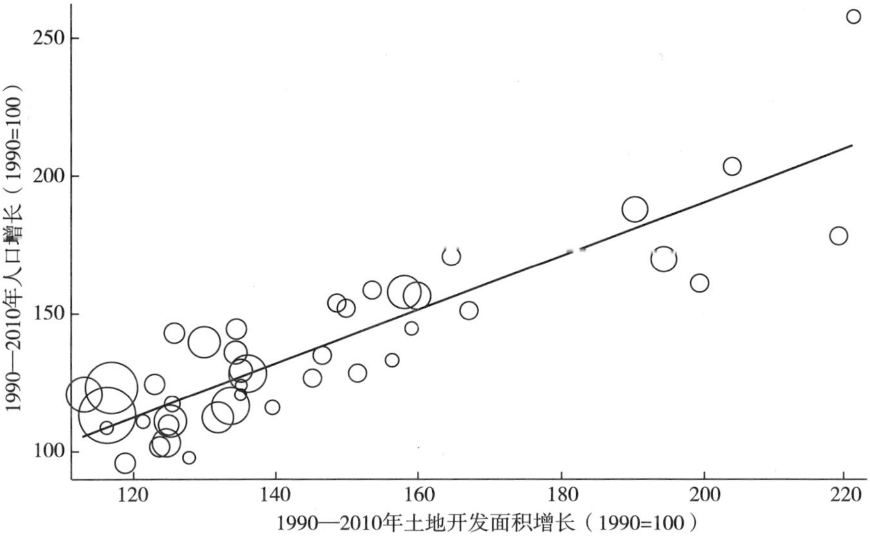

图 6　1990—2010 年美国城市的人口增长和可开发土地面积的增加

注：圆圈大小由 2010 年人口规模决定。

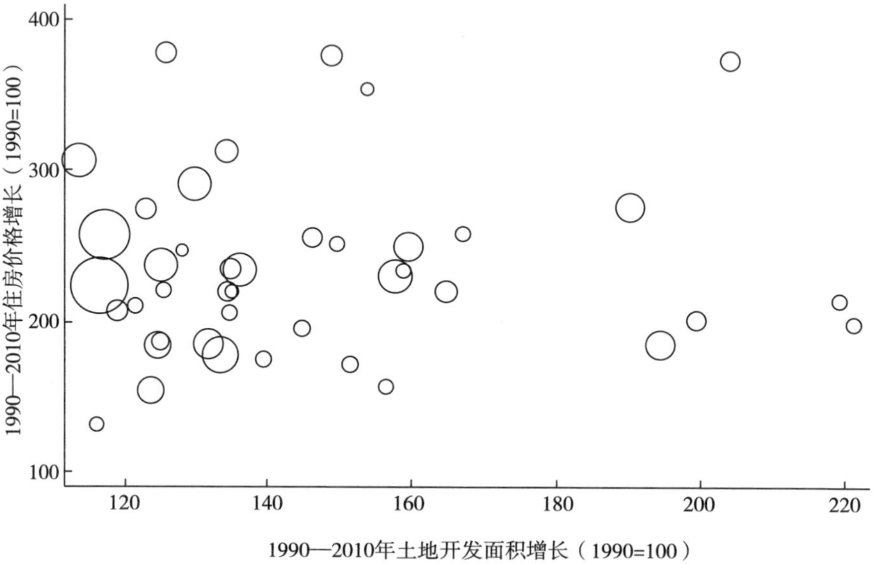

图 7　1990—2010 年美国城市的房价上涨和可开发土地面积的增加

注：圆圈大小由 2010 年人口规模决定。

（有时遇到自然地理障碍），从而增加了通勤时间。这就是为什么除了宣布发展公共交通的政策目标，还要在城市核心地段地价坚挺的已开发土地上增加住房供给。为什么这类大都市核心区的住房总供给变化不太可能通过社会和空间的涓滴效应降低总体住房成本呢？

在下文中，我们认为决定这些城市房价和可负担性的要素是被忽视的工作和收入结构，而非住房总供给政策。

收入和城市规模驱动房价

昂贵的城市地区和广阔的城市地区之间的差异在于住房需求结构背后的收入和财富。2001 年至 2013 年，旧金山湾区超高收入家庭的比例从 17% 增加到 27%（Bronstein，2017）。这是由于第三次工业革命的核心产业集聚了高技能、高薪工作。① 在高薪和高便利度的大都市区，扣除住房成本后的实际收入平均比低薪城市地区高出 15%（Kemeny and Storper，2012）。这些繁荣地区的收入不平等程度通常很高，这是由于高技能和低技能工人之间的工资差距越来越大

① 从长期视角看，旧金山的工资变化可以解释住房成本的大部分变化（Fischer，2016）。

造成的（Baum-Snow et al.，2017）。低技能的工作岗位大部分由国际移民填补，因为低技能的国内工人已基本上停止向这些地区移民。外国移民有各种各样的住房策略，从高密度、人满为患、不合标准的住房到长途通勤。尽管存在这些假定的障碍，但非技能工人和技能工人仍继续向高收入城市迁移（Lindley and Machin，2004）。大型城市群人口增长的另一个要素是年轻人。年轻人尚未处于技能等级的最高层，但愿意在短期内忍受困难条件，以积累他们在（机会）阶梯上的经历（De la Roca and Puga，2017；Galeser and Maré，2001；Jayet，1983）。

让我们回到技能水平较低的国内劳动人口上来，主流住房观点认为劳动力在区域间流动受到住房成本的阻碍。奥托（2019）指出，美国技能水平较低的成年人的小时工资不再像以前那样随人口密度上升而急剧上升，而技能工人的小时工资与人口密度之间的联系越来越紧密。这加剧了城乡之间的技能鸿沟：城市地区具有大学学历的劳动年龄人口所占的比例比农村地区高 20 个百分点。1970 年，这一差距仅为 5 个百分点。几十年前，中等技能的工作聚集在大城市，而低技能的工作在农村最为普遍。现在情况发生了变化，农村地区比城市地区更容易找到中等技能的工作。

自 20 世纪 80 年代以来，不同类型工作岗位（创新型/集聚型/非常规型相对于常规型）的区域间差异已经影响了房价的地理格局。新经济地理学将这一差异正式建模为繁荣的大都市地区之间的空间分割（spatial split），这些大都市地区聚集了几乎不受空间竞争影响的创新型高薪产业，而其他地区的产业结构以可贸易性强的常规活动为主，并受到全球竞争的影响（Venables，2018）。

繁华都市区（如波士顿、旧金山、纽约或大多数欧洲大城市）的集聚效应也出现在大城市内部：住房偏好越来越倾向于获取位于市中心的城市便利设施、交通和就业机会。这种现象推高了繁华大都市区中心地段的房价，导致与市中心越近就越需承受不利的房价（Partridge et al.，2009）。这是从 20 世纪中叶到 20 世纪后期的模式转变，彼时技能工人的就业集聚力量较弱。相比之下，在成功的阳光地带大都市地区，如亚特兰大或休斯敦，城市核心居住区较弱，因此对更中心地段的需求也较弱。此外，如今的技能工人不再像前几代人一样，在生命周期的同一时间点移居郊区。根据奥托（2019）的研究，自 20 世纪 90 年代以来，青壮年的外出移民人数下降了 50%—75%。这可能是由于当今城市的机会阶梯越来越长、越来越陡峭（De la Roca and Puga，2017），以及主要大都市地区通勤的时间成本较高。与以前相比，内城区的竞争更加激烈，这强化了如下观念，即放宽限制性分区可能会使内城区“贵族化”，但对于提升技能水平较低人群的住房负担能力收效甚微。

国内移民放缓：住房还是技能？躲在外面还是被困在外面？

美国的区域间移民通常被视为区域间人口调整的地理流体系统（geographically-fluid system）的典型案例，它已经下降到1880—1980年平均水平的一半，并且此后一直保持着较低水平（Goetz et al.，2017）。人口在空间上“被困”，遭受着机会流动障碍的困扰。但是，这在多大程度上是由规划限制和缺乏可负担住房所致，而不是充满活力的城市中就业机会的性质和获得机会所需的技能所致？

以技能为导向的技术变革具有独特的地理特征，包括将技能工作集中在特定地区，这些地区主要是大城市，但并不总是最大的城市。这种新地理的一部分反映了教育收益的差异越来越大（Giannone，2017）和技能性质的变化。因此，个人在新经济中日益面临多重挑战：支付教育费用以获得入门级的正式技能；掌握使他们能够进入网络的职场潜规则和惯例以获取正确的工作技能，从而获得能够增长经验的工作（DeLong，2016）。

在这种情况下，没有大学学历的工人搬到大城市并不能直接获益（Autor，2019）。虽然在核心城市群中建造更多的可负担住房可以容纳更多的人，但受教育程度较低的工人面临着下降的城市工资溢价，这意味着大部分新增住房将吸引更多的技能工人。因此，由于核心地区提高工资的可能性不大，机会阶梯已经缩短，低技能工人留在原处的选择是合理的（Autor，2019）。简而言之，区域间移民的减少有多种原因，包括技能和工资的新地理学、老龄化、技能性质的变化、社会网络、某些人的住房负资产，以及繁荣地区的住房管制，总之，原因的清单还可以列很长。有鉴于此，强调住房供给在诱导或阻止区域间人员流动中的作用的城市经济模型对移民进行了不切实际的假设。有关区域间迁移的三个要点值得强调：它并非没有成本；住房市场对收入分配的影响大于对移民的影响；政治对劳动力供给（移民）和劳动力需求（住房管制）的影响极为复杂，不符合许多城市经济模型的简单设定。我们依次讨论每个要点。

“住房即机遇”学派的许多移民论点始于区域间移民总量的减少。但是迁移仍在发生，它只是变得更具选择性，并且因技能水平不同而呈现空间上分化的现象。高技能者继续迁移到最有活力的地方，并将那里作为攀升“机会阶梯”的地区（De la Roca and Puga，2017；Fielding，1992）。这在发达国家的任何地方都在上演。来自英格兰北部的大学毕业生毕业后都会涌向伦敦和东南部，无论他们是在北方的大学还是南方的大学就读（Faggian and McCann，2008，2009）。意大利（Biagi et al.，2011）、瑞典（Eriksson and Rodríguez-Pose，2017）和澳大利亚（Corcoran et al.，2010）也是如此。寻找机会的驱动力不仅限于高技能者，在美国，技能工人在高技能城市之间迁移（Diamond，2016；Giannone，2017）。这本质上是“脑力交换”，与20世纪中期经典的体力劳动者向工业城市的大规模迁移不同，例如向美国的阳光地带迁移，或20世纪60年代从意大利南部地区（Mezzogiorno）迁移到皮埃蒙特的伦巴第，以及向瑞士和德国的迁移。

在欧洲，低技能移民继续大量流动。25—35岁的罗马尼亚人中有1/3居住在罗马尼亚境外（World Bank，2017）。英国的立陶宛人和波兰人大多在伦敦从事低技能工作，无论其受教育程度如何（Parutis，2014）。这可能反映了一个事实，即欧洲的无国界运动比美国要晚，战后美国的阳光地带移民潮已经使许多低技能移民重新定居。无论在欧洲还是美国，由于大城市、小城镇、农村地区之间的技能鸿沟不断扩大，那些不迁移的人要么是没有能力迁移，要么是没有意愿迁移。

每个国家在此问题上都有差异。例如，相比原住民，民主德国年轻移民（主要是女性）有显著的技能优势（Hunt，2006，第1032页）。英国（Faggian and McCann，2009）和瑞典（Eriksson and Rodríguez-Pose，2017）再现了技能和非技能年轻人之间的迁移差异。除了未掌握新经济技能的年轻人外，许多未移民者年龄偏大，其中包括从未从传统工业区移民或在20世纪中叶的工业解聚浪潮期间从未移民过的人。但那是一代人之前的事情了。

当前国内移民增长放缓也影响了人到中年的专业人士。该群体通常是从城市的经验“阶梯”开始其职业生涯，然后搬回中型城市，以利用其获得的经验获利（De la Roca and Puga，2017；Eriksson and Rodríguez-Pose，2017）。他们搬回去是为了寻求更高的家庭生活质量、一套不同的便利设施、更高的安全感以及更低的住房成本（Whisler et al.，2008）。

因此，大量人群陷入了使他们无法迁移到更具活力地区的“空间陷阱”。生命周期、牢固的家庭纽带、情感和物质上的依恋以及更具活力的地区缺乏面向低技能和/或大龄工人的就业机会，限制了发达国家落后或衰落地区的人们的迁移倾向。

大都市地区缺乏可负担住房可能会对上述所有方面产生影响，包括出现住房负净值这种极端情况（某些地区的住房泡沫，另一些地区的人口长期减少）。但是它的影响将很有限。“住房即机遇”学派传统上一直认为迁移是无须付出成本的，或者用格莱泽和戈特利布（Glaeser and Gottlieb，2008，第159页）的话说，“迁移便宜到对消费者而言不重要”，但事实上对于那些处于“空间陷阱”的人，迁移并非没有成本，也不是现实和/或可行的选择。因此，无论是补贴性住房，还是由于放宽限制性分区带来的住房供给变化的任何合理且可预见的价格效应，都无法克服技能和住房净值障碍或者这些人在新经济中面临的机会认知差异。

数据和测量：不真实的气氛

直到最近，关于住房、移民和经济表现的大多数论文对重新制定住房政策可能导致的人口分布、大都市区规模和低技能者就业水平的反事实情景避而不谈，而是将政策重点放在房价影响上（Glaeser and Ward，2009；Ihlanfeldt，2007；Quigley and Raphael，2005；Saiz，2010）。这些论文主要依靠沃顿指数，该指数基于21世纪初对2600个城市的调查。该指数强调在其法规中带有“增长控制”等术语的市政当局，并显示了市政规划主管和其他官员对“已知”管制压力的回应。使用沃顿指数的模型将房价的平均影响与迁徙弹性相关联，但并未根据收入、工资水平或技能水平区分其预期影响。住房管制对住房供给通常并没有直接影响。这与住房管制和住房供给变化之间的关系存在很大差异相一致，尤其是与许多东北部和中西部住房管制薄弱的城市也限制新住房建设的事实相吻合。此外，为了反映都市统计区层面的住房管制情况，沃顿指数倾向于从控制分区的市镇加总至大都市区层面（住房市场在这个层面运行），而不对大都市区内的不同市镇赋予不同的权重（Storper et al.，2015）。

最近的一组研究试图探索性地评估放松住房供给管制如何影响人口增长、城市规模、区域间收入不平等、收入分配以及国民经济生产率和产出（Hsieh and Moretti，2017）。尽管其中一些作者对自己的工作也表示异议，声称只进行了“具有指导意义的”模拟，但上述研究影响了政策辩论。媒体将它们视为取消住房供给管制带来潜在收益的学术证明。在谢长泰和莫雷蒂（2017）的“全面调整情景”中，繁荣的大都市区取消住房建设管制，纽约获得了787%

的就业机会，而旧金山 - 圣何塞的就业机会则增加了 5 倍。相比之下，密歇根州弗林特的就业减少了 98%。即使在“中间”（因此可能更现实）情景下，纽约人口将增长 179%，圣何塞人口将增长 149%，弗林特仅失去其 77% 的工作岗位。他们声称，通过提高工资并将土地所有者过多的租金转移到工人的工资中，放宽住房管制每年将产生 1.4 万亿美元的额外 GDP。取消住房管制对国民经济的好处在区域间也将高度不平衡，因为几乎所有的收益都将来自三个大都市地区。

不过，这些作者承认他们的模拟基于不现实的完美迁移假设，并未考虑底特律汽车制造厂工人迁往旧金山湾区或任何其他新经济地区需要的全部条件。加农和肖戈（2017）认为，住房管制带来的区域间收入差异效应约为 10%。这些关于住房管制对价格、产出、收入、生产率以及人口产生严重潜在影响的说法是难以置信的，尤其是在考虑了移民的全部成本的情况下。欧洲的规划制度总体而言比美国严格，严格的住房限制也没有阻止人口增长。欧洲收入最高的地区住房价格也最高，反而是吸引人口最多的地区（图 8）。

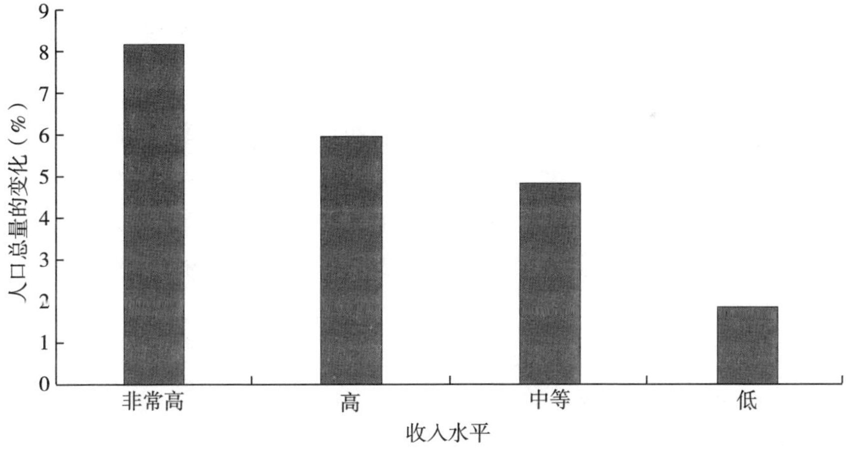

图 8　2001—2014 年不同收入水平的欧洲区域的人口增长

以欧洲为例，结合戴蒙德（Diamond，2016）和吉阿诺纳（Giannone，2017）的分析，以及对繁华大都市区新建住房价格更真实的估计，该研究表明，如果放松住房管制将大大增加区域间移民（而正如上文论证的那样，这是不可能的），将加速技能工人从不太繁荣地区向繁荣地区的转移。伦敦的模拟表明，准许开发绿带就会带来这样的结果，并引发连锁反应：随着其他人到达伦敦外围，绿带附近的人将进一步转移到伦敦（内城）（Szumilo，2017）。

预计此类反馈会带来三个后果。第一，与加农和肖戈（2017）以及谢长泰和莫雷蒂（2017）相比，区域间技能和收入差异将扩大而非缩小，尽管其程度可能不大。第二，落后地区技能和人才的进一步空缺将降低其未来改善经济表现的能力，发展差距将扩大。第三，技能劳动者向大都市内城迁移将进一步加大区域内社区之间的空间不平等，同时增加低技能者的通勤时间。

升级改造的影响：未增加可负担能力的贵族化

谢长泰和莫雷蒂（2015）认为，繁荣城市中的邻避主义和严格的住房管制将工人的收入重新分配给食利者，并加剧了收入不平等（可能使土地所有者在区域内收入分配中处于靠前位置），进而抑制了总体增长。相比区域间迁移和融合的主张，上述主张更为合理，但仍然需要条分缕析。

首先，区域人均收入与城市群收入的基尼系数之间有很强的关联。总体而言，美国旧金山这样的繁华都市区比犹他州普罗沃（Provo）这类不那么繁华的都市区更不平等。除其他因素外，福利和收入再分配制度在不平等中也起着重要作用。如穆斯泰德（Musterd et al.，2017，第1070页）指出的："欧洲大都市区的贫富差距仍然低于美国最大的大都市区。"

繁荣城市中的一些区域内不平等确实可能是由于收入从非住房所有者净转移到住房所有者，因为住房价格的增长比工资和其他产品价格的增长更快。但是，这些断言背后的模型假设通常过于简单，并且加总的数据无法阐明这种关系。1990年到2015年，旧金山湾区收入超过15万美元的家庭增长了80%，占总家庭的比例从17%增长到27%（ABAG，2017，第9页）。这些人口推高了住房价格，并使中部地区本来很贫穷的少数社区变得贵族化。收入不平等加剧严重影响了低技能、低收入工人的住房，因为繁荣的城市地区的现有存量住房已经升级改造，从而为中低收入家庭带来了可负担能力危机。

最近对IPUMS（综合公共用途微观数据系列）数据的分析显示出收入不平等而非总供给的强大影响。波波夫（Popov，2019）发现，美国收入最高的100个大都市区中，国民收入分配底部人群的住房成本比收入分配顶部人群的住房成本增长更多。收入最高的50个大都市区中，有45个收入不平等有所加剧，而在收入最高的100个城市中，仅19个城市收入不平等有所缩小。实际上，所有城市区域中，国民收入分配顶部四分之一人群的住房成本均已下降，但国民收入分配底部人群的收入不平等大大加剧了。对位于收入分配下半部分的人来说，这不是一个新问题，他们目前用于支付住房的收入份额与 1980 年相同。区别在于最高收入人群的住房成本下降了。谢长泰和莫雷蒂（2017）提出，这一现象部分归因于土地所有者获得的红利，因为高收入者中拥有土地的比例更高。但是，对收入分配顶部的租房家庭来说，其住房费用占收入的份额下降了，而对收入分配底部的租房家庭来说，其住房费用占收入的份额却有所增加，这一结果与福瑞马克（Freemark，2019）对芝加哥的详细分析一致。

基于这些数据，我们认为诸如全面升级改造等政策主要释放了服务于高收入者的市场力量，因此扩大而非缩小了收入不平等。孔勃等人（Combes et al.，2018）发现，大都市区中心与外围之间的土地价格弹性是非凸的，并且随着城市规模的增加而增加。（土地）供给变化必须大而集中，才能使该曲线明显弯曲，从而对其他地区产生涓滴效应。因此，区域范围的升级改造主要触发了高技能工人想要居住的社区的新住房建设：包括已经贵族化的地区以及它们与其他社区之间广泛的边界地带。因此，收入分配顶部四分之一的高技能工人得以住在大都市的核心区。此外，为高收入家庭建设住房也有积极的作用，那就是筛选出高收入家庭，防止他们与低收入家庭直接竞争年代久远的低质量住房。但是，升级改造通常会涉及在受到市场高度青睐的地区替换较早和较低质量的存量住房，实际上减少了理想地区面向中低收入家庭的住房供给。这就是贵族化。

几乎没有证据表明，住房成本大幅降低会以涓滴的方式惠及三分之二的低收入家庭，或者对这些家庭所在的街区进行升级改造。有证据表明，它们加剧了高收入内城区边界附近街区的流离失所。根据《华盛顿邮报》的报道（Stein，2018），这再次意味着旧金山、亚特兰大、纳什维尔、芝加哥、费城、丹佛、匹兹堡和华盛顿的最高收入人群的租金下降、赤贫人群的租金上升。理想的内城区的豪华建筑热潮并未缓解住房市场中对廉价房产的竞争。尽管有不少关于“筛选”的证据，但似乎也没什么说服力。

面对日益加剧的个体间不平等，现在让我们扩展大城市内的住房动态选择。繁华大都市地区的收入不平等严重影响了低技能工人，迫使他们痛苦地将居住地点选在郊区来“套利”。与高收入工人相比，这通常会带来较长的通勤时间和高昂的交通费用，严重影响他们的生活质量；他们别无选择，否则为了生活在更中心但设施较少的居民区，就会带来主观地位的降级。

对于低技能外国移民，另一种套利活动正在兴起。在较繁华的大都市地区，代际社会流动性更高（Chetty et al.，2014），从而吸引了低技能移民。但是，尽管外国移民愿意接受较差的生活条件（低质量社区中较高的房价），但低技能国内移民不太愿意离开原住地，因为他们的相对社会地位已经比他们在更繁荣的大都市地区所能达到的更高。

无论如何，繁荣地区所有类型的低收入家庭都在与高薪工人的竞争中付出了“流离失所”的代价，高薪工人居住在更高质量的较新住房中，他们受益于街区贵族化式的升级改造。现有的模型或模拟既无法说明有关繁荣地区升级改造将产生多少新住房的现实估计，也无法说明此类新供给的现实地理分布、大都市内高技能者的分类对新住房存量的重要性、大城市间高技能移民的增加或它们对住房竞争的影响（另见 Freemark，2019）。

因此，如果没有积极的政策帮助低收入家庭及其街区，低技能者就无法从主流文献设定的全面升级改造政策中受益。正如雅各布斯（Jacobus，2019）指出的，如果升级改造的主要结果往往是建造“高端住房，那么虽然每个人都会看到一些好处，但大部分好处将流向富人”。这是显而易见的，因为更多不受管制的城市（休斯敦、菲尼克斯、奥兰多）和受到严格管制且被认为奉行邻避主义的城市（波士顿、纽约、旧金山、伦敦、巴黎以及大多数欧洲大城市）的住房市场，都存在以收入划分的较高程度的居住隔离，以及通勤时间的增加，尤以低收入居民为甚。

当然，以收入、种族、国籍以及其他因素划分的各种社会隔离具有多种结构性原因（Boustan，2017；Sampson，2012，2018）。即使在实行“混合居住”政策的城市（如巴黎）中，对租房者的保护可以减缓贵族化和社会隔离的进程（但有其他副作用），市场力量也朝相反的方向发挥作用。管制和其他政策通常得到居民的支持，他们利用政治权力来确保同样的街区质量、抵制各种不便利的设施，这会带来预期或非预期的隔离效果。但是，推翻这些管制与住房市场的全面自由化没有关系。例如，人们在芝加哥发现升级改造带来了意想不到的后果，提高了住房价格但并不一定激发新的住房建设（Freemark，2019）。与大多数高度管制的城市相比，管制松散的亚特兰大或休斯敦隔离程度更高。的确，虽然有证据表明低收入群体进入高质量社区会对儿童发展产生积极影响（Chetty et al.，2015），而且减少社会隔离所需的政策组合往往也打着“提供更好的就业机会；改善交通，减少通勤时间；以及为低收入人群提供更好的学校和设施”这样的旗号，但这些政策基本上没有得到深入研究。总体而言，“住房即机遇”学派未能适当地考虑城市内部住房市场的高度分割，各种大的空间和结构因素对城市内子市场特征的影响（Jacobus，2019；Watkins，2001）。就本文的目的而言，升级改造并不是解决城市中个体间不平等所需的那种微妙而复杂的政策组合。最重要的是，面对繁荣的大都市地区住房危机的潜在结构性问题：如高技能、高收入人群的高需求，收入不平等加剧，大都市区的增长和成熟，以及对高质量城市环境的需求带来的建设和土地成本上升，无差别的总供给政策收效甚微。减少空间经济隔离所需的针对性政策可能涉及加强对住房市场的管制以及其他形式的公共干预，这与放松管制的做法恰恰相反。积极实施公共/社会住房计划的城市（如纽约、巴黎和伦敦）向我们表明，需要对建设可负担的住房给予较高的公共补贴。

理论的使用和误用

“住房即机遇”学派直言并深信其研究在政治和政策上都是可行的，但是，正如我们论证的那样，在我们看来，这个学派的研究在科学上不够扎实，不足以支持他们的这种自信。原因如下：

- 它没有考虑劳动力需求对城市人口水平和构成变化的影响。越来越多的证据表明，这是当今各地区人口分类的主要驱动力；
- 无法证明住房供给变化是影响区域间迁移模式和规模、另类城市规模分布（alternative city size distributions）以及总体经济产出的主要因素，尤其是与劳动力需求和技能的地理位置相比；
- 它无法有效地证明，与有效需求的变化、建筑成本的结构性原因、土地集中、第一地理特征①以及其他许多潜在原因相比，分区才是住房供给变化率或大都市之间新住房选址背后的主要原因；
- 它没有证明，与就业和收入的地理位置以及收入不平等的总体变化相比，住房管制与住房价格变化的大小或性质之间有明确的联系；
- 它没有考虑到放宽总体分区对大都市内部的影响，错误地认为，对高收入大都市地区住房建设的全面放松管制，将通过高端住房市场对低收入人群产生涓滴效应（缓解住房竞争），在社会和空间上产生广泛的价格和收入效应。

---

① first nature geography，意指位置、空间上的邻近、地形地势等天然地理特征，对应于和经济结构、人口集聚和经济潜力等相关的 second nature geography。——译者注

在上述不足中，有不少源于基本的空间均衡模型，该模型在当今的城市经济学中几乎没有受到任何质疑。城市经济学需要一种内涵更丰富且更切合实际的方法，将劳动力需求的地理条件和排名偏好完全纳入其中（如 Schwartzman，2017）。家庭在考虑迁移时，不仅考虑住房的平均成本，而且首先考虑的是根据他们的技能水平可获得的工作类型。在当今的情景下，技能水平较低的国内工人避开昂贵的大城市，不仅仅是因为那里的平均房价高。就像大多数外来移民一样，他们可以在这些大城市巨大的市场中获得某种住房。但国内技能水平较低的移民面临不断下降的城市工资溢价，再加上收入前景的不确定性，以及通勤时间较长和主观地位降低的不确定性（如必须与他们看来社会地位比自己低的移民群体共处一地），使他们做出不搬到繁荣城市的决定。在繁华的大都市地区，没有现实的住房供给扩张可以解决低技能国内工人的就业和住宅公用设施需求，使他们能够大规模迁移到繁荣地区。

尽管没有充分论证的科学依据，“住房即机遇”学派的观点已经在政治上颇有影响。反对更加宽松的规划制度，反对促进伦敦绿带开发或在环旧金山湾区丘陵的公园土地上搞建设的理论，不仅来自富裕、食利的土地所有者，也来自在日常生活中欣赏绿色空间的普通民众，以及敬业的环保主义者。然而，现在这些团体被描述为反对社会正义的邻避主义者，并得到了著名学术机构的支持。在落后地区和民粹主义媒体（以及越来越多的主流媒体）中，繁荣地区的居民被描绘成竖起壁垒挡住那些不幸者的人（如 *The Economist*，2019；Edsall，2018；Guilluy，2014）。他们几乎没有考虑这样一个事实：作为迎臂运动主要政治支持者的高技能工人，其动机可能是出于个人利益，而不是社会正义。对那些主要兴趣不在减少社会空间不平等或促进繁荣的开发商来说，部分主流学术文献也可能有意或无意地成了他们的“烟幕弹”。有关可负担住房的严肃政策必然涉及公共补贴、管制及融资，这些议题在强调放松管制的主流文献中令人惊奇地缺席了。

令人担忧的是，由于大量的无谓损失型补贴“瞄准了外部人不愿意进入的非常绝望的地区”（Kline and Moretti，2014，第 657 页），旨在促进落后区域（那里有越来越多的人在空间上“被困”）位置敏感型发展（place-sensitive development）政策依然得不到重视。

我们认为，“住房即机遇”学派向决策者许诺了太多放松房地产市场管制将带来的潜在好处。同时，因为急于推广过分简化的“提升公交站点附近的居住密度”这类愿景，几乎没有考虑那些能够促进在合适的地点为合适的人群提升住房负担能力的政策。此外，繁荣地区的放松管制计划和住房建设虽然是值得关注的问题，却不能解决落后地区的问题。以认真和可持续的发展战略为代价，过度关注这些问题会在衰退地区和落后地区加剧经济、社会、政治困境和愤怒，这可能危及欠发达和较发达地区的经济活动的基础，近几十年来已经受到关注（Rodríguez-Pose，2018）。至关重要的是，必须继续考虑管制和其他形式的公共干预，使之在与当今困扰繁华大都市区严重的社会空间不平等做斗争中发挥重要作用。而且，回到我们在引言中讨论的，至关重要的是研究一系列导致当前不发达地区经济停滞的复杂问题，尤其要研究那些发生在就业空间分布、集聚性力量以及当今所需的技能类型中的结构性变化。

（国务院发展研究中心　王瑞民 译）

参考文献

Association of Bay Area Governments（ABAG）（2017）Plan Bay Area 2040. Available at: http：//2040. planbayarea. org/cdn/ff/buje2Q801 oUV3Vpib – FoJ6mkOfWC9S9sgrSgJrwFBgo/ 1510696833/public/2017 – 11/Final_ Plan_ Bay_ Area_2040. pdf（accessed 26 June 2019）.

Austin B，Glaeser E and Summers LH（2018）Saving the heartland：Place-based policies in 21st century America. Brookings Papers on Economic Activity. BPEA *Conference Drafts*，8 – 9 March 2018. Available at：https：//www. broo kings. edu/bpea – articles/saving – the – heartland-place – based – policies – in – 21st – century – america/（accessed 8 July 2019）.

Autor DH（2019）Work of the past，work of the future. National Bureau of Economic Research，Working Paper No. 25588. NBER：Cambridge，MA. Autor DH and Dorn D（2013）The growth of low-skill service jobs and the polarization of the US labour market. *American Economic Review* 103（5）：1553 – 1597.

Autor DH，Dorn D and Hanson G（2015）Untangling trade and technology：Evidence from local labour markets. *Economic Journal* 125：621 – 646.

Baum-Snow N，Freedman M and Pavan R（2017）Why has urban inequality increased? Working paper，University of California. Available at：http：//faculty. sites. uci. edu/freedman/files/2017/08/BFP_ Manuscript. pdf（accessed 8 July 2019）.

Biagi B，Faggian A and McCann P（2011）Long and short distance migration in Italy：The role of economic，social and environmental characteristics. *Spatial Economic Analysis* 6（1）：111 – 131.

Bjerke L and Mellander C（2019）Mover stayer winner loser – A study of income effects from rural migration. CESIS Electronic Working Paper Series，no. 476.

Boustan LP（2017）*Competition in the Promised Land：Black Migrants in Northern Cities and*

Labor Markets. Princeton, NJ: Princeton University Press.

Bronstein Z (2017) When affordable housing meets free market fantasy. *Dissent*, 27 November. Available at: https://www.dissentmagazi ne.org/online_articles/hsieh - moretti - afforda ble - housing - free - market - fantasy (accessed 26 June 2019).

Bronstein Z (2018) California's 'Yimbys': The growth machine's shock troops. *Dollars & Sense* 338: 9 - 15.

Chetty R, Hendren N and Katz LF (2015) The effects of exposure to better neighbourhoods on children: Evidence from the Moving to Opportunity experiment. Available at: http://scholar.harvard.edu/files/lkatz/files/mto_manu script_may2015.pdf (accessed 8 July 2019).

Chetty R, Hendren N, Kline P, et al. (2014) Where is the land of opportunity? The geography of inter-generational mobility in the U.S. *Quarterly Journal of Economics* 129: 1553 - 623.

Combes PP, Duranton G and Gobillon L (2018) The costs of agglomeration: House and land prices in French cities. Available at: real.whar ton.upenn/duranton/papers/currentresearch (accessed 16 January 2019).

Corcoran J, Faggian A and McCann P (2010) Human capital in remote and rural Australia: The role of graduate migration. Growth and Change 41 (2): 192 - 20.

De la Roca J and Puga D (2017) Learning by working in big cities. *The Review of Economic Studies* 84 (1): 106 - 42.

DeLong B (2016) Regional policy and distributional policy in a world where people want to ignore the value and contribution of knowledge and network-based returns. Available at: www.bradford - delong.com/2016/12/16 (accessed 1 May 2018).

Di Cataldo M and Rodríguez-Pose A (2017) What drives employment growth and social inclusion in the regions of the European Union? *Regional Studies* 51 (12): 1840 - 859.

Diamond R (2016) The determinants and welfare implications of US workers' diverging location choices by skill, 1980 - 2000. *American Economic Review* 106: 479 - 24.

Economist (2016) Place-based economic policies as a response to populism. 15 December. Available at: https://www.economist.com/ finance - and - economics/2016/12/15/place - basedeconomic - policies - as - a - response - to - populism (accessed 25 June 2019).

Economist (2019) The Democratic coalition is split over housing costs in cities. 17 April. Available at: https: //www.economist.com/ united - states/2019/04/17/the - democratic - coali tion - is - split - over - housing - costs - in - cities (accessed 25 June 2019).

Edsall T (2018) The Democrats'gentrification problem. *New York Times*, 19 April. Available at: https: //www.nytimes.com/2018/04/19/opin ion/democrats - gentrification - cities - voters.html (accessed 26 June 2019).

Eriksson R and Rodríguez-Pose A (2017) Jobrelated mobility and plant performance in Sweden. Geoforum 83: 39 - 49.

Faggian A and McCann P (2008) Human capital, graduate migration and innovation in British regions. *Cambridge Journal of Economics* 33 (2): 317 - 33.

Faggian A and McCann P (2009) Universities, agglomerations and graduate human capital mobility. *Tijdschrift voor Economische en Sociale Geografie* 100 (2): 210 - 223.

Fielding AJ (1992) Migration and social mobility: South East England as an escalator region. *Regional Studies* 26 (1): 1 – 5.

Fischer E (2016) Employment, construction and the cost of San Francisco apartments. *Experimental Geography*, 14 May. Available at: http: //experimental – geography. blogspot. com/ 2016/ 05/employment – construction – and – cost – ofsan. html (accessed 26 June 2019).

Freemark Y (2019) Upzoning Chicago: Impacts of a zoning reform on property values and housing construction. *Urban Affairs Review*. Epub ahead of print, 29 January. DOI: 10. 1177/107 8087418824672.

Frick SA and Rodríguez-Pose A (2018) Big or small cities? On city size and economic growth. *Growth and Change* 49 (1): 4 – 32.

Ganong P and Shoag D (2017) Why has regional income convergence in the US declined? *Journal of Urban Economics* 102: 76 – 90.

Gaubert C (2018) Firm sorting and agglomeration. *American Economic Review* 108 (11): 3117 – 3153.

Giannone E (2017) Skill-biased technical change and regional convergence. 2017 *Meeting Papers* 190, Society for Economic Dynamics. Glaeser EL (2008) *Cities, Agglomeration and Spatial Equilibrium*. Oxford: Oxford University Press.

Glaeser EL (2017) Reforming land use regulations. *Brookings*, 24 April. Available at: https: // www. brookings. edu/research/reformin g – land – use – regulations/ (accessed 26 June 2019).

Glaeser EL and Gottlieb JD (2008) The economics of place-making policies. *Brookings Papers on Economic Activity* 39 (1): 155 – 253.

Glaeser EL and Gottlieb JD (2009) The wealth of cities: Agglomeration economies and spatial equilibrium in the United States. *Journal of Economic Literature* 47 (4): 983 – 1028.

Glaeser E and Maré D (2001) Cities and skills. *Journal of Labour Economics* 19: 316 – 342.

Glaeser E and Ward BA (2009) The causes and consequences of land use regulation: Evidence from Greater Boston. *Journal of Urban Economics* 65: 265 – 278.

Goetz S, Partridge M and Stephens H (2017) The economic status of rural America in the Trump era. MPRA Paper No. 77830. Graves P (1983) Migration with a composite amenity: The role of rents. *Journal of Regional Science* 23 (4): 541 – 547.

Guilluy C (2014) *La France périphérique. Comment on a sacrifié les classes populaires*. Paris: Flammarion.

Hsieh CT and Moretti E (2015) Why do cities matter? Local growth and aggregate growth. National Bureau of Economic Research, Working Paper 21152. Cambridge, MA: NBER.

Hsieh C and Moretti E (2017) Housing constraints and spatial misallocation. National Bureau of Economic Research Working Paper 21154, 18 May. Cambridge, MA: NBER.

Hunt J (2006) Staunching emigration from East Germany: Age and the determinants of migration. *Journal of the European Economic Association* 4 (5): 1014 – 1037.

Ihlanfeldt K (2007) The effect of land use regulation on housing and land prices. *Journal of Urban Economics* 61: 420 – 435.

Jacobus R (2019) Why voters haven't been buying the case for building. *Shelterforce*, 19

February. Available at: https: //shelterforce. org/2019/02/19/why – voters – havent – been – buying – thecase – for – building/ (accessed 26 June 2019).

Jayet H (1983) Chômer plus souvent en région urbaine, plus longtemps en région rurale Labour turnover is greater in urban areas, but unemployment periods longer in rural areas. *Économie et Statistique* 153: 47 – 57.

Katz L and Rosen K (1987) The interjurisdictional effects of growth controls on housing prices. *Journal of Law and Economics* 30 (1): 149 – 160.

Kemeny T and Storper M (2012) The sources of urban development: Wages, housing, and amenity gaps across American cities. *Journal of Regional Science* 52 (1): 85 – 108.

Kemeny T and Storper M (2014) Is specialization good for regional economic development? *Regional Studies* 49 (6): 1003 – 1018.

Kline P and Moretti E (2014) People, places, and public policy: Some simple welfare economics of local economic development programs. *Annual Review of Economics* 6: 629 – 662.

Koseff A (2019) Blitz of housing legislation: Lawmakers push 200 bills, many likely to upset local governments. *San Francisco Chronicle*, 5 March.

Leunig T and Swaffield J (2007) *Cities Unlimited: Making Urban Regeneration Work*. London: Policy Exchange.

Lindley J and Machin S (2014) Spatial changes in labor market inequality. *Journal of Urban Economics* 79: 121 – 138.

Migration Policy Institute (2018) U. S. immigrant population by metropolitan area. Available at: https: //www. migrationpolicy. org/programs/ data – hub/charts/us – immigrant – population-metropolitan – area (accessed 20 June 2018).

Milanovic B (2016) *Global Inequality: A New Approach for the Age of Globalization*. Cambridge, MA: Harvard University Press.

Moretti E (2012) *The New Geography of Jobs*. Boston, MA: Houghton Mifflin Harcourt.

Musterd S, Marcińczak S, Van Ham M, et al. (2017) Socioeconomic segregation in European capital cities: Increasing separation between poor and rich. *Urban Geography* 38 (7): 1062 – 1083.

Muth RF (1971) Migration: Chicken or egg? *Southern Economic Journal* 37: 295 – 306.

Neumark D and Simpson H (2014) Place-based policies. NBER Working Paper 20049.

Norton RD and Rees J (1979) The product cycle and the spatial decentralization of American manufacturing. *Regional Studies* 13: 141 – 151.

Partridge MD, Rickman DS, Ali K, et al. (2009) Agglomeration spillovers and wage and housing cost gradients across the urban hierarchy. *Journal of International Economics* 78 (1): 126 – 140.

Parutis V (2014) ‘Economic migrants’ or ‘middling transnationals’? East European migrants' experiences of work in the UK. *International Migration* 52 (1): 36 – 55.

Piketty T (2014) *Capital in the Twenty-First Century*. Cambridge, MA: Harvard University Press.

Polèse M (2005) Cities and national economic growth: A reappraisal. *Urban Studies* 42 (8): 1429 – 1451.

Popov I (2019) Housing markets and income inequality. *Apartment List*, 24 April. Available at: https: //www. apartmentlist. com/rentonomics/ housing – markets – and – income – inequality/

(accessed 30 April 2019).

Quigley J and Raphael S (2005) Regulation and the high cost of housing in California. *American Economic Review* 95 (2): 323 – 328.

Roback J (1982) Wages, rents, and the quality of life. *Journal of Political Economy* 90 (6): 1257 – 1278.

Rodríguez-Pose A (2018) The revenge of the places that don't matter (and what to do about it). *Cambridge Journal of Regions, Economy and Society* 11 (1): 189 – 209.

Romem I (2016) Can U. S. cities compensate for curbing sprawl by growing denser? *BuildZoom*, 14 September. Available at: https: //www. build zoom. com/blog/can – cities – compen sate – for – cur bing – sprawl – by – growing – denser (accessed 21 July 2018).

Romem I (2018) Characteristics of domestic cross – metropolitan migrants. *BuildZoom*, 3 April. Available at: https: //www. buildzoom. com/ blog/characteristics – of – domestic – cross – metro politan – migrants (accessed 21 July 2018).

Rosés JR and Wolf N (2018) *The Economic Development of Europe's Regions: A Quantitative History Since 1900*. Routledge Explorations in Economic History. London: Routledge. Saiz A (2010) The geographic determinants of housing supply. *Quarterly Journal of Economics* 125 (3): 1253 – 1296.

Sampson RJ (2012) *Great American City: Chicago and the Enduring Neighborhood Effect.* Chicago, IL: University of Chicago Press.

Sampson RJ (2018) Neighborhood effects and beyond: Explaining the paradoxes of inequality in the changing American metropolis. *Urban Studies* 56 (1): 3 – 32.

Schwartzman F (2017) Inequality across and within US cities around the turn of the twenty-first century. *Economic Quarterly* 103 (1 – 4): 1 – 35.

Stein J (2018) In expensive cities, rents fall for the rich – but rise for the poor. *Washington Post*, 6 August. Available at: https: //www. washington post. com/business/economy/in – expensive – cities-rents – fall – for – the – rich – but – rise – for – the – poor/ 2018/08/05/a16e5962 – 96a4 – 11e8 – 80e1 – 00e80e1f df43_story. html? utm_term =. 908f1a3f9311 (accessed 26 June 2019).

Storper M (2018) Separate worlds? Explaining the current wave of regional economic polarization. *Journal of Economic Geography* 18: 247 – 270.

Storper M, Kemeny T, Makarem N, et al. (2015) *The Rise and Fall of Urban Economies: Lessons from San Francisco and Los Angeles.* Stanford, CA: Stanford University Press.

Szumilo N (2017) Housing affordability? Is new local supply the key? London: London School of Economics. Unpublished paper.

Venables A (2018) Winners and losers in the urban system. Oxford: University of Oxford, Dept. of Economics, manuscript, version of 6 March 2018.

Watkins CA (2001) The definition and identification of housing submarkets. *Environment and Planning* A 33 (12): 2235 – 2253.

Whisler RL, Waldorf BS, Mulligan GF, et al. (2008) Quality of life and the migration of the college-educated: A life – course approach. *Growth and Change* 39 (1): 58 – 94. World Bank (2017) *Rethinking lagging regions in the EU: Evidence – based principles for future cohesion policy.* Washington, DC: World Bank.

“拆除”还是“升级”?

大都市区集体土地非正规空间治理的思考

田　莉　徐勤政

在城市化快速推进的过程中，自下而上的城乡建设形态往往表现为高度的多样性、分散性和随机性，未经许可、未予登记、未完程序的“非正规”建设行为实际上一直广泛存在，如何处理历史建设存量的“合法性”“合法化”问题也是世界各国都会面临的挑战。从国际上看，城市非正规化现象（Urban Informality 或 Unplannable Urbanization）通常指第三世界国家的城市中底层人民主导、超越规划条例的城市建设行为，比如拉美城市的贫民窟以及亚洲、非洲城市的棚户区、城中村和地下室等。可以说，相当一部分的非正规建筑是在政府的规章制度产生之前即已形成的，同时这些建设功能很大程度上满足了在地居民的内生需求，为外来者提供了谋生和发展的机遇，这种内在的生存法则是非正规建筑长期存续、不断衍生的根源所在（德·索托，2001）。

在中国，非正规建筑的成因更为复杂。一方面，我国的法治建设相对滞后，特别是改革开放后很多制度与政策调整无法跟上快速增长的经济和动态变

---

* 田莉，清华大学建筑学院城市规划系教授、博士生导师、副系主任，土地利用与住房政策研究中心主任；徐勤政，北京市城市规划设计研究院，教授级高工。本文得到了国家社科基金重大项目 20&ZD107（基于国土空间规划的土地发展权配置与流转政策工具研究）和北京卓越青年科学家计划（JJWZYJH01201910003010）的联合资助。

** 中国人民大学陶然教授与伊利诺伊大学芝加哥分校张玥副教授对本文的写作提供了宝贵的意见和建议，特此致谢。

化的社会，甚至会出现“书本上的法”“条文中的法”“实际中的法”三种法则形态（孙国华，1993）。另一方面，由于我国城乡土地制度的独特性，在规划建设的管理体制上也一直采用二元化的管控方式，为集体土地的非正规建设制造了空间。

随着1990年《城市规划法》的实施，在国有土地上，城市范围内的规划建设逐步形成了以“两证一书”（城市规划行政主管部门核准发放的建设用地规划许可证、建设工程规划许可证和建设项目用地预审与选址意见书）为主体的管理体系，违法建设量相对较少。而对于村镇范围内的集体土地，在1998年《土地管理法》修订之前，建设规范较为缺乏。其后，虽然2008年《城乡规划法》中明确了“乡村建设规划许可证”制度，形成了“一书三证”体系，地方层面也陆续出台了一些规定，但在全国层面一直未形成成熟的村镇建设管理体系；换句话说，虽然“一书三证”体系业已形成，但大部分城市只为乡村公益事业与集体企业建设办理许可证，其余绝大多数存量建筑至今仍无政府认可的合法证件。直到2018年3月，我国才全面启动对农村房屋不动产登记的发证试点工作。

因此，除界定明确的“小产权房”① 概念之外，简单地将集体土地上的建筑都称为“违章建筑”并不准确，用“非正规建筑”一词可以更好地描述其所处的状态。据统计，截至2019年底，我国共有集体建设用地总面积65.5亿亩（43667平方公里），账面资产6.5万亿元（农业农村部，2020），历史上遗留下来的“小产权房”面积预计达到近百亿平方米（黄小虎，2018）。其中小产权住宅约70亿平方米，如果按100平方米为一套计，涉及7000万户居民。

十九届四中全会提出要推进国家治理体系和治理能力现代化，关键在于体制机制改革和制度建设。在城乡土地管理与规划建设领域，如何妥善处理集体土地上量大面广的非正规建筑，不仅涉及农村经济发展与社会稳定，也会直接影响相关利益群体对政府的信任，更是建立精细化与现代化空间治理体系、提升城乡发展品质的核心内容。尤其是在既有不完善的法律框架下形成的大量集体土地上的非正规建筑，政府能否对相关财产权益进行比较审慎的认定与相对合理的保护，直接影响全社会对乡村振兴政策的预期以及未来向乡村投资的信

① 小产权房是指在农村集体土地上建设的房屋，未办理相关证件，未缴纳土地出让金等费用，其产权证不是由国家房管部门颁发，而是由乡政府或村颁发，亦称“乡产权房”。

心。为此，有必要梳理国际国内非正规建设治理的经验与教训，为我国提供借鉴与参考。

本文剩余部分安排如下：首先，就非正规空间的国际国内研究进展进行简短的文献综述；其次，介绍非正规建设治理的国际经验与教训，并以北京为例，介绍了我国大都市区集体土地非正规建设的历程与成因，而后分析国内不同区域的非正规空间治理模式。文章最后探讨了我国非正规空间正规化的意义与具体路径。

一、非正规空间的国内外研究进展

20 世纪 60 年代，国际上兴起了对非正规空间的研究（Heitzman，2006）。这始于对社会底层生活状况的关注，并逐步过渡到对空间本身及其社会属性的研究，整体来看，这些研究普遍倡导对非正规空间的包容态度。约翰·特纳（John Turner，1976）指出，非正规住房是贫民为满足自身住房需求的创新方案，政府对此不应简单予以否定，而应该提供必要的支持。有学者（Mukhija et al.，2014）认为，非正规性是一种自发的主动行为，是应对市场供给不足、为社会底层创造生存机会的结果，应在放松管制以鼓励非正规性与加强管制以提升正规性两者之间寻求平衡。

德·索托（2001）指出在发展中国家，由于获得正规产权的法律手续极其烦琐，成本高昂，历时漫长，因此才广泛出现了非正规建筑。他估计，在第三世界与前社会主义国家，约 85% 的城市土地无法创造资本。到 20 世纪 90 年代末期，穷人掌握但不拥有的房产价值高达 9.3 万亿美元，相当于当时世界上 20 多个发达国家股票市场中主要上市公司的总值，但这些资产无法活化为资本，也是“国际化的贫穷”长期存在的主要原因。

国内学术界对非正规空间的研究始于 20 世纪 90 年代末期。政府从最初的否定态度到逐步意识到非正规空间的价值，最突出的标志是城中村在外来低收入人口解决居住问题中的重要角色受到更多认同（Zhang，2003；叶裕民，2015）。城市政府对外来人口居住权益的忽视，以及地方政府为降低成本采取的多征地、少拆迁的城市扩张策略，成为城中村非正规空间及其上建设的非正规租赁住房不断增加的关键所在（田莉，2019）。有不少学者提出，需要通过良好的制度设计与合理的政策，并依据非正规空间的现状及利用潜力，引导对非正规空间的分类改造，包括综合整治、功能改变以及拆除重建等多种方式，最后逐步实现正规化，而不是只限于简单的拆除重建或干脆置之不理（宁一瑄和章征涛，2014）。陈宇琳（2019）建立了非正规空间“准入—使用—运行”的框架，提出了纳入政府监管、保障安全底线、设置合理而非过高标准、推行基层自治等建议。对非正规空间认识的逐步深入与在此基础上的分类施策，已经成为我国包容性城镇化战略的重要组成部分。

二、非正规空间治理的国际经验与教训

全球范围内，无论发达国家还是发展中国家，各国在发展历程中均经历过土地整理与非正规建筑正规化的过程。国际上对待非正规建筑往往采取两种政策：一种是改造升级使之合法化；另一种则是完全拆除重建。国际经验显示，第一种办法不太容易出现“贵族化”问题，有助于缓解低收入群体的居住问题，但往往需要大量的政府投入；第二种采用政府强拆的方式往往难以持续（Zhang et al. , 2003）。张玥（zhang，2020）提出，全球的非正规住宅是高度异质的，不同形式的非正规住宅是不同的国家—社会关系的空间呈现，需要从有效性和包容性两个方面理解国家能力和城市治理。除非治理工程建立在更广泛的社会利益之上，否则将非正规住宅正规化的举措将导致更多的非正规现象，并且将加剧不平等。总结国际国内经验，大致可以分为以下两类：

1. 发达国家/地区的土地重划（Land readjustment）：“以土地换规划”

从“非正规”到“正规”的过程，也是现代产权制度建立的过程。19 世纪初期和中期，美国驱逐非法占地者的尝试徒劳无功，遂于 1862 年发布了颇负盛名的《宅地法》，允许定居者可以免费拥有 160 英亩的土地，前提是必须同意在土地上定居并开发土地。政府意识到这些移民在土地上几十年的生活已提升了土地的价值，修改法律以容纳现实中的不合法规定，将有益于定居者的资产转换为资本（德·索托，2001）。

由于历史原因，业主拥有的土地可能较为破碎，难以统筹配置基础设施与公共服务。此时，政府通过土地重划对这些产权较为破碎的土地进行统筹，配置公共服务与基础设施后，再向原有业主返还部分土地。土地重划广泛地应用于一些发达国家和地区，例如韩国、日本、澳大利亚、德国的部分城市和我国台湾地区。在内城高密度低收入住宅区的改造中，土地重划尤其适用，如新加

坡牛车水地区的改造就是在对原有零散、破败、拥挤的地块进行改造后，返还部分用地给原居民，剩余土地作为道路、公共服务设施等用地。这也就是所谓的土地“让步法”或“以土地换规划”，没有正式产权的原业主或虽有产权但土地价值较低的业主，通过贡献部分土地给政府，获得剩余土地的正式产权，其土地价值也得到显著提升。

2. 拉美国家贫民窟的逐步正规化

根据中国社会科学院美国研究所郑秉文（2014）的研究，拉美国家贫民窟的发展大致经历了三个阶段：

首先是1950—1970年贫民窟非法生长的阶段。1950—2010年的60年间，拉美的城市人口激增4.8亿，而同期乡村人口一直保持在不到1亿的水平。由于政府在社会住房上的投入非常有限，这些新增城市人口无力负担商品房，于是选择在靠近就业地点的城郊或半山区建设成本低廉的自建房。一方面经济发展需要大量廉价劳动力，另一方面政府无力负担建设社会住房，于是对自建房采取默许的态度。但与此同时，拉美很多主流媒体认为自建的棚户区是违法建筑，于是20世纪50—60年代很多国家曾试图采取措施拆除贫民窟。如巴西曾采取强制拆迁等措施并带来累西腓等地的大规模社会运动与冲突。1953年，委内瑞拉军政府发起了“清理自建房运动”，意图彻底消灭贫民窟，但强制性的拆除引发了激烈的社会冲突，导致政府五年之后不得不停止该运动。

其次是20世纪70—80年代以来非正规住房逐步合法化阶段。意识到非正规住房存在的合理性，拉美各国政府开始逐步允许其登记注册，之后再进行土地确权，最后颁发产权证书，使原权属人在一段时间后获得相对完整的私有住房产权。

第三个阶段是非正规住房正规化后的进一步规范化。虽然政府承认了部分非正规住房具有合法地位，但无论在市政设施还是公共服务设施上，正规化后的贫民窟都严重不足，为此，给贫民窟提供必要的公共设施与财政支持，使其成为各方面规范的社区就显得十分重要。巴西的累西腓市政府提出了“社会利益特别区”（ZEIS），将部分贫民窟的改造纳入城市的市政设施规划中。之后在世界银行的支持下，完成了数百个贫民窟的升级改造。

当然，非正规空间正规化的过程涉及相当复杂的政策设计与巨大的成本投入，所以需要在融资来源与可能的资金回收渠道上进行创新。桑亚尔

(Sanyal，2019）总结了国际上目前对非正规住房治理的三类政策，分别是就地升级、提供私有产权和再开发。就地升级成本相对较低，但需要政府持续投入，且后续可能因维护不足而带来环境恶化。赋予非正规住房私有产权，虽然有助于调动原权属人的投资积极性，有利于城市经济增长，但实际操作中的产权边界划定十分复杂，直接赋权可能会引发进一步的违章建设。在拉美国家，非正规住宅的相关机制较为成熟，房屋所有人因为担心正规化后需要支付税收，对获得私有产权并不热衷。再开发虽然正规化程度最高，但容易产生分配不公和贵族化等问题。各国的实践表明，根据具体情况选择改造模式，并综合采取法律、财政与规划管理等手段实现非正规住宅的有效治理至关重要。

三、我国大都市区集体土地非正规空间形成的历程与成因：以北京为例

如前所述，我国集体土地上的非正规建设有其深刻的历史与制度原因。伴随着20世纪80—90年代乡村自下而上的工业化进程，我国大都市郊区的集体土地利用发生了翻天覆地的变化，但长期以来乡村土地管理的松散也引发了一系列资源环境问题，“家家点火、村村冒烟”、耕地占用、生态环境破坏、小产权房蔓延等。从北京集体建设用地形成的历史过程看，较快的增长主要出现在20世纪90年代，与当时的农村住宅建设和鼓励乡镇企业发展（工业大院）政策直接相关（徐勤政，2014）。京郊各类违建和非正规建筑的大规模出现主要是由于三个方面的原因。

1. 城乡收入差异与土地租金级差是乡村非正规建设的驱动因素

1978年以来北京农村发展突飞猛进，但城乡居民之间的收入差距总体呈扩大趋势（杨梦冉等，2019），2019年城乡人均可支配收入比仍维持在2.55∶1，城乡居民收入差值达到44920元/人。在追赶心理的驱动下，农民和村集体壮大经济、谋求发展的诉求也很强烈，乡村建设实际上一直与城市建设同步快速推进。在“自有、自用、自建”的“朴素发展观”下，农民从最初在自家宅院和承包地中搞建设，到村镇以集体名义建设工业大院，再到招商引资和“瓦片经济”蓬勃兴起，北京周边逐步形成了一个与城市建设用地等量齐观的隐形土地市场。

与街道办不同，农村集体经济组织实际上担负了经营与保障双重责任，但政府公益性拨款有限，难以覆盖集体经济组织成员分红、村庄市政和服务设施

建设以及集体经济扩大再生产等的各类支出。以昌平区兴寿镇下苑村为例，2015 年该村运转公益金 22.5 万元，党组织服务群众经费 15 万元，个人补贴（巡防员、环卫工）14 万元，三项总和仅有 51.5 万元。这些资金仅能支持修路建厕、维护村貌的花费。在资金和收入总体不足的情形下，村镇基层自然会想方设法广开财源、谋求生计，而他们手中最大的资源就是土地，土地开发和自主建设成为京郊乡村发展的主要驱动力。

根据王晓川等人（2007）的统计，北京的集体建设用地总量 1992 年为 1089.3 平方公里，2004 年快速上涨到 1532.6 平方公里。之后，由于严格的规划管控，集体建设用地增长趋缓。2015 年，北京农村集体建设用地 1555 平方公里，农业户籍人口的人均集体建设用地面积达到 603.4 平方米/人，人均集体经营性建设用地也达到 191.1 平方米/人。从时间上看，集体产业发展最为迅猛的 20 世纪 90 年代至 21 世纪 10 年代，也是非正规开发失序的阶段，① 非正规的不合法乡村建设逐步形成法难责众的态势。从空间上看，集体建设用地追随城市土地市场形成明显的贴边发展趋势，京郊城乡接合部也成为违法建设最为突出、非正规建筑最为集中的地区。

2. 城市经济功能的外溢和外来人口涌入提供了非正规建设的土壤

一方面，为吸引外来投资，农村集体以低廉的土地成本吸引企业入驻，城市资本下乡投资休闲旅游、新型企业、居住养老社区、艺术家村等，推动了北京乡村地区的快速发展。另一方面，随着城镇化进程的加速，北京吸引了大量外来务工人员。由于难以负担高昂的房租，外来人口多选择在城乡接合部租住。全市约一半的外来人口聚集于城乡接合部，既活跃了经济，也产生了大量的非正规建筑问题。2009 年以来，基于保持社会稳定、维护公共安全、保护生态环境的目的，北京市委市政府把绿化隔离建设上升为城乡接合部的治理行动，违章拆除后的功能不断“漂移”到更远的村庄形成新的违建，部分地区形成疏而不解、整而不治、禁而不止的局面。

---

① 主要原因是当时规划、国土、农委等部门并未在管理上形成合力，很多工业大院至今没有履行审批手续，有的甚至连项目四至都查无凭据。

3. 城乡二元土地管理体制是非正规建设蔓延的制度成因

我国既有城乡土地制度的一个突出表现是对农村土地市场化的压抑和财产化的否定，并伴随着长期的政策性歧视。一是农村集体建设用地不具备交易权，宅基地流转也仅限于集体经济组织的成员之间；二是土地收益权受限，为保障城市建设而大量低价征购农村土地；三是土地发展权分配不均，行政等级高的城市单元更容易获得建设用地指标；四是为了维护小农社会的稳态布局，力求将农民固着在土地上，限制农民在动态社会中的流动性，使其成为居住在村庄中的“粮食种植者”，排斥农村土地资本化、农村资源资产化。特别是1998年之后，农民在自己的土地上实现工业化、城镇化的权利进一步受到制约（黄小虎，2015）；而近10年来，限制集体建设用地权能的主体转为地方政府，为了维持房地产市场的高位运行，城市政府主观上排斥集体建设用地入市。

经过多年的发展，北京国有与集体地上物的界线越来越模糊，乡村非正规建设的内在经济形态和权益形态已经发生了很大变化。一是随着越来越强烈的城乡互动和要素对流，征地成本水涨船高，存量集体建设用地与邻近国有建设用地的价格差距逐步缩小。二是基层政府为了克服集体建设用地“身份”上的政策劣势，倾向于尽可能地扩大租赁经济规模，从而促发了未征先用、未批先建等一系列问题。三是村镇政府不甘其辖区用地指标被城市园区挪移、现状建设存量被“留白抹绿”，也通过编制各类规划扩大建设指标来源，形成对原有开发建设秩序的挑战和突破。这其中既有非法侵占公共利益的违建，也有“打擦边球”谋利的投机发展，还有一些手续不全但惠农效益突出的集体产业。近年来，非正规经济已经成为北京基层政府的重要资产性收入，占到部分乡镇财政收入的20%—50%，如果在落实减量任务过程中施行无差别的拆除政策，必然会伤及基层治理的财政根基，也将直接影响乡村建设的蓄能升级。

从审批管理的渠道看，对敏感问题的回避和对历史问题的搁置是非正规建设不断“堆叠”、难以化解的重要原因。一是在建筑物合法性认定和颁证环节存在不同主管部门各持己政、管理不打通的问题；二是政策宣贯力度不够，基层部门抱怨“编规无路、报规无门”；三是对于业已形成的非正规建设，缺乏明晰的合法化路径，尤其是在行政管制和处罚之外的市场手段的应用并不灵活。

在20世纪90年代，乡镇企业报建需要交纳每平方米数百元的“四源费”（类似于今天的“市政配套费”），弱小的集体经济难以承担，于是形成了政府与集体之间心照不宣的默许不办证的状态。2008年《城乡规划法》明确“乡村建设规划许可证”后，大量的存量建设仍处于“三不管”状态，新办理的许可证非常有限，导致集体土地上的建设大多仍处于“无证”状态。

2016年以来，北京开展针对违章建筑的疏解整治促提升运动至今取得明显的成效，拆除违章建筑2亿平方米左右，清理了大量私搭乱建、影响生态环境的违章建筑，城市面貌与环境质量得以改善。根据北京市测绘院的地理国情普查数据，2015年集体建设用地上的建筑量为5.58亿平方米，2019年降至5亿平方米以下。以2019年为基准，减量建筑占比超过10%，规模相当可观。从建设年代上看，涵盖了20世纪90年代以来不同时期的建筑；从功能类型上看，既包括别墅、公寓等类型的“小产权房”，也包括各种集体或外来企业建设的厂房、办公楼、宾馆等。在拆违的对象上，主要是无证的集体经营性建设用地和乡村地区的别墅用地，村民宅基地上的建筑不在拆违之列。

毫无疑问，过去几年北京对违章建筑的处理力度非常大。但如前所述，很多非正规建筑的产生实际上是建设需求在行政审批环节难以及时处理的结果，因此，如何定性“违建”就很容易引发广泛的争议，甚至出现社会对政府拆迁行为合理性的质疑，处理不当还会带来尖锐的社会矛盾。

四、我国大城市非正规空间治理的模式

随着十八大“生态文明”战略的实施，乡村地区的土地整治提上各级政府的议事日程。就全国非正规建筑的治理模式而言，可以分为“运动式拆违”与以珠三角等地为代表的“历史问题分类处理”的“三旧改造”模式。

2019年全国集中开展清理整治运动，由于缺少精细化与差异化的违建界定标准，导致很多城市扩大化“拆违”，采用的是不顾历史发展路径的“一刀切”做法。周天勇估计，因拆违而关停的中小微企业，保守估计在480万家左右，总共可能损失了1160万—2000万个就业机会，初步估计使GDP下降0.6—1个百分点，① 造成了巨大浪费，对中央提出的稳就业、稳收入、稳消费

① 周天勇：“一刀切”拆违造成了多大的经济社会损失？http：//finance. sina. com. cn/zl/china/2019 - 05 - 15/zl - ihvhiqax8813055. shtml.

和稳经济造成了严重冲击，2020 年 1 月国务院不得不紧急叫停。然而，在一些地方，“运动式拆违”的行动并未就此停止，给乡村的存量资产与社会稳定带来巨大挑战。

“运动式拆违”的背后，是缺少精细化的分类治理模式。在这方面，珠三角一些城市过去十多年来的一些弹性治理做法值得思考。针对集体土地上非正规开发已成燎原之势的现象，2008 年原国土资源部与广东省开展部省合作，推动实施“三旧改造”政策，其中最重要的突破之一是对历史用地的处理，即允许根据其建设阶段和是否符合土地利用规划与城市规划，经过补缴地价或部分土地后可以合法化，以此激发市场开发主体与原土地权属人的积极性。经过十多年的城市更新，广州和深圳的城市面貌发生了巨大变化。虽然“三旧改造”中存在过于依赖地产开发以及对村民、村集体补偿过高，并导致开发强度过高、公共利益受损等一系列问题，但珠三角在集体建设用地复杂历史问题的处理上也逐步积累了丰富的经验。体现在：

（1）对不同历史时期的非正规建筑采用不同的处理措施。例如，广州规定，1987 年《土地管理法》实施之前，直接承认用地现状；1987 年 1 月 1 日到 2007 年 6 月 30 日，允许完善手续，纳入“三旧”改造范围；2007 年 7 月 1 日之后再有违法用地的，不允许纳入“三旧”改造。

（2）借鉴“以土地换规划”的形式，集体通过贡献部分土地实现对剩余土地上的建筑正规化。如广州“旧厂房”改造中，30% 的用地无偿交给政府。深圳在 2009 年启动“三旧改造”时，最初的政策规定更新项目用地必须全部合法化，结果城市更新项目推进十分困难，因此政府逐渐放宽了确权要求，把更多“法外”土地与违法建筑纳入了城市更新范围，其中广泛使用的“20－15”原则一定程度上实现了政府、企业、业主的三赢，即城市更新范围内的合法用地和原农村历史违建用地比例控制在 7∶3 以内，针对 30% 违建用地建立利益共享机制，企业承诺将“法外”用地二八分成，20% 由政府收回纳入储备，80% 由市场主体开发，且 80% 用地中如果另外贡献 15% 的土地优先用于建设公共基础设施，就可以将全部用地纳入更新项目并合法颁证。2016 年深圳提出的“重点更新单元”概念还采用累进制的方法，即在更新单元内，非正规用地所占比例越高，用地贡献率就必须越高。表 1 列明了深圳合法用地与非正规用地在不同比例的情况下，应该交由政府储备的比例。

表1　城市更新项目历史用地处置比例表

拆除重建类城市更新项目		处置土地中交由继受单位进行城市更新的比例	处置土地中纳入政府土地储备的比例
一般更新单元		80%	20%
重点更新单元	合法用地比例≥60%	80%	20%
	60%＞合法用法比例≥50%	75%	25%
	50%＞合法用地比例≥40%	65%	35%
	合法用地比例＜40%	55%	45%

资料来源：《深圳经济特区城市更新条例》。

五、我国非正规空间改造升级的意义与路径

面临疫情对宏观经济的冲击及公共财政日益严峻的压力，政府对非正规建筑进行的“运动式拆违”应该持更为审慎的态度。从长远看，正如德·索托（2020）指出的，产权的逐步正规化不仅可以产生新的资本，也有利于经济社会的可持续发展。同时，向合法产权转变的关键在于制定相关法律，使之适用于大多数人的社会经济需求，而合法性的来源就是有条件地承认原官方法律制度之外广泛存在的社会契约。

1. 非正规空间正规化的法律依据

正如前文所言，“非正规性”是国际上发达国家和欠发达国家曾经或正在面临的长期问题。即使今天，在很多国家和地区，例如英国、澳洲、加拿大、美国部分州、我国香港地区、拉美国家如巴西等的法律体系中仍保留“逆权侵占”（adverse possession）条文。它是指房地产的非业主不经原业主同意，持续占用对方土地超过一定的法定时限后，原业主的起诉时限即终止，该占用者可以成为该土地的合法新业主。

比如，我国香港地区规定，未经“所有人”同意，在某片土地或者房产上“非法”居住超过12年（有的地方是20年），房主一直没有出现且提出异议，那么该房产在法律上即归使用人所有。这并非鼓励恶意侵占私有财产，而是在“人地矛盾”比较尖锐的情况下，本着“物尽其用”的原则，如果业主

浪费社会资源，那不如把所有权直接转移给使用者，有利于解决贫富差异与住房短缺的问题。

我国内地虽然没有“逆权侵占”的法律条文，但针对农地也有类似的规定。例如，1995 年 5 月起实施的《确定土地所有权和使用权的若干规定》中第 21 条规定，“农民集体连续使用其他农民集体所有的土地已满二十年的，应视为现使用者所有；连续使用不满二十年，或者虽满二十年但在二十年期满之前所有者曾向现使用者或有关部门提出归还的，由县级以上人民政府根据具体情况确定土地所有权”。因此，在缺少正式产权的情况下，有必要在充分考虑非正规土地利用的背景与历史路径的前提下进行分类处理。

2. 非正规空间正规化的社会经济意义

政府应该考虑通过以整治、升级为主的改造方式，将符合评估结果的“法外”出租屋和商办建筑等转化为纳入政府监管的集体土地租赁住房和其他公共服务设施，并纳入政府的规范化管理。完全可以通过补交地价、让渡部分土地给政府或缴纳房地产税等多种形式，使非正规建筑在满足一定的前提条件下逐渐获得合法地位。这对未来我国社会经济的长期可持续发展、乡村经济活力的释放与城乡统筹发展具有重要意义。

首先，将质量较好、适合居住的非正规建筑改造为租赁住房，对解决我国大城市的住房问题具有积极意义。

针对长期以来我国大城市房价高涨，住房矛盾尖锐的问题，2017 年起住建部与原国土资源部开展了集体土地建设租赁住房的试点方案，希望借此推动租赁市场的发展。2020 年 11 月，十九届五中全会通过的“十四五”规划建议提出“探索支持利用集体建设用地按照规划建设租赁住房，完善长租房政策，扩大保障性租赁住房供给”。然而，由于租赁住房投资回收期长、收益回报率低等问题，导致集租房的建设进展非常缓慢。

在 18 个试点城市中，北京对集租房建设的支持力度最大。2016 年开始，北京市政府即提出未来五年内供应 10 平方公里集体土地建设租赁住房的目标。与北京相比，上海、广州、深圳三个城市集体土地长租公寓试点实施推进极为缓慢。即便如此，北京的集租房建设仍远不能满足实际租赁需求。2018 年，出租住房缺口约 102 万套（北京住建委，2019）。截至 2020 年底，已开工项目 41 个、房源约 5.5 万套，集租房房源数量居全国首位。然而，由于集体土地租赁房建设前期投入大、回报周期长（多数项目成本回收期在20年以上），大多数企业对投资集租房采取审慎态度。此外，各区对集租房土地的供应并不积极，提供的地块多在较为偏远的地区。例如，某项目周边八条市政道路尚无建设计划，随路管线无法实施。另一项目开工建设已久，市政配套的供水设施尚未建成，唯有自行挖井保障建设过程中的用水要求，这进一步加大了集租房建设的成本，导致集租房供应的规模和区位远远无法满足北京租赁住房市场的需求。

事实上，我国的特大城市面临如下两难困境：一方面是大量的非正规建筑面临被拆迁的潜在风险；另一方面，集租房建设进度受阻，距预期目标相差甚远。村集体、区政府与企业动力不足，已经开工的部分项目由于区位较为偏远，租赁需求不足，处于半停工状态，造成巨大浪费。因此，如果能充分利用质量较好的非正规建筑，将其改造为租赁住房，不但有助于缓解集租房不足的矛盾，还可以避免造成巨大的社会浪费，并对缓解城市日益尖锐的住房问题发挥积极作用。

其次，对符合条件的非正规建筑逐步正规化，有利于乡村振兴与社会经济持续发展。

20世纪80年代和90年代早期，利用大都市边缘的区位优势，乡镇企业迅速发展，自下而上的工业化进程推动了城镇化进程，实现了部分村镇的经济起飞。在珠江三角洲，甚至出现了“集体土地上的城市”。在北京，郑各庄等一批城乡接合部的村庄，利用区位优势发展工业、旅游业，成为“京郊首富村”。但是，由于缺少用地和建筑许可证，村庄的用地或建筑多为非正规建设，在拆违过程中，村里的工业、商业、旅游等设施少则拆除数万平方米，多则拆除数十万平方米，导致村民和村集体十分茫然，集体经济的发展也受到很大影响。

根据笔者对全国各地数十个村庄进行的访谈，多数村集体均表达了愿意拆除影响生态环境的违章建筑，对影响不大的非正规建筑，以补缴罚款、让渡土地等换取免于拆违的意愿。但国内除珠三角地区对非正规建筑的历史遗留问题处理有明确规定外，其他地区均无相关规定，结果是村集体对引进城市资本下乡占用土地心有余悸，法治环境的不确定性严重影响了乡村社会经济发展的信心。

再次，对非正规空间的逐步正规化，有利于建立完善的集体土地管理市场、平衡政府与村民之间的利益。

目前，国内对集体土地上非正规建筑的处理模式无外乎三种：一是拆违；二是置之不理、放任自流；三是拆除后重建。三种处理模式下，农民获利程度大相径庭：拆违模式下集体和村民损失最大。拆除重建模式下，征地过程需要对农民的地上物进行赔偿，由于集体土地的产权缺乏明确界定，为了加快拆迁进程对农民和集体让利的现象屡见不鲜，导致“拆迁拆迁、一步登天”，公共利益受到挑战。

对非正规建筑的逐步赋权，应与被更新地段的“土地贡献”和财税贡献紧密结合。集体土地的增值部分来自政府在基础设施与公共服务设施上的投入，因此贡献部分土地、补缴罚款或以征收房地产税等不同方式都有助于地方政府捕获一部分增值收益，达到个体与公共利益的平衡。

3. 非正规建筑的现状评估与治理策略

与拉美国家的“贫民窟”不同，我国大都市边缘区的非正规建筑质量较好，市政基础设施等配套也较为完善。目前居高不下的房价和长期以来乡村规划建设管理的松散，是“小产权房”等非正规建筑形成的土壤。今天既应对危害生态环境的违章建设处以严厉处罚，也应对历史形成的各类非正规建筑进行分类分期处理，简单地拆除或许可以达到短平快的效果，但让群众承担历史上管理制度不完备的后果，难免会激起对立情绪，带来社会稳定的隐患、乡村活力的下降和存量资产的巨大浪费。

为此，亟须尽快对乡村地区的建设现状进行综合评估，具体可以从六个维度着手进行评价。如图 1 所示，应该考虑，①建成时间：分别对应 1986 年、1998 年《土地管理法》及 2008 年《城乡规划法》的出台，该法首次明确了在乡村地区建设需要“乡村规划建设许可证”。1986 年之前，即《土地管理法》尚未出台之前的建设，视同合法建筑；②办证状态：根据持有的各种证件由政府部门认定；③合规合证情况：根据面积、高度、功能等情况决定合法与违法程度；④建筑质量与价值：质量较高与具有历史文化价值的建筑保留价值较大；⑤消防安全隐患：隐患较大的建筑应予以拆除；⑥建筑产出效益高低。在此基础上，形成非正规建筑的“一本账”与“一张图”，并逐步建立完善的集体土地使用登记制度。根据评估现状与规划用途，分类制定“拆、改、留”的治理政策，以实现社会、经济与环境的可持续发展。

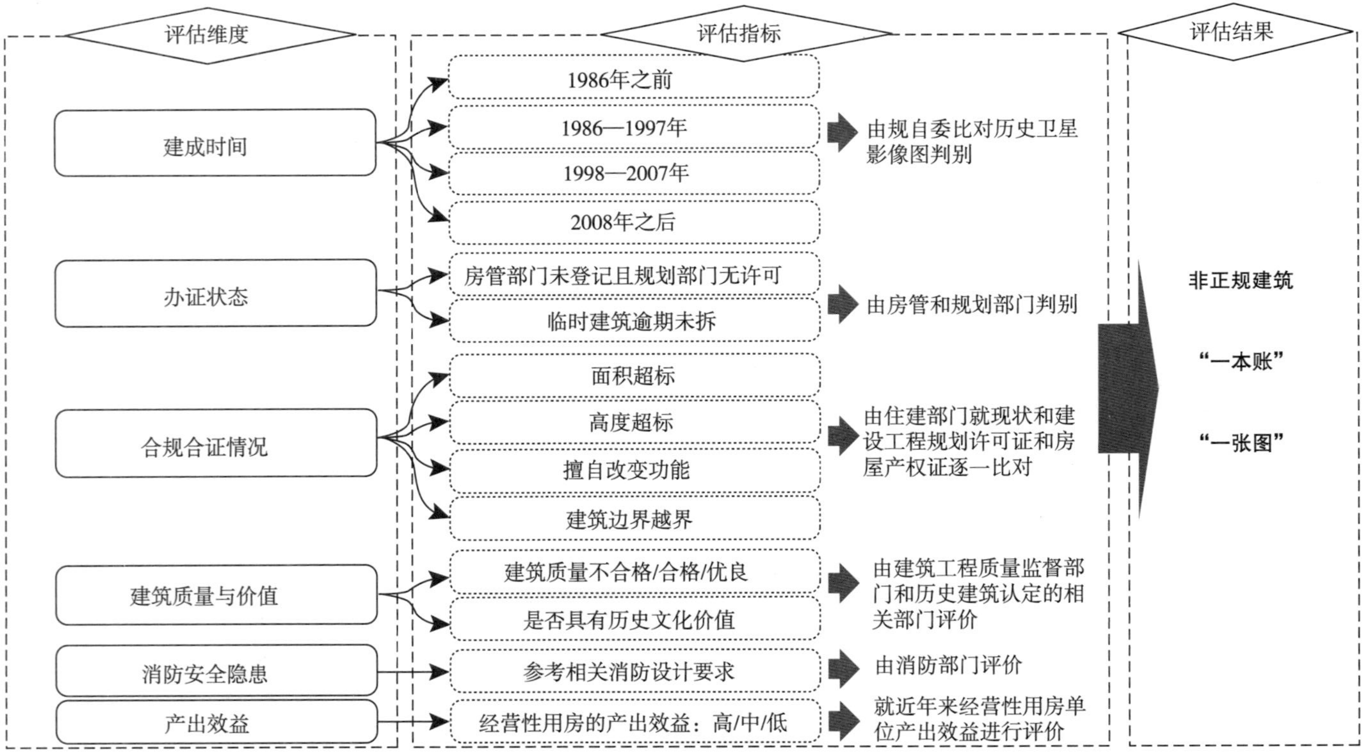

图1　非正规建筑评估流程

资料来源：作者自制。

在对非正规建筑现状评估的基础上，位于城市生态敏感地区、影响城市总体规划实施的违建应予以拆除。就剩余建筑的更新而言，宜采用“提升为主，拆建为辅”的策略。对于具有历史文化和旅游价值的非正规建设，可以在罚款（或征税）、贡献土地和补办手续等情况下予以保留提升。考虑采用“罚、退、补”的做法，“罚”视作对使用城市公共服务的补缴费用；“退”是根据建设年代不同，贡献一定比例的土地/建筑给政府；“补”是在上述基础上，对剩余建筑补办合法手续。对于罚没的部分，政府可以根据建筑布局，改作廉租房、集租房或其他急需的公共服务设施；对于可以补办手续的建筑，可以保留产业用途或鼓励集体转换用途为租赁住房等（图2）。

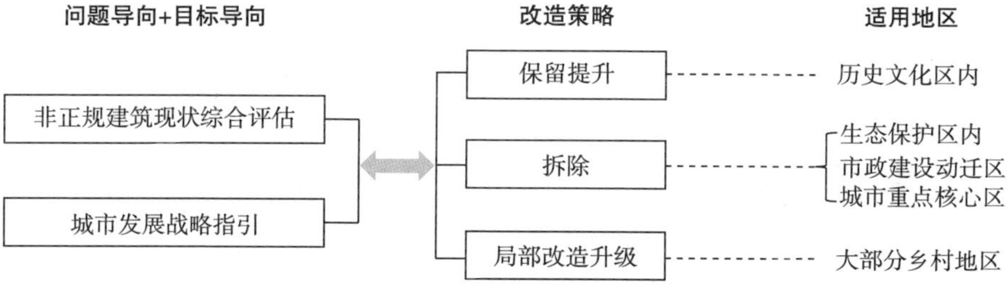

图2　非正规建筑分类更新策略

资料来源：作者自制。

4. 非正规建筑的拆除、补偿与依法治理

违法建筑是指未经土地规划部门批准，未领取建设工程规划许可证或临时建设工程规划许可证，擅自建设的建筑物和构筑物。对于那些“明知故犯”“碰触红线”“非拆不可”的违建，非但不予补偿，反而应对违法主体进行处罚。然而，在“拆违”如火如荼的情况下，经常会出现只要被拆迁人没有房产证或者相关证件不齐全，就会被认定为违法建筑，甚至出现“以拆违促拆迁”降低补偿成本的现象，这对被拆迁人而言很不公平。诸如此类情况，不管从情理而言，还是从法理上看，都有失偏颇。

在法律上，违法建筑的认定有严苛的程序条件。也就是说，无证房不等于违法建筑。在特定条件下，无证房也应给予一定的补偿，如前文提到的由于历史原因而不具备办证条件的建筑。从法律程序上而言，违法建筑的认定和拆除需要经过以下程序：执法机关发现或接到报案、控告、举报或遇到“征地拆迁”→执法机关制作“立案呈批表”→调查→制作《行政处罚告知书》，并依法送达→制作责令限期拆除决定书→制作《催告书》，听取陈述和申辩→行政机关拆除前做出公告，限期当事人自行拆除→行政机关做出拆除决定并依法送达→拆除。也就是说，在认定违建的过程中，需要经过调查取证、告知、听取当事人申辩、做出限拆通知、催告、听取申辩、复核等法定程序后方予以拆除。

法治兴则国兴，法治强则国强。全面依法治国是一项长期而重大的历史任务，也是一场深刻的社会变革。在治理非正规建筑过程中，基于建设时间等维度的评估，在与土地业主充分协商的基础上，确定罚没、土地贡献等正规化的条件，对拆除建筑予以适当幅度的补偿，对社会经济的稳定发展和建设良好的法治环境与投资营商环境具有重要意义。

六、结语

总体而言，我国集体土地上量大面广的非正规建筑要实现正规化需要相当长的时间。现阶段的策略应该是严控增量，对存量建筑的处理则应慎之又慎（黄小虎，2015）。从非正规城市化到正规城市化的过程，是社会财富的再分配过程，也是产业结构转型和人口结构调整的过程，关乎国家未来发展的走向。在这个过程中，关键是如何建立公平公正的制度规则来降低正规化过程中的经济和社会成本（王卫城和吴丹，2016），一方面要避免弱势阶层的权益进一步受到伤害，另一方面也要避免“食利阶层”一夜暴富。通过对集体土地上非正规建筑的弹性与精细化治理，逐步建立规范化与法治化的村镇建设管理体系，是我国城乡高质量发展与高水平治理的应有之义与重中之重。

参考文献

Heitzman, J. Urban Informality: Transnational Perspectives from the Middle East, Latin America, and South Asia (review) in AlSayyad, Nezar, ed. *Comparative Studies of South Asia, Africa and the Middle East*, Duke University Press, 25 (3,) 2005 pp. 694 – 695.

Turner, J F C. Housing in three dimensions: terms of reference for the housing question redefined [M] // Bromley R. ed. *The Urban Informal Sector: Critical Perspectives on Employment and Housing Policies*. Oxford: Pergamon Press, 1979: 1135 – 1146.

Vinit Mukhija, Anastasia Loukaitou-Sideris, *The Informal American City: Beyond Taco Trucks and Day Labor*, MIT Press, 2014.

Zhang, L., Zhao, Simon X. B., and Tian, J. P. (2003) Self-help in Housing and Chengzhongcun in China's Urbanization, *International Journal of Urban and Regional Research*, 27 (4), 912 - 37.

Zhang, Y. "The Urban Turn in Comparative Politics: Cities as the Anchor of Cross-Nation, Cross - Regime Comparison," *APSA - CP Newsletter*, Vol. XXX, Issue 1 (Spring 2020), pp. 13 - 20.

Chen Y. L. Informal Housing and Community in Chinese Megacities: Types, Mechanisms and Responses, Urban Planning International, 34 (2), 2019: 40 - 46.

赫尔南多·德·索托，王晓东译，资本的秘密［M］，江苏人民出版社，2001.

常青，徐勤政，杨春等．北京新总规建设用地减量调控的思考与探索［J］．城市规划，2017 年第 11 期．

陈煊，魏小春．城市街道空间的非正规化演变——武汉市汉正街的个案（1988—2013年）［J］，城市规划，2013 年第 4 期．

黄小虎．建立城乡统一的建设用地市场研究［J］．上海国土资源，2015 年 2 期．

宁一瑄，章征涛．我国城市非正规空间研究综述和展望，《城乡治理与规划改革——2014 中国城市规划年会论文集》．

孙国华．法制建设的正规化和非正规化［J］．政治与法律，1993 年第 5 期．

田莉，陶然．土地改革、住房保障与城乡转型发展［J］．城市规划，2019 年第 9 期．

田莉，从城市更新到城市复兴：外来人口居住权益视角下的城市转型发展［J］．城市规划学刊，2019 年第 4 期．

田莉，姚之浩．中国大城市流动人口：家居何方？比较，2018 年第 1 辑（总第 94 辑）．

王卫城，吴丹．非正规空间两阶段城市化的深圳探讨［J］．开放导报，2016 年第 2 期．

杨梦冉，贾宁．北京市城乡居民收入差距分析［J］．中国集体经济，2019 年第 3 期．

叶裕民，特大城市包容性城中村改造理论架构与机制创新——来自北京和广州的考察与思考［J］．城市规划，2015 年第 8 期．

王晓川，桑东升，高志强．北京市农村集体建设用地规划管理研究［J］．城市发展研究，2007 年第 4 期．

徐勤政，石晓冬，胡波，曹娜，高雅．利益冲突与政策困境——北京城乡结合部规划实施中的问题与政策建议［J］．国际城市规划，2014（4）．

徐勤政．以集体产业用地流转带动城镇化实施的规划探讨——基于北京市若干乡镇的调研分析［J］．北京规划建设，2014 年第 5 期．

周雪兰．北京城乡居民收入差距现状分析［J］．中国集体经济，2018 年第 25 期．

图书在版编目（CIP）数据

比较 . 第 113 辑 / 吴敬琏主编 . -- 北京 : 中信出版社 , 2021.4

ISBN 978-7-5217-2945-0

I. ①比… II. ①吴… III. ①比较经济学 IV. ① F064.2

中国版本图书馆 CIP 数据核字 (2021) 第 063577 号

比较 · 第 113 辑

主　　编：吴敬琏
策 划 者：《比较》编辑室
出 版 者：中信出版集团股份有限公司
经 销 者：中信出版集团股份有限公司 + 财新传媒有限公司
承 印 者：北京华联印刷有限公司
开　　本：787mm × 1092mm 1/16　　**印　　张**：14　　**字　　数**：240 千字
版　　次：2021 年 4 月第 1 版　　**印　　次**：2021 年 4 月第 1 次印刷
书　　号：ISBN 978-7-5217-2945-0
定　　价：48.00 元

http://www. caixin. com

E–mail: service@caixin.com